岱下史学文库

区域社会与文化研究
第二辑

虞和平　陈　锋　主编

图书在版编目（CIP）数据

区域社会与文化研究. 第2辑 / 虞和平，陈锋主编. — 北京：商务印书馆，2023
ISBN 978-7-100-22493-2

Ⅰ.①区… Ⅱ.①虞… ②陈… Ⅲ.①地方文化－文化史－中国－文集 Ⅳ.①G127-53

中国国家版本馆CIP数据核字（2023）第093810号

权利保留，侵权必究。

泰山学院中国史研究创新团队（2021年山东省高等学校"青创人才引育计划"建设团队）成果

区域社会与文化研究
第二辑
虞和平　陈锋　主编

商　务　印　书　馆　出　版
（北京王府井大街36号　邮政编码 100710）
商　务　印　书　馆　发　行
北京虎彩文化传播有限公司印刷
ISBN 978 - 7 - 100 - 22493 - 2

2023年11月第1版　　开本 710×1000　1/16
2023年11月第1次印刷　　印张 19

定价：96.00元

本刊编委会

学术顾问 章开沅 耿云志 冯天瑜 滨下武志 徐 泓
主　　任 李志刚
成　　员 （按姓氏笔画排序）
　　　　　马　敏　王　杰　王继平　行　龙　仲伟民
　　　　　陈　锋　范金民　周秋光　郭　华　胡　波
　　　　　涂文学　常建华　虞和平　廖大伟　戴建兵
主　　编 虞和平　陈　锋
执行主编 亓民帅

区域社会与文化研究　　第二辑

· "乡邦文献与区域中国"系列讲座 ·

虞和平　从古至今宁波城市发展的内外因素 1

李伯重　建构地方历史：乡邦文献与明清江南区域经济研究 16

陈　锋　契约与税收：清代前期的税契与契税 30

范金民　制度与惯例：清代江南文书解读 80

郑振满　民间历史文献的收集与解读 109

常建华　明清山西洪洞乡邦文献与地方社会研究三题 118

· 专题研究 ·

刘兴顺　西汉齐鲁区域文化与泰山五岳之长的成因 132

阚琇声　泰山名贤宋焘的东林渊源 147

公维章　清代民国时期敦煌的民间葬俗 157

张艺维　政治文化视野下"钦差"语词的源流与用法演变 176

宫新越　从曲阜孔庙碑刻看清代尊孔崇儒 189

陈少卿　近代无锡机制面粉业的兴起 204

亓民帅　泰山石刻文献中经济史料的整理与初步研究 223

· 学术史与书评 ·

刘兴亮　缪荃孙金石学研究的观念与方法
　　　　——以川渝石刻研究为线索 237

李贞光　王士义　山东汉代碑刻研究的一部力作
　　　　——读刘海宇著《山东汉代碑刻研究》..................257
王庆帅　谁叩空山访壁经？
　　　　——彭剑追寻《大清帝国宪法草案》之旅..........261
唐　论　重构近代中国历史叙事的尝试
　　　　——评李怀印著《现代中国的形成（1600—1949）》....271

·学人访谈·

学术创新之道
　　　　——虞和平先生治学访谈录........................282

·"乡邦文献与区域中国"系列讲座·

从古至今宁波城市发展的内外因素

中国社会科学院近代史研究所　虞和平

鉴往可以知来，察今可以知古，一个区域的过去、现在和未来是紧密相关的，关注一个区域的现在和未来，就有必要追寻其在历史上的发展过程。在研究区域历史方面，乡邦文献功用巨大。当前学界利用乡邦文献研究区域社会的成果颇为丰硕，但较少触及区域发展的动力问题，尤其关于区域发展历史原因的综合研究更是少见，从而导致区域研究在内容方面存在缺陷，在相关理论方面缺少探索。本文以宁波为例，利用和检讨乡邦文献，探究自古至今宁波城市发展的内外因素，以期有所贡献。

众所周知，宁波是经济强市、院士之乡、临海大港，这也是宁波当前的三大名片。宁波发展至今天，追溯历史，笔者认为主要受三大因素的影响：一是宁波商帮（商人），二是浙东学派（文化），三是宁波港口（地理）。这三大因素的形成和发展又都受内、外因素的影响。宁波城市的发展是内部（本地）因素和外部（海内外）因素，海洋因素与陆地因素合理结合的产物。限于篇幅，本文着重对宁波商帮和港口，及其直接派生的宁波外贸进行分析。

一、宁波商帮产生发展的本地因素和外地因素

宁波商帮的发展经历了三个阶段，简言之，即生于本地，长于四方，成于沪上。所谓"生于本地"，是讲它是宁波本地产生的。"长于四方"，是讲宁波籍贯的商人，外出经商，并且有目的地联合起来，形成了一个

实质性的组织，那才叫宁波商帮。如果他们没有到外地经商，只是在宁波本地待着，那就不能叫商帮；如果他们到外地去了，但没有形成组织，那么也不能称帮，只能叫宁波商人。"成于沪上"，是讲宁波商帮的成名之地主要是在上海。宁波商帮中最大的商人、最主要的力量都在上海，宁波商人也是上海工商界的最大力量。这三个发展阶段就体现了宁波商帮发展过程中内外因素的关系问题。

（一）本地因素：宁波传统经济的六大产业

宁波商帮生于本地，那么宁波为什么会产生如此多的商人？其本地因素究竟是什么？笔者认为它的本地性主要是由宁波的产业结构决定，宁波传统经济中的六大产业就是宁波商帮产生的本地因素。

以往的研究通常认为，宁波地狭人稠，宁波人只能外出经商以求生计，宁波商帮才得以产生。持这个观点的依据，所用的资料基本都是乡邦文献，诸如方志、杂记、碑刻、同乡会报等。如宋代宝庆《四明志》的记载：宁波之人，"土狭人稠，日以开辟为事，凡山巅水湄，有可耕者，垒石堑土，高寻丈而延袤数百尺不以为劳"[1]。民国早期张让三撰《上海四明公所缘起》中的说法："宁波之为郡，背山面海，地狭人稠，往往外出贸易，兼营航海之利。风帆浪舶，北至辽沈，南迄闽广，中入长江，而以上海为集市居货之地。"[2] 民国中期《宁波旅沪同乡会月刊》第74期（1929年9月）载《宁波都市之概观》亦曰："宁波一带，山脉纵横，耕地面积有限，而人烟却是非常稠密，每方里人口密度达857人，全世界人口密度最大之国为比利时，计每方里平均653人，……日本，其平均每方里406人。因为宁波一带人口密度如是之大，耕地面积又如是之小，所以就不得不想个调剂方法，这个调剂方法，就促成宁波商人遍满

---

[1] （宋）胡榘修、方万里、罗濬纂：宝庆《四明志》卷14《奉化县志》"风俗"。
[2] 《上海四明公所档案选（一）·张让三手撰上海四明公所缘起》，《档案与史学》1996年第6期，第17页。

全国。在各大商埠竖起了'宁波帮'的旗帜。"[1] 还有戴行韶撰《宁波历史上受地理的支配——宁波历史地理之一节》中的说法："[宁波]全市有人口21万人有奇，[鄞]县属人口52万人左右，……密度之高，每平方里4000人以上，……近来生齿日繁，地之所产，不能供给于用，于是远涉重洋，踵相接也。"甚至说："宁波市每人食米二石五斗，则年需5312950石（相当于人口数2125180），鄞县则需12947600石（相当于人口数5179040），然可耕之地，仅605009亩，平均每亩产米二[十]石五斗计之，仅仅及12402685石，不敷数达5857863石之多，可惊也矣。故每年不能不由外埠运入多数之粮食，以资弥补。"[2] 很多研究依据这些资料认定，宁波帮产生的最主要的原因就是地狭人稠。

其实这种观点也经常用来解释其他商帮的兴起。有关论著大多认为：徽商产生是因为地狭人稠，土地太贫瘠，生产出的粮食不够徽州的需求，所以徽州人只能出来经商。粤商产生也是因为地狭人稠，晋商产生的原因也是地狭人稠。所以中国的四大商帮晋商、徽商、粤商、闽商的形成都源于同一个原因，就是地狭人稠。

这种解释在逻辑上是讲不通的。或许地狭人稠因素是存在的，但是地狭人稠并不见得就一定产生商人，还可以产生盗贼、土匪。古代和近代许多地方土匪横行，通行的解释往往也是说该地地狭人稠，无以为生，只能行强梁之事。可见地狭人稠并不见得会产生商帮。因此，宁波商帮产生的关键不在于此。

另外，相关资料也不可尽信。研究区域社会，地方文献固然重要，但仍需加以考辨。因为地方文献产生于基层社会，记述者往往带有一定的视野上的局限性和文化上的限制性，以及态度上的随意性。它不是很

---

[1] 顾礼宁：《宁波都市之概观》（续），《宁波旅沪同乡会月刊》第74期，"专著"第1页，1929年9月版。
[2] 戴行韶：《宁波历史上受地理的支配——宁波历史地理之一节》，《宁波旅沪同乡会月刊》第108期，论著第4页，1932年7月版。

严谨，往往会凭记述者自己的一隅之见、一己所得，得出一个笼统的印象和概念。所以上述张让三所说的"地狭人稠"，可能另有所指，其所说的"地"只是宁波城区之地，认为宁波城区地方太小，而宁波府所属地区大多数商人集中在这块小小的城区经商，没有大的发展前途，因此要到上海去。上海是个"集市居货"之地，市场更为开阔，人口也更为集中，人口密度也绝不低于宁波。张氏所说的宁波人去上海经商、谋生，实质上是从地狭人稠之处前往地广人稠的上海，其本意即是去上海这个大市场寻求新的商机，做更大的生意。如果说只是因为宁波缺少耕地，才不得已去外地谋生，其首选当不是去上海，而是去一个地广人稀的地方。实际上，离宁波不远，还有其他县域拥有更多的土地，而宁波人并未前去，因为这些地区虽地多人少，但没有多少生意可做，这也是应该关注的一个方面。另外两则记述民国中期宁波人地关系的资料，其数据颇有荒诞不经之处。《宁波都市之概观》一文所说的宁波每平方公里857人，可能只是指宁波府城里边的人口密度，将之视为整个宁波府所辖6个县的人口密度，显然是夸大不实之说；并以之与日本、比利时整个国家作比较，而不考虑该两国内部各地也有人口密疏之分，从而得出宁波是全世界人口密度最大之地的结论，显然是极其错误的。《宁波历史上受地理的支配——宁波历史地理之一节》中关于粮食的供应的分析也很不准确。据其所言，宁波民众每人一年的食粮是两石五斗，折算下来就是1年375斤，约每天1斤粮，这个水平是比较高的，基本都能满足每人食粮所需的水平。又说鄞县的耕田有60多万亩，亩产两石五斗，那么按照当时鄞县的人口数量，人均就有一亩多田，刚好一亩地供一个人的一年食粮。既然所产粮食已经足够吃了，那为何还要出外经商？有关鄞县粮食的需求量、总产量、欠缺量更是荒诞离奇，大约扩大了10倍。所以这些数据整体上存在矛盾、不实之处。

更为重要的是，"地狭人稠"的看法与事实有出入。1932年的时候国民政府实业部做了一项调查，其结果表明，当时浙江省的人口密度，最大是杭州每平方里806人，其次是绍兴地区每平方里200人以上，宁波地区是每平方里150—199人，在浙江属于第三等次。① 这是1932年的数据，那么在宁波帮开始产生的明清时期，其人口密度就更低了。这可以用历代方志中的宁波人口记载加以验证，康熙十年（1671）、四十年（1701）人口只有20多万（此系男丁数，以3倍计算全部人口数约为60万），到雍正九年（1731）是40多万（男丁数，全部人口约为120万），到乾隆五十一年（1786）是194万，到嘉庆二十五年（1820）以后达到235万。嘉庆以后直到1932年，除太平天国时期外，人口基本上都在230万上下（不含余姚县），基本上没有太大的变化。②

从数据看，自康熙朝以来，宁波的人口是不断增加的。如果说宁波帮开始产生的明清时期，土地已经紧张了，那么在乾隆、嘉庆时期以后，人口增加很多，土地应该更为紧张。可是在1933年国民政府实业部统计的资料显示，宁波的耕地统计中包含有很多的荒地。有荒地，就说明土地存量还有余地。再以嘉庆朝以后的人口数量的增加，去印证人地关系的紧张程度，说明乾隆朝之前还是很宽松的，没有到必须出去求生的地步。即使是宁波人大量外出谋生经商的嘉庆晚期以后直至民国中期，人地关系也不算紧张，据《嘉庆重修一统志》记载，嘉庆二十五年（1820）时，宁波府共有征税田地40660顷59亩，即4066059亩，人口为235万，人均为1.7亩。

此外，研究者对历史数据的运用上也存在着张冠李戴的误用。如宋

---

① 实业部国际贸易局编纂：《中国实业志·浙江省》甲编，1933年实业部国际贸易局发行，第14—15、20—21页；王强主编：《近代中国实业志》，凤凰出版社2010年版影印本，第6册，浙江省（一），第42、43、50—51页。
② 雍正《宁波府志》（台北成文出版社有限公司1974年版）卷12，"户赋"第2页（影印本第681页）；李卫、曾筠等：《雍正浙江通志》，浙江书局光绪二十五年刻本，卷72，"户赋"第2页；曹树基：《中国人口史》第5卷，复旦大学出版社2001年版，第170页；《四库丛刊续编史部·嘉庆重修一统志》，中华书局1986年影印本，第17册，"宁波府一"第5页，"户口"；实业部国际贸易局编纂：《中国实业志·浙江省》，实业部国际贸易局1933年发行，甲编第15、42—43、20—21、50—51页。

代宝庆《四明志》中记载的"右山左海，土狭人稠，日以开辟为事"的情景，记录的是奉化县的情景，资料中明确记载"四明志·奉化县志"，而现在的研究者却拿来用作整个宁波府人地关系紧张的证据。奉化县处于山海之间，大多为四明山和天台山山区，平原土地狭窄，"土狭"之说应是指此，自古有"六山一水三分田"之说，农田以开辟山地为多自属正常。

那么既然宁波人地关系并不是这么严重，那么为什么宁波人要大量外出经商谋生？笔者认为并非宁波无地可耕也，乃是有地不耕也。民众有足够的田地可耕但是有不少人不愿意去耕种。何以如此呢？原因就是宁波地区特殊的经济结构，使得宁波有很多的可以选择的行业，尤其是比种地更好的行业、收入更高的行业。所以宁波商帮的产生，主要是宁波人的从业利益选择及其商业属性使然。具体而言，宁波的传统经济结构主要有如下几类行业：

1. 农业

宁波的农业有以下几个特点：一是农业人口比重较低，且逐渐减少。据1933年的调查，宁波境内农业人口最多的余姚县有农户133265户、农民445680人，占总人口的69.9%，户均3.35人、有田6.7亩。宁波全地区有农户41.6万余户，按余姚的户均人口计算，农民总数为139万多，占总人口326万多的42.6%。上述情况中，农民占比最高的余姚与清代时差不多，但整个宁波地区的占比数可以说是相当的低，可能在全国同等级别区域中属于最低者之一。当然，这是民国中期的情况，当时的非农经济已有较大的发展。但也可以在此做一推算，有记载说清代光绪初年时，农业占比较高的鄞县，有"乡民力田者什六七"[①]，即60%—70%，整个宁波地区则当在50%—60%，这在当时亦是较低的。

二是农业分布很不平衡。各县的农业人口数量和人均耕地面积相差

---

① （清）张恕等纂：《光绪鄞县志》，光绪三年刻本，卷2"风俗"，第6页。

很大，基本呈现为以涉海程度增加而次第减少的状态。各县的农户数及占总人口比例和户均耕地面积，除余姚农户最多、户均耕地最少之外，其余各县的情况依次如下：宁海80000户、占83.4%、户均10亩；鄞县78240户、占35.4%（这一比重是按照鄞县总人口74万计算的，如果扣除其中所包含的宁波城区人口31万，那么比重应为61.0%，与上面所说"乡民力田者什六七"基本相同）、户均11.2亩；慈溪45400户、占54.7%、户均18.5亩；奉化38000户、占57.2%、户均30亩；镇海22300户、占16.7%、户均24.2亩；象山12203户、占19.4%、户均21.2亩；南田3884户（前后属象山县）、占59.35%、户均19.4亩；定海3480户、占3.0%、户均117亩。①

三是经济作物占较大的比重。如棉花，到1930年代种植面积为100万亩左右，占耕地总面积的17%，所产占浙江全省产量的50%以上；茶叶种植面积，据不完全统计为21500多亩；药材种植著名者有象山、鄞县的贝母，余姚的麦冬，奉化种植中药材多达200多种。全区种植面积最多时约有2万亩。这些经济作物具有较大的商品性，其种植的目的大多是为了销售，自然会带动相关工商业的产生和发展。

2. 传统商业

宁波由于棉、鱼、茶、药等商品性物产的丰富，从事这些商品买卖的商业早就有之，有不少著名商业世家缘此发迹。特别是南宋以后商业有较大发展，重商思想和风俗开始抬头。明代时期官方的对外贸易受到抑制，走私贸易和国内贸易兴起，造就了一批专业商人，并开始外出经商。以明末清初著名思想家黄宗羲为首的浙东学派主张发展商业，反对重农抑商。

随着宁波城乡商业的发展，以钱庄为主的金融业、沿海和内河航运业也很快发展起来，许多商人出外经商，带动大量人口出外谋生并成长

---

① 实业部国际贸易局编纂：《中国实业志·浙江省》乙编，第14页。

为新一代的商人，到明清之间开始产生宁波商帮，到民国时宁波商帮超越徽商、晋商、粤商而成为全中国的第一商帮，经商足迹遍布全国主要商埠，以及日本、东南亚等国，并进一步带动宁波商业的发展。外出经商谋生的宁波人1889年为9万多人次，1904年增至近23万人次，此后快速增加，到1911年达到近82万人次。

3. 渔业

沿海的定海、象山、鄞县、镇海、慈溪、奉化等地区都有众多的渔场。如渔业不是最发达的鄞县，亦有"渔于海者什二三"[①]之说，也就是说渔业是仅次于农业的第二大产业，从业者比重达到总劳动人口的20%—30%。据光绪二十七年的统计，宁波府共有大小渔船和鱼品运输船约1万艘，从业者约数万人。年产鲜、咸、干鱼20万担，品种有50种左右。[②] 捕捞、运输、加工销售，各个产业形成一个渔业的产业链。

4. 盐业

两浙盐区为全国第二大产盐区，宁波是其4个主要产盐区之一，余姚、慈溪、镇海、鄞县、象山、宁海等沿海地区辟有9个盐场，明代万历年间共有盐丁3.4万余名，到雍正朝时有盐丁9294名，到1910年仅余姚石堰场一处就有盐丁13906人。生产方法，早期为煎盐法，清中期后兼采并趋向晒盐法，年产量，明代万历年间为29342吨，占两浙总产的26.7%；仅余姚石堰场一处，1598年产量近3255吨，1910年时大幅增加至44534吨。民国以后产量更有大幅增加，1927年宁波产盐总量为96164吨；1940年达到17.7万吨。盐业除了吸收大量的盐工以外，还有很多的盐商买卖盐，还有储存的运输的一大批人。

5. 茶业

宁波种植茶叶自古有之，到光绪初年开始有较大发展，估计有烘茶、

---

① （清）张恕等纂：《光绪鄞县志》，光绪三年刻本，卷2"风俗"，第6页。
② 傅璇琮主编，乐承耀著：《宁波通史·清代卷》，宁波出版社2009年版，第168页。

拣茶工人近1万人，包括茶农、茶商等相关从业者，当有数万人。民国时期宁波有茶田21500亩。宁波所产茶叶多为绿茶，民国时期约年产茶叶2000吨。

6. 现代工商业和交通企业

1875年后，宁波的现代工业有所发展，到1911年宁波城区约有现代工业和航运企业40家，资本家3000人、工人6.8万人，占城区人口总数的18%。民国时期工商企业增至100多家。

（二）宁波帮产生和发展的经济原因

以往的研究都认为宁波地区拥有较多的商人，并大量出外经商，是由于"地窄人稠"之故。但据1933年的统计，浙江全省农民户均耕地面积为13亩，宁波地区只有余姚、宁海、鄞县3个县的户均耕地面积低于这个数字，而宁波全区的户均耕地面积为14亩，比全省的还要多1亩。

而且宁波出商人，特别是出大商人最集中的地区镇海、慈溪、定海、奉化四地，恰恰是农业人口较少、户均耕地面积较多，人地关系不很紧张的地区，而人地关系较紧张的余姚、宁海、鄞县则出商人较少。在民国之前，宁波地区的总人口数在200万左右，比1933年的人口少得多，人地关系应该更不紧张。

因此，宁波出商人的缘由还可再做探讨，我们认为与宁波的传统经济结构和浙东学派的经世实学有着密切的关系。

宁波的六大产业，除了农业之外，其余的产业都是商品性的，以外销为主，如此带动了商业的发展，催生出大量的商人。

当然，浙东学派的思想影响也有很大关系。黄宗羲的"工商皆本"思想，批判和否定了传统的"重农抑商"政策。他认为："世儒不察，以工商为末，妄议抑之。夫工固圣王之所欲来，商又使其愿出于途者，盖皆本也。"由此可见，宁波当地人的思想观念中，对于经商并无轻视、敌视之心，甚至有将之视为"本业"的观念。

二、宁波的港口

宁波港的发展历程，总的来说是：地在宁波，成于四周，功寄全球；从内江港到外海港，从普通港到特色港，从一流港复一流港。前三句话是它的对外关系，后三句话是它的发展过程。下文从其位置、地位、腹地、航线等方面加以论述。

（一）位置

改革开放之前，宁波港是一个甬江内港。在近代之前，码头主要集中在甬江、姚江、奉化江三江交汇的"三江口"上下的奉化江、甬江两侧。近代以后，扩大到甬江中上游沿岸；并于1860年12月30日（咸丰十年十一月二十九日）在码头附近设立宁波浙海关新关。到民国时整个宁波港已有轮船码头24个，小轮船和帆船道头、埠头100多个，并扩展到甬江出海口的镇海。

（二）地位

唐宋两代在明州（宁波）设立专管海外贸易的机构——市舶司，成为古代泉州、广州、明州三大市舶司之一；元代继续，并管辖江浙两省之海外贸易；明代时开时停，并因防海盗而严控与日本的贸易。到清代康熙二十四年（1685），清朝在宁波正式设立浙海关，是包括广州粤海关、厦门闽海关、上海江海关在内的四大海关之一。宁波主要是对日本和朝鲜的贸易。1844年1月1日（道光二十三年十一月十二日）正式开埠，成为清代的五个通商口岸之一，也是浙江的第一个通商口岸；同时在甬江、姚江、奉化江交汇的三江口西北角开辟外国人"居留地"。

宁波成为通商口岸后，其港口的地位，一方面从自身而言进入了新的发展时期，另一方面与上海、广州、天津等大港口的更快发展相比，则进入了相对落后时期，其吞吐量与上海港相比，从原先的同等或更高水平，转变到1864—1868年的1:3.8，再到1934—1937年的1:11；同时日益成为上海港的转运港和支港。有的论者以此认为宁波港从开埠通商便走上了衰落之路，这未免有失偏颇，至多只是相对落后，直到1937年以后因为特殊的原因才真正走向衰落。

（三）腹地

港口的盛衰与其腹地大小和经济发展程度，以及港口自身特点密切相关。就腹地而言，主要决定于港口外延的物流系统。近代以前宁波港的外延物流系统主要有两个：一是江河系统，即由姚江和奉化江沟通的物流区域，尤以姚江系统为要。

姚江连接浙东运河可达杭州，再从杭州连接钱塘江，由钱塘江沟通其上游富春江、新安江，及新安江上游横江等江河，直达安徽休宁县的屯溪、黟县的渔亭，又通过昌江连接祁门县和景德镇；另一路由富春江连接衢江可到达浙江的衢州。如此，将广大的浙东、浙西、安徽徽州地区（今黄山市）的休宁县、祁门县、黟县、歙县、太平县、婺源县（今属江西省），乃至江西景德镇都纳入宁波港的腹地之内。奉化江则作用较小，只是宁波辖区内奉化、鄞县到港口的物流通道。

这个系统使浙西、徽州、景德镇地区的茶叶、瓷器等产品大量运往宁波出口，这些地区所需的进口品亦由此运入。即便是祁门、婺源和景德镇三地另有物流系统，还可以通过昌江、饶河经鄱阳湖，由九江入长江运往武汉、上海出口，但这条运路要比去往宁波的运路长许多，因此除了必须在武汉和上海出口的产品之外，其他出口品，特别是出口到日本的商品则基本运往宁波出口。如景德镇的瓷器自唐宋以来到20世纪初，出口运销路线主要有三条：一路上达祁门经新安江运往宁波出口；一路下入鄱阳湖达赣江至赣州转广东出口；一路自鄱阳湖至九江转长江至上海出口。

二是近海系统，即由南北近海航路所沟通的物流区域。往南可到达厦门、台湾、广州等沿海地区,往北可到达上海、天津等沿海地区,往东可到达舟山群岛。这个系统使宁波与南、北地区的物产得以交流,形成宁波繁盛的南北货贸易。

(四)航线

国内航线,民国时期这类近海航路有20条左右,以宁波到上海的航线为最繁忙;宁波到厦门为最远。外洋:东海和南海航线,尤以东海到日本的航线最为重要。

三、宁波的外贸

宁波商帮与宁波港口相结合,自然造就了辉煌的宁波外贸。

(一)外贸态势

元代时外贸已有相当发展,进口货物多达223种、出口物品31种,以药材、茶叶、香料、瓷器为主;主要贸易国是日本,港口是福冈的博多港、大阪的堺港。明代因海禁,外贸萎缩。清前期(1736年之前康熙—雍正时期)外贸因受朝廷管控,数量有限,主要是对南洋地区的贸易,有所谓"商人往东者十之一,往南洋者十之九"。乾隆朝于1736年又实施海禁,1758年一度关闭宁波浙海关,对外贸易大幅度减少,但沿海贸易仍较发达。

1844年宁波作为五口通商之一的口岸以后,对外贸易不仅没有发展,反而有大幅度减少,直至第二次鸦片战争和太平天国起义结束的1864年后才逐渐发展起来;到1876年温州、芜湖的开关,逐渐分流宁波的进出口贸易;1896年杭州开埠通商以后,宁波港的腹地被杭州港分割去一大半,浙西和徽州的进出口物品大多由杭州港出入,使宁波的对外贸易受到很大削弱。

在1865—1895年间，宁波的对外贸易发展较快，对日贸易亦有明显增长。1867年宁波港的洋货直接进口值为675445两，占全国进口总额的1%，占宁波港洋货进口总额（包括复进口）6730956两的14%。到1874年直接进口值增至1977925海关两，占比分别提高到2.94%和32.9%。[①] 其中两个占比数的提高，说明两点：一是宁波港的直接进口增长要明显快于其他港口；二是直接进口的增长要大大快于本港复进口。对日贸易1870年时进口只有2675海关两、出口113669海关两，是进口值的42.5倍；后来，随着日本工业的发达，从宁波港进口的日货也逐渐增加。

（二）重点出口商品

1. 茶叶

宁波的茶叶出口早在唐代时就已有之，主要是出口到朝鲜和日本。到宋代时有所发展；近代以后有较大发展。宁波出口茶叶以徽茶和绍兴平水茶为主，据海关资料记载，其出口数量1893年为徽茶73800余担、平水茶109800余担；1894年为徽茶74500余担、平水茶85800余担。1896年后，徽茶基本改由杭州港出口，平水茶已有相当份额转由杭州港出口，由宁波港出口的徽茶，1898年大幅减少至12468担，1899年甚至减少至299担。但是宁波年出口茶叶的数量在1890—1896年之间保持在15万—19万担，到1897年因杭州港的分流，出口数减少至7.5万担。但不久便开始回升，1912—1921年间年出口量为8.2万—12.7万担；1922—1931年间年出口量为10.5万—13.4万担。可见宁波本地茶业在1896年后的发展。

[①] 根据姚贤镐编《中国近代对外贸易史资料》（科学出版社2016年版，第3册）第1611、1623页有关数据计算。

2. 鱼类

所产鱼货除了本地消费之外主要是运销于国内其他地区，如上海、汉口、九江、厦门、香港等地，尤以墨鱼干为多。1882年出口673吨，1891年出口4128吨。民国时期，通过宁波港每年运出的渔产品约值500余万元。

3. 丝织品

康熙中期（1688—1703），是浙江丝织品出口日本最盛的时期，主要是从日本长崎港入口。

（三）港口转型

1. 第一次转型

1896年杭州开埠通商后，宁波港失去大批腹地，发展方式开始转型。此后宁波港生存和发展途径由以腹地依托为主，转向本地区的生产和消费依托为主，因为失去的腹地一去不可复返，而且还会随着临近地区港口的增设和发展而继续缩小，而生产和消费则会随着本地区经济发展而不断扩大，从而使宁波港得以继续维持下去并逐渐取得新的发展。从海关统计来看，1898年后土货出口值逐渐减少，从原先的通常每年2万两上下，减少至民国初年的2000两上下，但进口洋货则在1908年之前保持较大的增加幅度，从1900年之前的100万两以下，增加到1907年的500多万两，通常为300万两上下。此后几年，基本保持稳定状态，到1921年再度进入较快发展阶段，逐年增加，土货出口在1928年达到29985两、洋货入口在1927年达到1001万余两。①

2. 第二次转型

宁波港自1896年以来的转型趋势，可以说与改革开放后的宁波港的

---

① 杨端六、侯厚培：《六十五年来中国国际贸易统计》，国立中央研究院社会科学研究所1931年版，第80页。

发展和建设有着一定的延续关系。1978年开建北仑港，1985年建成一期，1992年建成二期（矿石散货，宝钢开建）。发展路径：港口位置和规模从江内港逐步发展为江口港、外洋港、宁波—舟山港，从单一港发展为集群港，充分发挥深水港的优势；从普通散货港走向多功能港，集散货、矿石、集装箱、油气进出口于一体；从腹地依托逐步走向本地经济发展依托，从单一本地腹地依托走向交叉腹地依托。从而使宁波港得到复兴，而且超越历史而成为中国东方大港，与上海港并驾齐驱，名列前茅，前途远大。

四、结语

从宁波商帮和宁波港口兴起和发展的历史过程来看，区域是独立化的，又是一体化的。每一个区域都有它的独特性，有它的个体性、独立性存在，区域研究的一个很重要的目标，就是要把区域的特点揭示出来，把区域的优势找出来，为现实服务。但在研究区域的时候，不能一头就扎在区域内部，不顾及四周和其他方向，这样也会造成很大的失误。因为区域又是开放化的，它和相邻区域、其他的区域发生物流、资金流、人流、文化流的联系。在这些联系当中，本区域吸收外部的各种各样的因素，借助于外部的这种力量，使自己本区域的社会经济得到更好的发展条件。

另外一个要注意的问题是在区域研究中要将本地因素与外地因素结合起来进行考虑。对于乡帮文献的应用，一定要仔细，要认真，要去辨别乡土文献里边的真实性，尽量要努力引用一些可靠的、最起码是要符合逻辑的资料。

（据2021年6月在泰山学院所作学术讲座整理）

建构地方历史：乡邦文献与明清江南区域经济研究

北京大学　李伯重

中国是一个疆域辽阔，人口众多，历史长久的国家。我们认识中国，首先要从区域开始。只有对各个区域有了深刻认识，才能从整体上把握中国历史和社会。而要研究区域社会，需要充分利用乡邦文献，同时要注意将区域历史和整体历史联系起来。本文主要结合我自己的研究实践，阐述对以上问题的看法。

一、微观史兴起背景下的区域史研究

微观史（micro-history）兴起在中国是一个比较晚的现象。在改革开放以前，我国史学界研究的主流是一些宏大的历史进程、重大的历史事件，也取得了很多成果。但是到了改革开放以后，潮流逐渐改变，特别到了最近20年，微观史兴起，做"小"课题研究蔚然成风，这甚至引起一些学者担心是否出现了"碎片化"。我们应该怎么理解这个问题呢？

微观史的兴起，不仅仅发生在中国，而是国际潮流。20世纪后期，西方历史学界出现了"语言学转向"（Linguistic turn）和"叙述转向"（Narrative turn），特别是1970年代海登·怀特（Hayden White）等对整体史提出了挑战，主张历史和文学的结合，强调历史写作的叙事性和故事性。他们提出的一些批评，点明了现有史学的弊端。微观史在此背景下出现，微观史成为了史学的主流，而"'宏大叙事'（grand narratives）——大框架、大过程、大比较——变得愈发不受欢迎"[1]。微观史的代表作之一是意大利学者卡洛·金茨堡（Carlo Ginzburg）写的《奶酪与蛆虫》，它的副标题是"一个16世纪磨坊主的宇宙"。作者不仅在技术上解决了小人物研究的史料问题，还通过呈现这个小人物对世界起源、《圣经》真实性、教会腐败、文化多元性等问题的针砭时弊，引导读者对精英史观、史学宏观化以及计量方法等一系列史学理论问题进行反思。过去的研究关注从古罗马的凯撒大帝、奥古斯都，到文艺复兴时期的但丁等等大人物，谁会关心一个名不见经传的16世纪意大利小磨坊主的生活、事件、文化，以及他所处的那个环境呢？出乎意料的是，该书受到了极大的欢迎，掀起了微观史研究的巨澜。

微观史兴起的原因很简单。道理很简单，因为历史不仅是由大人物创造的，也是由众多的小人物创造的。若我们只了解大人物，而不了解普通的老百姓，那么这样的历史就不是全面的历史。对普通人民的关怀，中国学者也感受到了。2004年，香港中文大学历史系教授科大卫发表《告别华南研究》，文中讲到他的经历。在20世纪70年代，当时是大学生的他到了香港罗湖和深圳交界的一个农村中去做采访，一个老婆婆讲了自己一生的故事，一边讲一边哭，科大卫他们一起去的同事都一边听一边哭。科大卫感到"有点愤怒"，"我们在学校念的历史捆绑在一个与实际生活没有关系的系统下，没办法把这些重要的经历放进去，老婆婆的故事是没有文字记载的，我们不记录下来以后就没有人知道，这是我感觉到口述历史重要的一个经验"[2]。他从此就开始了一种新的历史人类学的研究方式，就是研究普通老百姓怎样生活，他们彼此间的关系怎么样，他们的喜怒哀乐，他们的社会结构。他的努力取得很大成就，为越来

---

[1] 〔美〕乔·古尔迪、〔美〕大卫·阿米蒂奇：《历史学宣言》，孙岳译，格致出版社2017年版，第150—151页。
[2] 〔英〕科大卫：《告别华南研究》，华南研究会编：《学步与超越：华南研究会论文集》，香港文化创造出版社2004年版，引自https://kfda.qfnu.edu.cn/info/1082/2555.htm。

多的学者认同，从而演变成在中国史学界以及国际史学很有影响的华南学派。

为什么说微观史研究特别重要？我们可以"清代中国的识字率"问题为例，对此略加阐发。1970年代，罗友枝（Evelyn Rawski）等学者做了关于18—19世纪中国识字率的估计，结论是"拥有某种读写能力的男性约占30%到45%，而女性只占2%到10%"。这是对全中国识字率所做的估数，我在关于明清江南教育的文章中也引用过这个估数。但罗友枝等并没有对这个问题做第一手研究，而是通过参考近代调查所得识字比例，侧重考察科举制度、教育制度、书籍出版等问题，间接推断出来的清代识字率。现在我们可以看到的比较可靠的清代识字率的数字，是港英政府1911年在香港新界地区做的统计。1898年6月9日，英国政府与清政府在北京签订《展拓香港界址专条》，从中国强行租借了广东省新安县境内由九龙界线以北，至深圳河以南土地，连同附近233个岛屿，为期99年。1911年时新界基本上还是一个农村地区。根据港英政府做的这个统计，当时香港新界北区男子识字率是42%—56%，南区是51%—60%。这里说的"识字"，其实只是认字，而并不是能写文章或读比较困难的书，与罗友枝说的"拥有某种读写能力"意思相近。由此而言，我们看到，罗友枝所得出的18—19世纪中国识字率，虽然低于清末香港新界地区，但很可能接近珠三角地区的识字率。

广东之外的识字率，有一些20世纪前半期的调查数字。在我所看到的材料中，比较可靠的是毛泽东1930年在赣南寻乌县进行的调查（即《寻乌调查》）所得到的数字。当时寻乌县有12万人，有150所初级小学（1—3年级），7所高小（4—6年级），没有中学。赣南是一个很穷困的地区，寻乌县大约3%的土地是河谷平原，其他97%是山地和丘陵。但是在寻乌县，全部人口的识字率达到40%。其中女子识字者不过300人，几乎可以说全部不识字，因此男子的识字率达到80%。这个数字很让我吃惊。毛泽东说的"识字"的标准，其下限是识200个字及以上，大体相当于罗友枝所说的"拥有某种读写能力"。对经济史研究来说，能识200个字有很大意义。一个农民认识200个字，就可以看懂自己的名字、简单的契约、汉字数字和一些常用的计量单位，这是进行最基本的商业活动所必需的。美国经济学家柏金斯（Dwight Perkins）说19世纪中国农村已经具有相当的商业知识和才能，能够进行一些简单的买卖、借贷、典当、抵押、租佃、雇佣、承包等行为，而且知道书面文契的重要性。[1]没有一定的识字能力，这些知识和才能是很难获得的。

从以上两个例子可见，中国东南沿海识字率很高，中部贫困山区识字率也不算低，从而为这些地区的商业化创造了人力资源方面的条件。但是在西北地区，情况就大不相同了。中共领导的红军长征到西北后，建立了陕甘宁边区。根据1941年6月5日的《解放日报》和边区文教主管徐特立提供的数字，当时整个边区有200万人，仅有120所小学，文盲率达98%，小学老师的水平也低得惊人。这不单是因为这里农民穷，孩子上不起学，实际上，无论国民党还是共产党在这个地区的政府都试图实行义务教育，但农民仍然不愿意让孩子去读书。政府规定如果不让孩子去读书，家长要罚款5块大洋。在当地，5块大洋是一个很大的数字，但大多数人宁愿缴纳罚款，也不愿意让孩子读书。为什么？因为他们认为一个孩子去上学，家里就少了一个劳动力。这导致的超低识字率，也是这个地区经济上贫穷落后的原因之一。

由上面的比较我们可以看到，在20世纪前半期的中国，东南、中部、西部识字率差别如此之大，因此我们不能把广东、赣南、西北任何一个地区的识字率当作全中国的识字率的代表。在这样的情况下，对于什么是中国的识字率这个问题，在目前的情况下是无法回答的。唯一的办法只能是对各个地区进行"微观"研究，然后在以各个地区研究为基础的情况下，才能对全国识字率问题进行"宏观"研究。否则，所做出

---

[1] Dwight Perkins, ed., *China's Modern Economy in Historical Perspective*, Stanford: Stanford University Press, 1975, pp. 6, 7.

的关于全国识字率的任何结论都是有问题的。①

同样的问题也可以发生在别的领域。中国18世纪的康雍乾盛世到底是不是繁荣？贫困老百姓过得好还是不好？史学界有各种观点，争议非常多。如果笼统而言就可能犯很大的错误，只有在若干地区研究的基础上我们才能大概知道那个时代的中国在某一方面大概是什么样的情况。如果笼统地说中国在那个时代就是一个什么样的情况，那肯定有很多例子可以把它推翻。这就是我们研究地方史的重要性，也就是研究微观史的重要性。

柏金斯（Dwight Perkins）强调，中国是一个巨大而内部多样的国家，几个世纪是一个漫长时期，研究所需资料数量巨大，且质量参差，使用起来有很大困难。因此之故，中国经济史研究的一种途径是按照地区、时期，从中国这个整体上切下一个较小的片段先进行研究，然后再进行全国性的和长时段的研究，这样的方法更为可取。②当今中国各地区经济差距巨大，古代也是一样。如果没有地方性的研究，学者们所作的经济史研究，如对唐代或宋代GDP的估计，其可信性都有问题。这里，以我熟悉的长江三角洲的情况，对这个问题略加说明。狭义的长江三角洲大概五万平方公里，广义的大约十万平方公里，实际人口八千万，人口密度每平方公里823人。长三角地区的GDP在1978年的时候不到法国的八分之一，不到英国的五分之一，仅为葡萄牙的二分之一；在2009年达到了英国的百分之六十，法国的百分之六十五，与葡萄牙持平，大大高于匈牙利和波兰以及俄罗斯。中央改革开放政策是全国性的，为什么短短几十年内长三角地区能发展得这么好，而其他地方做不到呢？这必须从地区的历史追溯原因。

---

① 李伯重：《什么是"中国"？——经济史中的"微观"研究》，《清史研究》2020年第6期，第131—132页。
② 〔美〕德·希·珀金斯：《中国的农业发展》，宋海文等译，上海译文出版社1984年版，第8页。

二、乡邦文献：类型、特点和价值

那么我们做区域研究所需要的资料是什么呢？就是乡邦文献。乡邦文献是研究地方历史的原始资料。

历史研究必须建立在可靠和充分的史料基础之上，这是学界的共识。在各种史料中，最重要的是原始史料，因为原始史料最接近历史事件发生的时间，而且没有经过改写，能相对比较如实地提供反映当时情况的信息。法国年鉴学派学者勒华拉杜里（Emmanuel Le Roy Ladurie）就明言：任何历史研究都应当从分析原始资料开始。[①]

在利用原始资料进行研究方面，先师傅衣凌先生做出了卓越贡献。抗战期间，衣凌师为躲避日机的轰炸，在福建永安城郊黄历乡的一间老屋中，无意中发现了一大箱民间契约文书，有数百张之多，时代自明嘉靖年间以迄民国，其中有田契、租佃契约以及其他账簿等等。他即依据这些契约整理成三篇文章，编为《福建佃农经济史丛考》一书，在福建协和大学出版。这是中国学者第一次引用民间契约文书研究中国社会经济史的著作，也是衣凌师开创中国社会经济史学派的奠基之作。当时处于战争环境，交通隔绝，此书在国内流传不广，但很快被介绍到日本，在日本产生重大的影响，成为战后日本史学界重建中国史学方法论的一个来源；尔后又由日本学者的媒介，传播到美国，成为美国五六十年代中国研究方法学的一个重要组成部分。这就是原始资料的重要性。

地方志、笔记、日记等皆属于原始资料，学界对其重要性有着充分认识。谢国桢先生认为，"编整明清以来的史料，还是史学界目前重要任务之一……史料的种类方面，除了笔记、野史、稗乘而外，还有文集和地方志，这三项资料，是寻找我国文化遗产和古代近代社会情况的宝

[①] 〔法〕埃马纽埃尔·勒华拉杜里：《蒙塔尤：1294—1324年奥克西坦尼的一个山村》，许明龙、马胜利译，商务印书馆1997年版，第2页。

库"①。"研究明清史是目前史学界重要的任务,对这段历史的研究,除必须使用所谓正史及当时政府的典册文件外,就应该充分利用这大量的野史笔记及各种地方志、诗文集了。"②于是谢国桢就编写了《明代社会经济史料选编》。这本书引用书目共有409种,尽管标为《明代野史笔记资料辑录之一》的副书名,然而引用书目里收有官修私撰地方志87种,就是余下的野史笔记,也有不少带有方志性质的私撰志书。这部书分上中下三册,由福建人民出版社于1981年刊行,近百万字的资料里,直引和转引各种地方志资料约居其半。

  乡邦文献究竟有哪些种类?我觉得最主要的有三类。一类是官方文书,包括:地方政府档案、地方行政文书(文告,公文,黄册,鱼鳞图册及相关文件如户帖等,法规)等。一类是民间文书,包括:商业文书(契约、簿账、合同、与商业纠纷有关的诉讼文书等)、家庭与社区文书(家谱、家规、乡约、社规、教育及慈善机构规约等)、职业专用书(农书、工匠书、商书等)、地方文人作品(诗文、笔记小说、书信、日记等)、地方文艺作品(小说、戏剧、野史、说唱本等)。还有一类是近代文件,主要是中国与外国公私机构和个人文件,包括社会调查、报告、公文、游记、日记、信件等。

  我在研究江南经济史时,就利用了大量乡邦文献。江南地区长期以来一直是中国文化上最发达的地区,文献记载特别丰富。因此对于研究所需要的资料支持来说,它比起中国其他任何地区都远为充分。但是由于清代后期以来长期的动乱、战争和政治运动,许多文献未能保存下来。幸存至今的文献,有一些已经过整理,编选成资料集(如洪焕椿编《明清苏州农村经济资料》,江苏省博物馆编《江苏省明清以来碑刻资料选集》,上海博物馆编《上海碑刻资料选辑》等),但还远远不足,需要我

---

① 谢国桢:《明清笔记稗乘所见录》,《明清笔记谈丛》,上海书店出版社2004年版,第267页。
② 谢国桢:《明清笔记谈丛·重版说明》,上海书店出版社2004年版,第2页。

们继续努力去发掘史料。

我在江南经济研究中，对地方志、农书和近代社会调查利用颇多，因此在此略述自己的使用经验。

首先，从地方志说起。就清代的松江府地区（大略相当于今天的上海市）而言，据统计，1949年以前所修的各种地方志，计有市志1种、府志14种、州志2种、县志85种、卫志5种、厅志2种、乡镇所志133种，合计242种。如加上各种专志、内志、文征、地方笔记等地情著作，总数更远大于此。上海师范大学图书馆编的《上海方志资料考录》一书①，即列出了1949年前的各类地情资料约840多种。仅只这一地区就有800余种，所以地方志是所需史料丰富的来源。在这些地方志中，府一级的方志，现存最早的方志为绍熙《云间志》。以后，元代修府志4次，明正统、成化、正德、崇祯四朝五修得六稿，清康熙、嘉庆、光绪三朝四修，前后14次。县一级的方志，仅以华亭、娄县两县的县志为例，自《华亭图牒》算起，共修志15次。其中宋代5次；洪武、正德2修；乾隆、光绪二朝华娄两县各3次。民国间又曾二度组局修志，虽均未成功，但留有《续纂华娄县志稿》、《华娄光宣志剩拾补》、《华娄二县金石志》及《松江志料》等稿本、备稿多种，汇辑了丰富的清末民间的资料。

松江府地区的地方志一般都设局延请社会宿耆、集中饱学之士编纂，出于名家大手笔的甚多，从而在资料价值和体例两方面都有较高的质量。例如正德《松江府志》，《四库全书志目》称其"详悉有体，稍胜他舆记之冗滥"。崇祯间方岳贡、陈继儒修纂的2种《松江府志》，反映社会弊端和人民疾苦的深度，为官修志书所罕见。府志中内容最详者为嘉庆《松江府志》与光绪《松江府续志》，都统合一府古今资料，具有很高的价值。在华娄的县志中，乾隆《华亭县志》和《娄县志》，境域分明、材料翔实，所记脉络清晰。

---

① 上海师范大学图书馆编：《上海方志资料考录》，上海书店出版社1987年版。

其次，职业专用书，用今天的话来说，大致相当于职业技能培训书，主要有《沈氏农书》、《补农书》、《耕心农话》、《浦泖农咨》、《木棉谱》等农书，《杵臼经》、《布经》等工匠书；《陶朱公致富奇书》、《商贾便览》、《生意世事初阶》、《贸易须知》等商书。此外还有医书、官箴书。在此着重讲一下《浦泖农咨》。该书是迄今为止发现的较完整记载上海地区古代农业的一部古农书，但由于经过太平天国战乱很少有保留下来，现上海图书馆所藏的一部，可能已成为孤本。该书成于道光十四年（1834）春月，作者姜皋，号小枚，道光十五年恩贡生，系道光时代松江府"泖东七子"之一。他对农田水利多有留意，且有感于乡农日益凋敝而作此书。该书虽然篇幅有限，所保留的当日农村经济的讯息却十分丰富，记载细致且翔实。尤为难能可贵的是，作者在撰写本书时，做了一些实地调查，访问乡农，"细询其故。彼欺凌驳削，种种情事，如所谓报荒遭笞、纳粮无照者，恐不至若是之甚，余不之信。惟信所言人工贵，地力薄，天时不均，万农则如出一口，故录以告世之有心农事者"[①]。由于作者"生平好知农事"，重视农村经济，而且又进行了认真的调查工作，因此本书也摆脱了许多官修或者名人所修的农书注重广征博引前代文献，而疏于详记当代实际情况的弊端。

第三，近代调查成果。在20世纪，不同的机构和个人在江南地区进行过多次调查。费孝通先生根据对湖东南岸开弦弓村的实地考察而写成《江村经济》一书，已为人所熟知。又如无锡调查团的调查：1929年陈翰笙先生领导的农村经济调查团在无锡成立，全团45人，采用挨户调查的方法，调查全县各种类型自然村的农村经济实况。在无锡县4乡选定了有代表性的22个自然村。1933年春，中国农村经济研究会在中央研究院社会科学研究所无锡11村调查的基础上，又进一步对孙巷、庄前、大鸿桥、北麂、庙庵、谈家六村的农业经营进行了调查。此外，日本南满

[①] （清）姜皋：《浦泖农咨》，上海图书馆影印本1963年版，自序。

洲铁道株式会社"满铁"也对江南地区展开了广泛调查，其调查报告也是重要的资料。

三、从乡邦文献看江南经济：以19世纪初期松江府的华亭—娄县地区为例

利用乡邦文献研究江南经济，是极为可行的。因本问题牵扯甚广，我于此无意进行全面论述，仅以19世纪初期松江府的华亭—娄县地区的商业化程度和民众生活水平为例，加以说明。

（一）从乡邦文献看华娄地区的商业化程度

在《浦泖农咨》中，姜皋谈到19世纪初期华娄地区农民生活，说："盖食米之外，事事需钱。即条银一项，歉岁直米四五升，若丰年米贱，必须一斗也。其他图差、地保等等，皆有例规。上岁曾出若干，嗣后遂不能减少。即如佣钱一项，亦不能减。加以百物腾贵，油盐日用之类，价倍于前。"[①] 生产生活"事事需钱"，正是农村经济高度商业化的最好总结。从《浦泖农咨》中的其他记述可见，市场已成为华娄农村经济活动的中心，不仅人们的日常生活严重依赖市场，同时主要的生产要素（土地、劳动、资本）、货品和服务也都可以（或者必须）从市场获得。正因如此，市场价格的变化对华娄地区经济具有重大意义。下面，我们就粗略地看一下各类市场中的情况。

（1）产品市场，由《浦泖农咨》可见，即使是普通农民，其生产和生活都严重依赖于一个发育程度颇高的产品市场。由于大部分生活和生产所需货品（粮食、肥料、农具、家畜等）都要通过市场获得，因此都有市场价格的记录。

---

① （清）姜皋：《浦泖农咨》，第40条。

（2）土地市场，从《浦泖农咨》可见，19世纪初期华娄的土地买卖，无论是田底还是田面买卖，都已很普遍，因此才会有长期平均价格变化趋势的出现。关于土地价格变化的情况，《浦泖农咨》和其他史料中有相当丰富的记录。

（3）劳动力市场，19世纪初期华娄的劳动市场颇为发达，并分化为各种类型的市场。姜皋对此做了明确的区分："穷农无田为人佣耕者曰长工，今曰长年；农月暂佣者曰忙工；田多而人少，倩人而报之者曰伴工。此外又有包车水者，率若干亩，以田之高低为等，夏秋田中缺水则为之踏车上水。设频遇阵雨，则彼可坐获其直。其为人舂米者，谓之舂伙。"① 姜皋还具体而详细地谈到忙工的工资及其构成。值得注意的是，姜皋谈到在1830—1834年物价飞涨时，"图差、地保等等，皆有例规。上岁曾出若干，嗣后遂不能减少。即如佣钱一项，亦不能减"②。

（4）资本市场，自明代后期以来，江南就已出现了一个日渐发展的资本市场。19世纪初期华娄地区的金融业及其活动表明：资本流动基本上没有明显的制度性障碍，因此资本可以相对自由地在工业、农业、商业、金融业之间不断流动。由于资本可以在不同经济部门中自由流动，因此出现了各行业中资本净收益率趋同的趋势。此外，资本市场的发展，也表现在普通农民的生活与生产对金融资本的依赖上。这种资本市场有相当的局限性，过去被许多学者称为高利贷，认为其利率远远超出任何盈利企业所能承担的范围。

当时的华娄地区已经出现产品、土地、劳动力和资本市场，表明华娄地区的商业化水平已经达到了很高的水平。

---

① （清）姜皋：《浦泖农咨》，第31条。
② （清）姜皋：《浦泖农咨》，第40条。

（二）19世纪初期华娄地区人民的生活水平

19世纪初期江南地区人民生活水准是高还是低，对此学界的看法很不统一。有学者认为较低，如陈振汉先生认为："地租额不仅侵吞了（农民）全部的剩余劳动，甚至已榨取了大部分的必要劳动，使得农民所有，甚至不足'维持肉体生存'。"[①] 黄宗智先生也讲到："在1350至1950年长达6个世纪的蓬勃的商品化和城市发展过程中，以及在1950至1980年的30年集体化和农业现代化过程中，中国先进地区长江三角洲的小农农业长期徘徊在糊口的水平。"[②] "糊口水平"，亦即"最低生存水准"（minimum substance level）。虽然迄今尚未有人对"最低生存水准"做出确切的定义，但是按照一般的理解，这个概念指的是维持人类肉体生存的最低物质需要的水准，所以有人也称之为"糊口水准"。这种理解与过去我国大陆史坛对农民生活水准的一般看法一致。

另一些学者对此有不同的看法，如何炳棣先生认为：18世纪中国生活水准呈上升之势。18世纪中国农民收入不低于法国，肯定高于普鲁士和日本。[③] 法国汉学家谢和耐认为："雍正朝（1723—1735）和乾隆前期（1736—1765）中国农民，较之路易十五朝的法国农民，普遍而言，吃得更好，生活更为舒适。"[④] 英国学者琼斯（E. L. Jones）认为，到1800年，日本和英国的棉纺织工人的工资、国民平均收入、平均寿命和身材高矮都差不多，但日本的平均生活质量可能高于英国。由此而言，中国人民的生活水准也可能比英国更高。因此亚当·斯密在《国富论》中，

---

① 陈振汉：《明末清初（1620—1720年）中国的农业劳动生产率、地租和土地集中》，《经济研究》1955年第3期，第129页。
② 〔美〕黄宗智：《长江三角洲小农家庭与乡村发展》，中华书局1992年版，第1页。
③ 〔美〕何炳棣：《中国人口研究：1368—1953》，葛剑雄译，上海古籍出版社1989年版，第194页。
④ 转引自王国斌：《转变的中国：历史变迁与欧洲经验的局限》，李伯重、连玲玲译，江苏人民出版社1998年版，第27页。

仍然把中国称为世界上最富裕的国家之一。①

上面两种截然相反的看法,哪一种正确呢?我们需要用原始史料进行验证,才能判断。

英国东印度公司广东商馆职员胡夏米（H. H. Lindsay）,受东印度公司派遣,乘"阿美士德"（Amherst）号船,于1832年2月从澳门出发,访问了中国沿海厦门、福州、宁波、上海等地。1832年6月20日到了上海,他在日记中写道:这里"人口看来甚为稠密,乡民们身体健康,吃得也不错。小麦做成的面条、面饼是他们的主食。我们在此期间,地里小麦刚收割完毕,土地耕耙、灌溉后紧接着又种上水稻。水稻要到九月份收割。此足见当地土壤之肥沃异常。当地的冬天据说十分寒冷,有些年份数尺深的积雪可经月不化,冰块大量地存放到夏季,主要用于保存鲜鱼。……（在上海县城）除了在中国任何地方都难以买到的牛肉之外,这里各类食物的供应既便宜又充沛。山羊很多,羊肉供应也同样充沛。这里的水果比南方的好得多,我们逗留之时,正值桃子、油桃、苹果和枇杷等上市,价格十分便宜,各种各样的蔬菜供应也十分丰富"②。

19世纪初期华娄地区人民生活水平到底怎么样?我们仍需在乡邦文献中印证。《浦泖农咨》中记载农忙时期的农业雇工,"一工日食米几二升,肉半斤,小菜、烟酒三十文"③;满铁调查报告中,关于同一地区一位名叫张竹林的中等农户在农忙时期一天的伙食为:第一顿（上午6时半）:煮蚕豆;第二顿（上午10时—10时半）:豆,煮鱼、田螺,并饮烧酒;第三顿（下午3时—3时半）:炒蚕豆;第四顿（下午6时—6时半）,大约同第二顿。④ 二者进行比较,可以看出19世纪初期华娄地区人

---

① 参阅〔德〕安德鲁·贡德·弗兰克:《白银资本——重视经济全球化中的东方》,刘北成译,中央编译出版社2000年版,第240—241页。
② 〔英〕胡夏米:《"阿美士德号"1832年上海之行纪事》,中译本,刊于《上海史研究论丛》第2辑,上海社会科学院出版社1989年版。
③ （清）姜皋:《浦泖农咨》,第33条。
④ 〔日〕南满洲铁道株式会社上海事务所调查室编:《江苏省松江县农村实态调查报告书》,第213—214页。

民生活水平确实相当高，绝非"糊口水平"。

四、微观史与宏观史

最后谈一下宏观史和微观史之间的关系。运用乡邦文献进行的研究，是针对特定对象进行的，所获得的结果通常都具有特定的地方性色彩，从某种意义上来说是"微观史"（micro-history）研究，所提供的是一种"地方性知识"（local knowledge）。微观史研究对于史学研究十分重要，如果没有充分而可靠的微观史研究，任何宏观史研究都难免有问题。但是微观史研究如果不放进一个大的历史框架之中，其所获得的"地方性知识"的价值就会大打折扣。因此，只是就乡邦文献来进行研究，肯定是不够的。更好的做法，是把这种研究放到更大的历史框架中。也就是说，大处着眼，小处着手，把地方性知识和宏观背景联系起来。

最后，我想借用古尔迪与阿米蒂奇在《历史学宣言》中的话，作为总结："微观史若不与更大的历史叙事相联系，不明确交代自身的研究想要推翻什么、坚持什么，那就很容易被人称为好古癖。我们希望复兴的是这样一种历史，它既要延续微观史的档案研究优势，又须将自身嵌入到更大的宏观叙事。"而"微观史档案研究与宏观史框架的完美结合将为历史研究展现一种新的境界"[①]。

（据 2021 年 6 月在泰山学院所作学术讲座整理）

---

① 〔美〕乔·古尔迪、〔美〕大卫·阿米蒂奇：《历史学宣言》，第 150—151 页。

契约与税收：清代前期的税契与契税*

武汉大学　陈　锋

　　历史研究离不开文献资料，关于文献资料的发现、整理和解读是历史研究的重要内容和重要动力。不同的研究领域所运用的资料也有所差异，区域社会文化的研究需要运用大量的乡邦文献，其中就包括契约文书。近二十年来，学界关于清代以外契约文书的研究精彩纷呈，然而也存在不尽如人意之处，本文所关注的"税契"与"契税"就是一例。

　　"税契"与"契税"在有些学者的笔下有所混同，在典籍记载中，也有记载模糊的现象。之所以如此，是因为二者既有联系又有区别。严格地说，税契，是一种形式和手续，是对田房交易时的契据进行纳税（投税），这种纳税的"契据"，并不是针对一般的契约文书，也不单单是一般研究契约的学者所谓的"白契"（不用印）、"红契"（用印）所能区别，而是有其特定的程式和载体。从税收角度考量，"白契"与"红契"有其特有的限定："民间典买田宅，其立有绝卖文契，并注有'找贴'字样者，立契交易后报官投税，地方官用司颁契尾粘连、钤印，则为红契，未载'绝卖'字样，或注定年限回赎者，概不投税，则为白契。是红契有税，白契不税也。"① 也就是说，用"司颁"契尾粘连契约，钤盖印

---

* 国家社科基金重大招标项目《清代财政转型与国家财政治理能力研究》阶段成果。项目号：15ZDB037。

① 档案，军机处录副。乾隆二十九年六月初一日蒋栅（按：原录副奏折未注明官衔）奏：《为请严杜税契之积弊事》。档案号：03-0345-050。中国第一历史档案馆藏。下注"档案"者，均为该馆所藏。

信（布政使司印、州县印）才是真正意义上的"红契"，其他用印者，只是"私印小契"（按：亦即"州县将白纸私契用印"）。乾隆元年，总理事务王大臣允禄在回顾清代前期税契的变更时曾说："民间置买田地房产投税，必用契尾，原系会典所载，遵行已久。嗣因设立契纸、契根，而契尾遂而停止。"①这里的"契尾"和"契纸"、"契根"才是税契的本体。契税，一般是指在买卖田地房产（绝卖）并经过一定的手续后（如，于原契后粘给司颁契尾、钤印等等）所征之税，所以又称为"田房契税"，但在典租（典当）田房时，晚清也较为普遍地对典租（典当）田房的活契征税，称为"典税"，或统称为"契税"，即所谓"契税云者，系典、买田房，赴官印契应纳之税"②。清代前期的"典税"亦为"契税"之一种，虽非常例，但也值得注意。

笔者已经指出，清代前期财政收入的构成，主要是田赋、盐课、关税、杂税四项③，在杂税中，契税无论是征收范围，还是征收数额，都是最为重要的税种。瞿同祖所说，在清代前期的杂税中，"只有行纪税、当铺税和房地产契税是在各省都征收的"④，大致不误。在清代前期各省中，只有黑龙江没有征收契税，其他省区均有征收。据《黑龙江租税志》记载，黑龙江契税于光绪三十年开始征收，"凡民间买卖田房，不问年之远近，一律按价银一两收正税三分，副税三分，火耗六厘。正税报部，副税以二分充善后经费，以一分充承办人员办工之需，六厘火耗备倾化银锭之费"⑤。《黑龙江财政沿革利弊说明书》称："江省田房契税，前副都

---

① 档案，户科题本。乾隆元年十一月二十一日总理事务王大臣允禄题：《为请复契尾之旧例以杜私征捏契事》。档案号：02-01-04-12863-015。
② 民国《杭州府志》卷65，《赋税八》。
③ 参见陈锋：《清代前期杂税概论》，《人文论丛》2015年第1辑。陈锋：《清代财政收入政策与收入结构的变动》，《人文论丛》2001年卷。按：又有学者分为直接税、消费税、收益税、流通税四种。参见陈秀夔：《中国财政制度史》，台湾正中书局1973年版，第326页。
④ 瞿同祖：《清代地方政府》，法律出版社2003年版，第241—242页。
⑤ 《黑龙江租税志》上卷，第144页。此为"满洲租税史料"之一种，内部资料。藏东京大学图书馆，有编者在昭和十八年（1943）二月六日的寄赠书章。

统程'条陈筹办善后事宜',即请开办,然未实行。至光绪三十年,将军达始酌订章程,于呼兰、巴彦、绥化三处设税契局,派员试办。……三十一年,奏咨立案。惟典契未及规定,故典当田房契税,仍未征收。厥后呼兰、巴彦、绥化改设民治,地方官到任后,即饬由地方官经征,原设税契局先后裁撤。宣统元年五月,度支部奏准整顿田房契税,各省买契,一律征税九分,典契,一律征税六分。是年九月,江省通饬各属,改照新章加征买税,开办典税。"[1]本文对清代前期"税契"形式的变更与"契税"征收进行较为系统的探讨。

一、"税契"变更之一:从契尾到契纸、契根

税契渊源甚早,康熙《御定渊鉴类函》曾经概称:"税契始于东晋,历代因之。"[2]清代也不例外,清代的各种文献均记载称:"顺治四年覆准:凡买田地房屋,必用契尾。每两输银三分。"[3]也就是说,沿用契尾的形式进行征税,始自顺治四年。一般认为,清初所用契尾为布政使司颁发,并编立号数下发州县。揆诸现存契尾样式及有关档案、文献,存在一些误解或不清晰的地方,需要进一步辨析。

安徽省博物馆现存一份顺治五年安徽休宁县的契尾,如下图[4]:

---

[1] 陈锋主编:《晚清财政说明书》第1册,湖北人民出版社2015年版,第422页。按:据档案记载,黑龙江自光绪三十年十月开始征收契税,"于光绪三十一年六月间奏明"。档案,朱批奏折。光绪三十三年十月初二日东三省总督徐世昌奏:《为江省试办田房税契事》。档案号:04-01-35-0585-045。

[2] 康熙《御定渊鉴类函》卷134《政术部十三·杂税一》。

[3] 康熙《大清会典》卷35《户部十九·课程四·杂赋》。乾隆《大清会典则例》卷50《户部·杂赋下》。光绪《大清会典事例》卷245《户部·杂赋·田房税契》。按:《清朝通典》卷8《食货八·赋税下》称:"顺治四年定,凡买田地房屋,增用契尾,每两输银三分。"多了"增用契尾"四字,不妥。

[4] "安徽休宁县吕昌年卖山契尾"(新买业户为邵光祖),顺治五年二月。安徽省博物馆藏,档案号:434001-0046-001-00224-001。

图 1　安徽休宁县吕昌年卖山契尾

这份契尾是清朝开征契税的次年即顺治五年颁发,十分宝贵。该契尾透漏出的三点信息需要注意:一是契尾的颁发单位,二是契尾编号,三是投税方法(关于另外的"税例"问题,后面论述)。

就契尾的颁发单位来看,该份契尾由"巡按江宁等处监察御史"颁发,也就是"按院颁发契尾",而不是一般所说的"司颁契尾"。契尾中的文字称:"税契之法,原以防奸伪,故必用印信契尾,自应照旧通行。"又称:"税契之法,原以上供国赋,下杜纷争。……新朝底定,合行照旧颁给。……凡民间置买田房产业,赴县投税,即将院尾查照契开田地山塘房屋顷亩、间架,并价、税各数目,逐一填注于后,粘连原契,税票用县印盖给予业主收执。如有隐匿不行投税及无院印契尾者,有司不得推收过户。后若查出或告发,除将产业全没入官,仍按律究治不贷。"这里所谓的"照旧通行"和"照旧颁给",当然是循明朝之旧。但在明代,除按院契尾外,也有司颁契尾,明人毕自严编《度支奏议》曾经提到"司发契尾",并说在明代季年"有司多隐匿司契,私图收税,径用本州县印契"[①]。孔贞运编《皇明诏制》也曾经提到"民间买卖田产,许

---

① 毕自严:《度支奏议》卷 5《题覆边饷堂条陈十六款疏》。

照旧例纳税，用布政司及本府印信契尾"①。由于文献资料的缺乏，尚不能断定清初最早颁发的契尾除安徽（江南）外，都是"按院颁发"，但确实在有些省份经历了由"院颁契尾"到"司颁契尾"的过程。乾隆元年，广东巡抚杨永斌在请求恢复"契尾旧例"时曾经回顾："臣查未设契纸以前，凡民间执契投税，官给司颁契尾一纸，粘连钤印，令民收执为据。……臣思契尾之例，系投税之时官为印给，不同契纸另需民间价买，致有滋扰可比。在昔圣祖仁皇帝六十余年，行之无弊，今似应仍请复设，照依旧例，由布政使编给各属，令地方官粘连民契之后，钤印给发。"②若按"圣祖仁皇帝六十余年，行之无弊，今似应仍请复设，照依旧例"之说，似乎康熙一朝已经是"官给司颁契尾"，但就现在所能见到的比较明确的"司颁"契尾的时间，应该在康熙四十年以后。康熙四十三年，浙江道御史王玮称："田房税契，用司颁契尾，时江苏、安徽等属，皆遵照此例。"③《大清会典则例》称："（康熙）四十三年覆准，田房税银，用司颁契尾，立簿颁发，令州县登填，将征收实数按季造册，报部察核。雍正四年覆准，凡典当田土，均用布政使司契尾。"④《重修安徽通志》亦称：康熙"四十三年覆准，田房税契用司颁契尾，立簿颁发，令州县登填"⑤。至雍正五年，安徽布政使石麟已称："安徽向例用藩司印信契尾转发州县。"⑥最晚在康熙后期，由各省布政使司统一颁发契尾是没有疑问的。

---

① 孔贞运：《皇明诏制》卷10。
② 档案，朱批奏折。乾隆元年九月初六日广东巡抚杨永斌奏：《为请复契尾之旧例以杜私征捏契事》。档案号：04-01-35-0543-020。
③ 乾隆《江南通志》卷79《食货志·关税·杂税附》。
④ 乾隆《大清会典则例》卷50《户部·杂赋下》。
⑤ 光绪《重修安徽通志》卷78《关榷》。
⑥ 《朱批谕旨》卷217，朱批石麟奏折。雍正五年闰三月二十九日江南安徽布政使石麟奏。按，在个别省份，布政司颁发契尾相对滞后，如贵州，云贵总督鄂尔泰称："民间买卖田地，黔省陋例，从不到官，税契致多讦告纷争，臣已饬令各属，务将买契送官，完税钤印，以杜假契弊混。今春布政司颁发契尾，令州县官钤印，给业主收执，如无契尾，即照匿税治罪之新例，各属现在遵行。"见《朱批谕旨》卷125，朱批鄂尔泰奏折。雍正六年七月二十一日云贵总督鄂尔泰奏。

就契尾编号来看，也经历了由各州县自行编号，到布政使司统一编号的过程。图1顺治五年二月的契尾编号为"徽州府休宁县天字二百一十七号"，属于州县的自行编号，笔者查阅到的安徽省档案馆所藏康熙年间的契尾，既有州县编号的形式，也有布政使司的统一编号形式。下示图2为州县编号契尾①，图3为布政使司的统一编号契尾②：

图2 安徽省泾县县字六百五十八号契尾

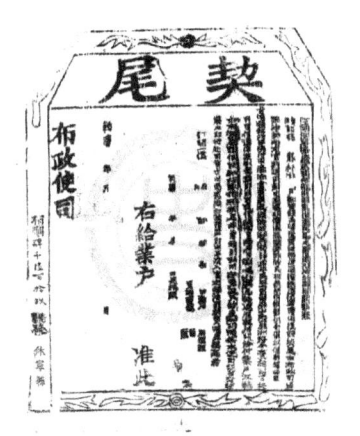

图3 江南安徽等处布政司布字四千六百十九号契尾

---

① "安徽省泾县县字六百五十八号契尾"。康熙五十四年。安徽省博物馆藏，档案号：434001-Q046-00184-001。
② "江南安徽等处布政司布字四千六百十九号契尾"。康熙朝。安徽省博物馆藏，档案号：434300-0001-039-P11-009。

上揭广东巡抚杨永斌的奏折曾言，契尾"由布政使编给各属，令地方官粘连民契之后，钤印给发"，所谓"布政使编给各属"，亦即布政使司统一将契尾编号下发各州县，就此奏折以及上揭康熙年间的实物契尾来看，可以认为，在康熙年间已经实行了布政使司的统一编号，但由于雍正年间曾经废止契尾，实行契纸、契根之法（见后述），契尾的颁发和统一编号一度中断，到乾隆元年，因着广东巡抚杨永斌的上奏，才又恢复实行。乾隆元年十一月，总理事务王大臣允禄等议覆广东巡抚杨永斌的奏折云："应如（杨永斌）所奏，通行直省各该督抚查照旧例，复设契尾，由布政司编号，给发地方官，粘连民契之后，填明价值、银数，钤印给发，令民收执。"朱批："依议。"① 亦即《大清会典则例》所载："乾隆元年覆准，民间置买田地房产投税，仍照旧例行使契尾，由布政使司编给各属，粘连民契之后，钤印给发，每奏销时，将用过契尾数目申报藩司考核。"此后，乾隆十二年、十四年，又反复重申"布政使司颁发给民契尾格式，编列号数"②。同时，乾隆三十一年九月户部奉上谕，对于之前"民间已经投税，并无司颁契尾者（即所谓'私印小契'），令其据实首明，即行补给契尾"，补发的契尾，则"另编恩字号"分发各州县。③ 但笔者也注意到，乾隆三十一年，直隶按察使裴宗锡仍然上疏要求"请嗣后布政司颁发契尾，编列号数"④，说明直到此时，布政司颁发的契尾，仍然有不统一编号的现象。

就投税方法来看，虽然顺治五年的契尾文字已经规定"凡民间置买田房产业，赴县投税"（见图1），至于如何"赴县投税"则不清晰。据

---

① 档案，户科题本。乾隆元年十一月二十一日总理事务王大臣允禄题：《为请复契尾之旧例以杜私征捏契事》。档案号：02-01-04-12863-015。
② 乾隆《大清会典则例》卷50，《户部·杂赋下》。
③ 档案，朱批奏折。乾隆三十一年十一月二十二日广西巡抚宋邦绥奏：《为奏明事》。档案号：04-01-35-0546-040。
④ 档案，朱批奏折。乾隆三十一年六月二十八日直隶按察使裴宗锡奏：《为稽查契税以杜积弊事》。档案号：04-01-35-0546-036。

浙江布政使永德在乾隆三十二年的奏折中回顾之前的有关弊端可以知晓：直到乾隆十六年，才"定例设柜征收，令业户亲自赍契投税，毋得混交匪人，致被假印侵收"，是时，"州县虽设柜，……而业户亲赍投税者百无一二，缘民间田房契券系产业凭据，视之极为珍重，而赴柜投税，必须将契交给管税经承，送署查对户名、征册，验明契价、税银，然后用印给发，非比完纳钱粮，银一入柜，即得随时给串归农，远乡小民不无守候，且虑契一交官，别无执据，其管税经承，乡民多不认识，诚恐刁揸延搽，日后请领无凭。是以柜虽设，而鲜有赴柜投纳之户，悉系转托熟识衙门之人代纳，以致胥役棍蠹肆意包揽，侵用税银，往往私雕假印，哄骗乡愚。即如浙省近年屡有书役陆国治、王忠等假印诓骗契税审拟治罪之案"。所以永德认为："契税设柜征收，原照钱粮设柜之例。应请嗣后州县征收税契银两，亦照钱粮给串之式。另备税契部串存柜，俟业户赍契赴柜时，即将该业户姓名及契价、税银数目当面填写串票，先给业户收执，该管经承一面将契缴送内署，立即查核明白，粘连契尾印发，听业户于三日内执持串票赴柜领契，仍令该州县将串票随同尾根一并送司查核。"① 乾隆三十六年，浙江按察使郝硕又上疏称："民间置买田房，例将应税之契赴州县官投税，粘连司颁契尾，盖用印信，给发业户收执，以为信据。……伏查州县征收地漕银两，设柜大堂，听民自封投柜，当即给予印串收执，并无守候，甚为便捷，虽收纳契税尚需查验盖印，与地漕有间，若投税契银之时，先给印单一纸，定限倒换契纸，亦属简便可行。……应请嗣后民间凡有置买田房赴官投税者，开具完粮的名，该经承验明银契数目相符，先给印单一纸，限以五日执单赴州县倒换契纸，该经承即日将银契及串根投缴内署，覆加核明，粘连司颁契尾，盖用印信，届五日之期给发领回执业，经承如敢揸留不发，许即赴该管

---

① 档案，军机处录副。乾隆三十二年九月二十四日浙江布政使永德奏：《为征收契税请先给串票以杜包揽事》。档案号：03-0630-016。

官禀究。……业户先有印单为凭，统限一月之内执单赴领，自可验单给发，倘经承需索揑留，逾期不发，一并报官治罪。"① 由此可以看出，业户的"赍契投税"，本是仿照较为成熟的田赋钱粮设柜投税之例，但只是仿照了其表面形式，并没有给业户相应的"串票"，所以导致弊端的产生和"业户亲赍投税者百无一二"的现象。在浙江布政使永德上奏后，朱批"该部议奏"。户部在议奏后，仍然没有具体的措施，所以才有乾隆三十六年浙江按察使郝硕的进一步上奏。

上述提到，雍正年间曾经废止契尾，实行契纸、契根之法，这是清代前期税契形式的一个重要变更。这种变更，是因着实行契尾之法的弊端以及河南总督田文镜在雍正五年九月的上奏。

在田文镜上奏之前，已经有人提出类似的问题，如安徽布政使石麟奏称："民间置买田地房产，定例每两税契三分，虽岁无常额，例应尽收尽解，乃官胥因循锢弊，以国税作虚名，视欺隐为常套，分侵肥橐，靡不相习成风，若不立法清查，流弊将无底止。"按照石麟的说法，弊端主要有两点，一是民间置买田房产业，"不用司颁契尾"，而用"州县私票"，甚至有绅衿包揽、奸牙勾通胥役以及"将白契乞恩盖印，免其税契者"。二是在田房交易之时，虽用司颁契尾，但地方州县官员在造册报司之时，往往"以多报少""侵隐税银"。因此要求"立法清查，以除积习"②。随后田文镜上疏指斥契尾实行过程中的七种弊端：

> 民间买置田房山场等产，自应立时过户税契，但买主赴州县上税，止用白纸写契一张，呈送该州县，于契载价银数目上盖印一颗，即为税契，弊遂丛积。夫小民希图漏税，收匿白契，竟不用印，挨至地方官去任之时，乞恩讨情，彼去任之官，印信已将交出，乐于

---

① 档案，朱批奏折。乾隆三十六年正月二十五日浙江按察使郝硕奏：《为请定税契给单之例杜弊便民事》。档案号：04-01-35-0547-014。
② 《朱批谕旨》卷217，朱批石麟奏折。雍正五年闰三月二十九日江南安徽布政使石麟奏。

徇情，或图得半价，即与盖印，此一弊也。

凡愚夫愚妇，未能识字者，典卖田宅，烦人代写，立契交价后，买主即贿通代字之人，另写契约，或多开价值，令其难于回赎，或以典作卖，希图永为己业，此一弊也。

民间每年买卖田房地产，不计其数，小民之匿契漏税者，州县无从稽查，州县之征多解少者，上司亦无从稽查，此一弊也。

奸胥猾蠹，私收税银，描模假印，盖于纸上，下以欺民，上以朦官，此一弊也。

布政司备此契尾之时，不无刊刷纸张、用印油红之费，州县领此契尾之时，不无差役路费、司胥饭食之资。此一张契尾，颁到州县，价已昂贵，自不得不取偿于买主，是以每张契尾勒索三五钱不等，交易重大契内载有盈千累百之价者，自不惜买此契尾之需，但民间大产大价，岁有几何，其余多系零星交易，甚有地不过数分，价不过数钱者，每两止抽税三分，其上纳正税不过数厘，而买此契尾，且逾百倍，是以裹足不前，宁甘漏税之愆，此一弊也。

州县官每年所收税银，实不肯全行起解，为其所侵肥者十常八九。如每契必用司颁契尾，则不能隐匿，无从染指，是以州县官将司颁契尾领过一次用完之后，不肯再领，民间投税印契者，仍止于契上银数盖印，或用朱笔于契内标注契尾候补字样。在小民愚贱无知，惟以地方官为主，既有印信可凭，且有朱标作据，即视司领契尾为可有可无之物。虽或因买卖不明争执涉讼，当官验契，在州县亦惟以契内有印无印，辨其是非，决不以契后有尾、无尾定其曲直，判断自由，以护其不给契尾之短，此一弊也。

契尾价贵，则价轻税微者，自难令其买置契尾，因而有税银五两以上者，方给契尾之陋规，其余概于契上用印，此一弊也。

田文镜认为，"有此数弊"，必须进行改易，因此要求"请自雍正六年始，民间买置田房山场产业，概不许用白纸写契，布政司照连根串票式样，刊刻契板，刷印契纸，每契一纸，用一契根，契内书立卖契某人，今有自己户下或田或地或山或房，若干顷亩间数，凭中某人，出卖于某人，为业当受价银若干，其业并无重迭典卖亲邻争执情弊等字样，仍于契中空处，开明四至、年月，其姓名、数目、四至、年月，听本人自行填注契根，照契纸内字句刊定。中空一条，编填字号，即于字号上钤盖司印一颗。恐州县领此契纸，司中勒索，民间买此契纸，州县居奇，亦即于契纸年月后刊定，每契纸一张，州县卖钱五文解司，以为油红、纸张之费，毋得多取，苦累小民字样。每契百张，钉作一本，布政司查照州县之大小，地亩之多寡，四季印发，即于署内用印，连根封固，从铺递发给州县，不必经司胥之手，仍将发过数目，报明督抚查考。州县将契根裁存该房，止将契纸发各纸店，听民间照刊定价值买用，仍将收到司契日期、数目，申报督抚查考。再另用印簿一本，并发纸店，凡有买契者，俱于簿内注明某月某日某人买某字号契纸一张，其有写错无用必须另换者，俱令将原契纸交还纸店，缴官送司涂销。俟民间交价立契之后，过户纳税之时，并契纸送入州县即发房，照契填入契根，于价值之上盖印，仍于契内空处填写某年月日上税若干，用印讫字样，发给纳户收执。其契根于解税时，一并解司核对"。雍正帝朱批："税契一事，指陈利弊，可谓剖析无遗。但朕自践阼以来，为百姓兴除之条陆续颁发者，难更仆数，各省督抚中或因循观望，而敷宣不力，或竭力遵循，而施措未遑，所以壅积者多，通行者尚少。今契纸之议，名为税课，有赋敛之嫌，且遍行直省，一体更张，而天下督抚尚未尽得称职之人，州县半属初任新吏，恐奉行不善，办理乖迕，徒滋纷扰耳。将此折发回，存留尔处，俟后相度时宜，有可行之机，具奏请旨可也。"[①]也就是说，雍正认可田文镜的说辞，但恐奉行不善，徒滋纷扰，要求相机实施。至雍正六年

---

① 《朱批谕旨》卷126，朱批田文镜奏折。雍正五年九月二十五日河南总督田文镜奏折。

正月，始奉旨："准河南总督田文镜之请，征收田房税契银两，饬令直隶各省布政司，将契纸、契根印发各州县，存契根于官，以契纸发各纸铺，听民买用，俟民间立契过户纳税之时，令买主照契填入契根，各用州县之印，将契纸发给纳户收执，其契根于解税时一并解司核对，至典业亦如卖契例。若地方官稽察有方，能据实报出税银至千两以上者，交部分别议叙。"①雍正六年正月的上谕，在准行田文镜之议的基础上，在卖契之外，又增加了对典契的征税以及多报税银分别议叙的规定，后面将集中讨论。

田文镜上疏以及雍正帝废除契尾之法涉及到许多内容，其关键是官方"刷印契纸"（见图4），令民间买用，不许民间"用白纸写契"，即图4"契纸"所载明的："凡绅衿民人置买田房山场产业，布政司照连根串票式样，刊刻契版，刷印契纸、契根，给发各州县，……将契纸发各纸铺，听民买用。若民间故违，仍用白纸写契者，向买主追产、卖主追价，概行入官，以漏税例治罪。倘州县将白纸私契用印者，亦照侵欺钱粮例究追。"这也就是后来的档案所称的"先于雍正六年钦奉上谕，凡绅衿民人置买田房，不许用白"②。根本目的是为了防止田房交易过程中的滥用白契、偷税漏税，以杜绝典卖产业的纷争和保障契税的征收，连雍正帝也认为"契纸之议，名为税课，有赋敛之嫌"。

---

① 乾隆《江南通志》卷79《食货志·关税·杂税附》。按：该条乾隆《大清会典则例》卷50《户部·杂赋下》以及光绪《大清会典事例》卷245《户部·杂赋·田房税契》均未记载。

② 档案，朱批奏折。乾隆二十四年正月初九日江苏布政使常亮奏：《为敬筹画一税契之法，以期便民杜弊事》。档案号：04-01-35-0546-007。

图4　安徽怀宁县何亚玉卖田契纸①

　　田文镜在指斥契尾弊端时曾言"布政司备此契尾之时，不无刊刷纸张、用印油红之费，州县领此契尾之时，不无差役路费、司胥饭食之资。此一张契尾，颁到州县，价已昂贵，自不得不取偿于买主，是以每张契尾勒索三五钱不等，交易重大契内载有盈千累百之价者"，亦即契尾索费甚多，加重了民间的负担，但官印契纸民间领用，依然有费（按官方规定，"每契纸一张，州县卖钱五文解司"），从而导致"契纸另需民间价买，致有滋扰"，因此雍正十三年十二月，乾隆即位不久，即"特奉上谕，将契纸、契根革除"②。在后来的一份题本中引述的乾隆上谕较为详细："雍正十三年十二月初六日，总理事务王大臣奉上谕：民间买卖田房，例应买主输税交官，官用印信，钤盖契纸，所以杜奸民捏造文券之弊，原非为增国课而牟其利也。后经田文镜创为契纸、契根之法，颁

---

①　"安徽怀宁县何亚玉卖田契纸"（布政司奉旨颁用契纸）。雍正十一年十一月。安徽省博物馆藏，档案号：434001-Q046-001-00174-001。
②　档案，户科题本。乾隆元年十一月二十一日总理事务王大臣允禄题：《为请复契尾之旧例以杜私征捏契事》。档案号：02-01-04-12863-015。

用布政司印信发给州县，行之既久，书吏因缘为奸，胁索之费，数十倍于从前，……不可不严行禁止，嗣后民间买卖田房，着仍照旧例，自行立契，按则纳税，地方官不得额外多取丝毫，将契纸、契根之法永行停止。"①

因为涉及到新即位的帝王立即否定乃父之法，有关记载简略含混，事实上，契纸、契根之法的废止，不止"契纸另需民间价买，致有滋扰"或"书吏因缘为奸，胁索之费，数十倍于从前"这些原因。最终导致契纸、契根之法的废止，可能主要与两个问题关联：

第一，追缴此前十年间的"白契"未纳之税，导致对一般民众的纷扰。图4所示布政司奉旨颁用契纸所载明的"自康熙五十七年起至雍正五年，此十年内，凡买卖文契，已经纳税者，令其呈明存案，免换司颁契纸，其未经纳税者，于文到（日）为始，限一年内准其呈明，另换司颁契纸。限内不报，查出治罪"②。这里的"未经纳税者，于文到（日）为始，限一年内准其呈明，另换司颁契纸。限内不报，查出治罪"，容易引起误解，实际上，按注揭的条例，为"限一年内准其呈明纳税"，不单单是"准其呈明，另换司颁契纸"，而是要令其"补税"（同时购买契纸），如果不行补税，"查出照漏税例治罪"。后来臣僚所引述的雍正六年的上谕，也是如此："雍正六年钦奉上谕，凡绅衿民人置买田房，不许用

---

① 档案，户科题本。乾隆八年五月十八日广东巡抚王安国题：《为请复契尾之旧例以杜私征税契事》。档案号：02-01-04-13586-005。按：乾隆《江南通志》卷79《食货志·杂税附》以及光绪《重修安徽通志》卷78《关榷》也记载了这个上谕，文辞略有不同："雍正十三年十二月初六日，奉上谕：民间买卖田房，例应买主输税交官，官用印信钤盖契纸，所以杜奸民捏造文券之弊，原非为增国课而牟其利也。后经田文镜创为契纸、契根之法，预用布政司印信，发给州县，行之既久，书吏夤缘为奸，需索之费数十倍于从前，徒饱书役之壑，甚为闾阎之累，不可不严行禁止。嗣后民间买卖田房，着仍照旧例，自行立契，按则纳税，地方官不得额外多取丝毫，将契纸、契根之法永行停止。"
② 按：佚名《新例要览》（雍正石室堂刻增修本）之"典买田房契纸"条，记载较为详细。"另换司颁契纸。限内不报，查出治罪"之语，记为"自五十七年至雍正五年，此十年内，凡田房文契已纳税者，呈明存案，免换司颁契纸，未纳税者，出示晓谕，限一年内准其呈明纳税，另换司颁契纸，免其治罪。如限内不报出，查出，照漏税例治罪，庶田房税契可查，而征多报少之弊可除"。

白契，至活契典业一例俱填契纸，其未经纳税者，限一年内呈明纳税。"①由于在实行契尾之法时，民间田房交易多用白契，领用契尾纳税者甚少，所谓"契税为经制，而尔时民风淳厚，能立然诺，买卖房地往往以白头纸成交，白头纸对红契、红约言也。契税隶于户房，民之以契交户房者，十不得一，户房之以契呈官者，又十不得一"②。所以，这种清查补税所带来的纷扰可以想见。

第二，追查地方官员对民间已纳契税的隐匿，或自首免罪，或治罪追赔，地方官员不胜其苦。据乾隆十四年大学士、兼管户部事务事来保的题本可知，雍正六年二月，还有另外一通上谕："雍正六年二月内钦奉上谕，向来各处税课银两隐匿者甚多，本应按律究治，朕格外开恩，准其自首，免其隐匿之罪，并不追其多收银两，倘再有隐匿，不行首出，而待上司或接任官查出者，除该员作何严行治罪外，仍将多收之银加倍追出，赏给查出之人。其有在任不行自首而离任被人查出者，亦照现任官治罪追赔。"而据该题本引述的广东巡抚岳浚的奏折，"粤东省行查康熙五十七年起至雍正五年止，各属征收税契赢余，令其自首免追银两一案"，连续十几年不能结案。个中原因"因通省各员有在粤升调及已离粤东并出仕外省回籍之员，必须咨查各省，方能一并首报"，所以费时费力。据广东巡抚岳浚所报："原任大埔坪同知周天成首报前署南海县赢余银三百四十七两二钱零，前任东莞县赢余银一千六百七十五两四分，原任两广盐运使陈鸿熙首报前在乐昌县任内赢余银五十余两，前任顺德县赢余银一千六百两，原任归善县张世锡首报赢余银五十一两三钱九分零，原任饶平县魏沅首报任内每年赢余银一百至一百五六十两、二百两不等，署揭阳县任内赢余银一百四十两，原任高要县姜弘焞首报赢余银五十八两六钱四分零，原任高要县戴维贤首报赢余银五两二钱八分零，

---

① 档案，朱批奏折。乾隆二十四年正月初九日江苏布政使常亮奏：《为敬筹画一税契之法，以期便民杜弊事》。档案号：04-01-35-0546-007。
② 民国《禹县志》卷6《赋役志》。

原任四会县龚启正首报赢余银三百七十两，原任惠州府通判徐慎首报署罗定州赢余银二十四两五钱七分零，原署定州杨以宁首报赢余银三十九两二钱零，原任连州冯槐首报署连山县任内赢余银八分，……新建县杨廷冀首报前任罗定州赢余银二千七百六十两六分零……"几乎涉及到广东所有的州县，有的隐匿银两只有几分，也反复行查，显得不可思议，隐匿最多的地方官员则达到二千七百余两。① 本来，如上揭安徽布政使石麟所说，"官胥因循锢弊，以国税作虚名，视欺隐为常套，分侵肥橐，靡不相习成风"②。地方官员对已纳契税的隐匿已经成为侵蚀税款的痼疾，对此进行清理或遏制在情理之中，只不过雍正年间在实行契纸、契根之法时，对隐匿契税的清理有点矫枉过正，使其走向了反面。

追缴过往民间"白契"未纳之税以及追查地方官员对民间已纳契税的隐匿，使得民间和地方官员两受其累，也正由于如此的"扰累"，导致契纸、契根之法的废止。

二、"税契"变更之二：契尾的复设与完善

上述雍正十三年十二月乾隆帝的上谕，主要是在于废除契纸、契根之法。如何实行新法，只是笼统言及："嗣后民间买卖田房，着仍照旧例，自行立契，按则纳税。"多少有点事起仓促的意味。乾隆元年九月，广东巡抚杨永斌专折上奏称："若止就民间自立之契印税（当是针对上谕'自行立契，按则纳税'而言），则藩司衙门无数可稽，不肖官吏得以私收饱橐，……今契纸即已革除，而契尾尚未复设，民间俱怀观望"，因此要求重行契尾之法，"由布政使编给各属，令地方官粘连民契之后，钤印给发。倘有胥吏藉端需索，该管上司严行察纠。每岁奏销之时，用过

---

① 档案，户科题本。乾隆十四年八月二十二日大学士、兼管户部事务事来保题：《为遵旨议奏事》。档案号：02-01-04-14341-002。
② 《朱批谕旨》卷217，朱批石麟奏折。雍正五年闰三月二十九日江南安徽布政使石麟奏。

契尾数目，申报藩司查考，其税银如有盈余，仍令尽收尽解。如此则不惟民间无庸观望，而官吏侵收与奸民捏契之弊皆可杜矣"。朱批："总理事务王大臣会同该部议奏。"①乾隆元年十一月，经总理事务王大臣和户部议覆："应如所奏，通行直省各该督抚查照旧例，复设契尾，由布政司编号，给发地方官，粘连民契之后，填明价值、银数，钤印给发，令民收执。"朱批："依议。"②所以一般典籍记载："乾隆元年覆准，民间置买田地房产投税，仍照旧例行使契尾，由布政使司编给各属，粘连民契之后，钤印给发。每奏销时，将用过契尾数目申报藩司考核。"③

由于"覆准"（议准）的时间已经在乾隆元年年底，具体执行的时间应该在乾隆二年，如有的方志记载："乾隆二年，复设司颁契尾。"④又如《杂税全书》所载有关府属的税契变化："民间置买田房产业，赴县投税，应照旧例由藩司衙门颁发契尾，粘给业户。……雍正六年，奉设契纸、契根，雍正十三年十二月钦奉上谕，将契纸、契根停止，民间买卖田房，按则投税。乾隆二年，请复旧例，仍设司颁契尾。理合注明备考。"⑤

乾隆元年奏准、乾隆二年开始实行的复设司颁契尾，并不是简单的回归，而是有新的具体措施和变化。具体的措施和变化，主要有如下数端：

第一，契尾形式的变化。乾隆初年重新实施司颁契尾以后，经过乾隆十二年和十四年的两次讨论，将契尾形式最终固定下来。如乾隆十二年奏准："民间置买田房产业，令布政使司多颁契尾，编刻字号，于骑缝处钤盖印信，仍发各州县。俟民间投税之时填注业户姓名、契价、契银

---

① 档案，朱批奏折。乾隆元年九月初六日广东巡抚杨永斌奏：《为请复契尾之旧例以杜私征捏契事》。档案号：04-01-35-0543-020。
② 档案，户科题本。乾隆元年十一月二十一日总理事务王大臣允禄题：《为请复契尾之旧例以杜私征捏契事》。档案号：02-01-04-12863-015。
③ 乾隆《大清会典则例》卷50《户部·杂赋下》。光绪《大清会典事例》卷245《户部·杂赋·田房税契》。
④ 乾隆《震泽县志》卷11《赋役二》。
⑤ 《杂税全书》之《苏州府》、《松江府》、《常州府》等。该书不分卷，道光十八年重修本。东京大学东洋文化研究所藏。

数目，一存州县备案，一同季册申送布政使司察核。如有不请粘契尾者，经人首报，即照漏税之例治罪。"乾隆十四年议准："布政使司颁发给民契尾格式，编列号数，前半幅照常细书业户等姓名，买卖田房数目，价银、税银若干。后半幅于空白处豫（预）钤司印，将契价、契银数目大字填写，钤印之处令业户看明，当面骑字截开，前幅给业户收执，后幅同季册汇送藩司察核。"① 除了重申由布政司颁发契尾、统一编号外，主要是契尾由原来的一幅变为新式的前、后两幅。这种变化，是否在乾隆十二年已经实现，前述虽称"于骑缝处钤盖印信"和"一存州县备案，一同季册申送布政使司察核"，但并不十分清晰，一般典籍也缺乏进一步的记载。据查现存档案，乾隆十二年，安徽巡抚潘思榘奏称：

> 民间置买田产投税，粘用契尾，原以杜诈伪而止占争。……从前设立契纸之时，奸民不能以伪契私印妄起告争，而州县每年征解税银亦不下数千百两。自复用契尾以来，州县视为无额钱粮，易于隐漏，往往不粘契尾，滥印白契，任意侵没，不特征收税项甚属寥寥，且启刁民伪契投印、占争讦讼之弊，或虽用契尾，而以大改小，侵短税课。……查此弊在所多有，缘州县税契并无印串流水，上司凭以稽核者，仅有税簿一册，其中侵短隐漏，骤难查察，而滥印白契，尤属民间滋讼之源。……臣请照征收丁地钱粮之例，另设契税印串联三票：一毡（原文如此，当为"粘"）契尾，为税户执照。一为验照，于季报之时同册申验。一为照根，存县备核。其印照契尾填注业户姓名、契价、税数，并于照票骑缝处所大书税银数目，对半裁截，分别缴存、掣给投税之户。②

---

① 光绪《大清会典事例》卷245《户部·杂赋·田房税契》。
② 档案，朱批奏折。乾隆十二年五月初一日安徽巡抚潘思榘奏：《为请设契税印串，杜侵隐以息民讼事》。档案号：04-01-35-0010-028。

这里除缕述契尾、契纸的变化及其利弊外，已经明确要求"照征收丁地钱粮之例，另设契税印申联三票"，并将契尾"对半裁截，分别缴存、掣给投税之户"，已于乾隆十四年的"骑字截开，前幅给业户收执，后幅同季册汇送藩司察核"没有区别。该份奏折朱批"该部议奏"，笔者虽然没有查到户部的议奏结果，但乾隆十四年河南布政使富明奏称："伏查从前契尾止于契后粘钤，并无契根存据。自部议多颁契尾以后，一给业户执照，一存州县备案，一送藩司查考。稽核之法，不为不周。"①与前揭安徽巡抚潘思榘所说别无二致。可以认为，乾隆十二年已经议准契尾的前幅、后幅制度。河南布政使富明另外奏称："巧取病民犹未能尽除者，缘业户契尾，例不与照根同申上司查验，不肖有司因得舞弊欺蒙，如业户卖价千两，本完税银三十两，其于给民契尾则按数登填，而于存官契根或将价银千两字样改为百两、十两，任意侵匿，甚切捏造假名、移换字号，希图掩饰，及至日后田土不清，或控之于上官，或诉之于后任，提验契根，而字号两歧，查对契价，而银数互异，遂至狡黠之徒强执百两、十两之契根为原卖之正数，而业户契尾反指为伪造。官贻民累，何可胜言。似应设法清理，以杜积弊。奴才查知府、直隶州为州县亲临上司，相隔既近，稽查亦易，请嗣后州县经收税银于业户纳税时，将契尾粘连用印存贮，每逢十号（旬报），申送知府、直隶州查对，如果姓名相同、银数相符，即将应给业户之契尾并州县备案之契根于骑缝处截分，转发州县分别存给。其应申藩司契根于季报时由府州汇送。至知府、直隶州经收税契，请照州县申送府州之例，径申藩司，一体照办。"朱批："该部议奏。"户部议覆的结果，《清朝文献通考》有记载："（乾隆）十四年……又更定税契之法。……户部议驳河南布政使富明疏奏，请于业户纳税时，将契尾粘连用印存贮。每遇十号申送知府、直隶州查对，不知契尾经一衙门，即多一衙门之停搁，由一吏胥，即多一吏胥之苛求，

---

① 档案，朱批奏折。乾隆十四年十一月初九日河南布政使富明奏：《为请严侵收税契之弊以重民业事》。档案号：04-0135-0545-036。

甚且掯勒驳查，以致业户经年累月求一执照宁家而不可得，应将所奏毋庸议。臣等酌议，请嗣后布政使颁发给民契尾格式，编列号数，前半幅照常细书业户等姓名，买卖田房数目，价银、税银若干，后半幅于空白处预钤司印，以备投税时将契价、税银数目大字填写钤印之处，令业户看明，当面骑字截开，前幅给业户收执，后幅同季册汇送布政使查核。此系一行笔迹平分为二，大小数目委难改换，庶契尾无停搁之虞，而契价无参差之弊。疏上，如议行。"① 户部议驳了"每遇十号申送知府、直隶州查对"的办法，但同意了契尾前幅、后幅的形式，而且更为具体细致。并且特别强调"一行笔迹平分为二，大小数目委难改换"，为避免州县官员的隐匿税银、篡改数字提供了保障。现存安徽博物馆的乾隆年间粘连契约的契尾，即是契尾改变后的新式样（图5）。②

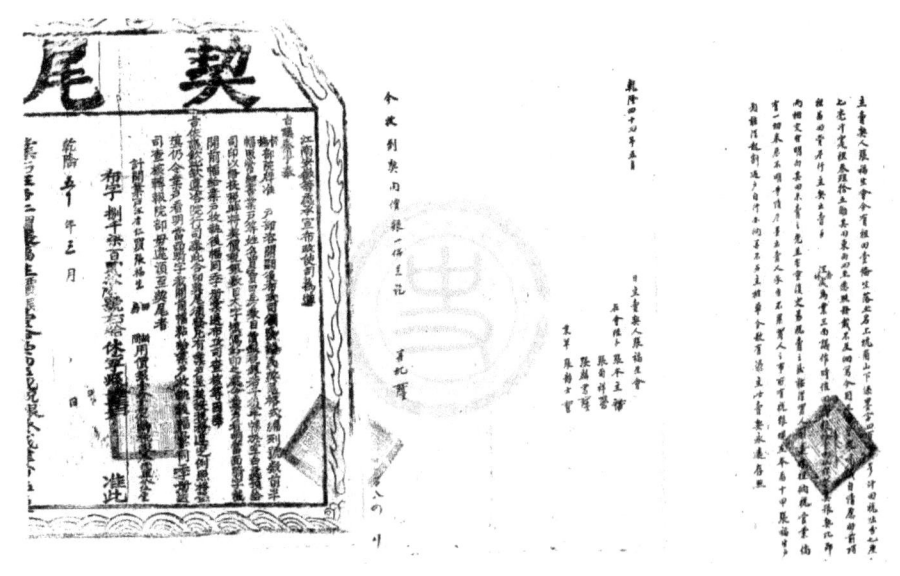

图5　安徽布政司布字八千七百二十六号契尾

---

① 《清朝文献通考》卷31《征榷考六·杂征敛》。浙江古籍出版社1988年版，第5138—5139页。按：《清朝文献通考》没有记载河南布政使富明的原奏，也没有记载之前安徽巡抚潘思榘的奏折及相关情况。
② "安徽布政司布字八千七百二十六号契尾"。乾隆五十年三月。安徽省博物馆藏，档案号：434300-0001-036-P11-0022。

契尾文载:"布政司颁发给民契尾格式,编列号数,前半幅照常细书业户等姓名,买卖田房数目、价银、税银若干,后半幅于空白处预给司印,以备投税时将契价、税银数目大字填写钤印之处,令业户看明,当面骑字截开,前幅给业户收执,后幅同季册汇送布政司查核。……凡有业户呈契投税,务遵定例,照格登填,仍令业户看明,当面骑字截开,前幅粘给业户收执,后幅会同季册送司查核,转报部院。"该契尾颁发的时间是乾隆五十年,与乾隆十四年之例基本相同,说明乾隆十四年之例一直沿用。

另外,值得注意的是,以上契尾制度的实行,是对民地民产而言,一些特殊的产业并非一致。如盐产区灶地的买卖,据乾隆五十八年两浙盐政全德奏称:"灶户置买产业,例应税契,以杜诈伪,乃浙江惟宁波府属鄞县、慈溪、象山、镇海四县灶地由县税契,此外各场,并不投税,仅由盐大使印结方单,以为执守。查方单,不过听灶户自行填单,送印发,其与契券,是否相符,并无稽考,且匿报无单者亦多,以致控争之案,毫无依据断理。现据司府等议,请改用官设契尾,以杜讼端,具详核奏前来,复核契尾之设,原所以绝假冒而裕税课,民、灶事同一例,应请嗣后由运司照例刊颁契尾,印发各场,凡灶户买地土,将契赴场投税,粘用契尾给业户(收)执。至从前旧置产业原颁方单,限一年之内缴换契尾,如限满不换,以漏税论。"户部议覆:"应如所奏,转饬运司刊颁契尾,印发各场,凡灶户顶买地土,将契赴场投税,粘用契尾,给业户收执,以为确据。……从前灶户旧置产业原颁方单,限一年之内缴换契尾,既系该省自定限期,并令于接准部文之日起,依限清厘办理。……契尾印发该场,听业户投纳,买价一两纳税三分,随收价税数目大字填写,钤印之处,令业户看明,当面骑字截开,前幅给业户收执,后幅同季册汇送本司查核。"① 可见,之前除鄞县、慈溪、象山、镇海四县

---

① 同治《重修两浙盐法志》卷17《成式·契尾式》。

灶地由县税契外，其他灶地仅由盐场大使给与"方单"，并不投税。直到乾隆五十八年才实行"双幅"契尾，而且这种契尾也不是布政使司颁发，而由掌管盐务的盐运使司刊印颁发。

第二，契尾报送查验的变化。上述采取"双幅契尾"（前幅、后幅）的形式，是在契据形式上防范地方官员对"契价、税银"（产业价值和应交税银）的更改和隐匿税银，但仍有不肖官吏违制犯法，乾隆三十一年，湖南曾经有人匿名"告知县家人陶忠串通经承曹文商、刘宗源，凡民间税契，先于司颁契尾内照契价填写发给后，于应缴契根内将多数改少，如二千余两者，只填二百余两，恐民奔控，每年两次差邀各区长戏宴款待"①。说明即使有好的制度也难免弊端的产生，这也就是所谓的"法积久而弊又生，不肖官吏仍得巧为侵隐"。之所以如此，按照直隶按察使裴宗锡的说法，是由于"民间投税不尽业户自到，或有托亲友转交书吏代纳者，或有书役因事赴乡，业户乘便托其代税者，即有亲自投纳，而不能守候看填者，亦正不少，以致不肖官吏串通一气，将契尾骑字处先自两半截开，另用别纸凑合，一处将前半幅之给民者，照实数开填，后半幅之送司查核者，则以大改小，填写虚数，而报解之税银，亦随之而减少。其中或以百改十，或以千改百。吏蚀官侵，毫无顾忌。……是设立契尾之良法复得为侵隐之利数"。因此，"又不得不随时变通，以除其流弊"，裴宗锡要求"嗣后州县税契，将所填契尾粘连业户原契，按月申送知府、直隶州查验，直隶州则申送该管道员，查验果系数目相符，即截裁两半，定限十日发还该州县，一给业户收领，一存俟汇送藩司。如

---

① 档案，朱批奏折。乾隆三十一年五月十三日湖南巡抚李因培奏：《为奏明查办事》。档案号：04-01-01-0262-024。按：这种州县官以多报少之弊，事实上后来依然存在，即所谓："州县书吏包揽印契，其纳税之银，每至加增无定，弊难尽除，惟于契尾司印处大书契价、税银数目，每不令业户当面看明，截开骑字，如前幅给业户收执者，照该原契书契价若干两，纳税若干两，而后幅同季册汇布政司者，即可随意少写若干两，于前幅迥不相符，以为隐吞之地。民间谓之'大头小尾'，实为各省之通弊。"档案，军机处录副。嘉庆十六年十一月二十八日江西道监察御史杨怿曾奏：《为请除税契积弊以杜隐漏而重国课事》。档案号：03-1787-050。

道府、直隶州衙门或有停拦留难,不依限验发,或任书吏借端需索,以及查验不力,仍任各州县私改侵吞、漫无觉察者,将该道府州一并严参。其如何处分之处,应恭候皇上饬部分别定议"。朱批:"该部议奏。"① 裴宗锡于乾隆三十一年六月二十八日上奏,户部于九月十二日议覆:"直隶按察使裴宗锡条奏添发契尾,请由道府、直隶州查验一折,嗣后州县给发契尾,价在千两以上者,令该州县将所填契尾粘连业户原契,按月申送知府、直隶州查验,直隶州则申送该管道员查验相符,将契尾即截裁两半,仍定限十日发还州县,一给业户收领,一存俟汇送藩司稽核,并令该督抚随时查访。倘州县申送,而道府、直隶州逾限不给,以及查验不力,仍有私改侵吞情弊,定以分别处分。或道府、直隶州已按期给发,该州县不即给还业户收执,亦照例议处。仍令各于契尾上注明呈验,并各给发月日,以备查核。"朱批:"依议。"② 这也就是载入会典事例的条例:"(乾隆)三十一年议准,直隶省州县给发契尾,如田房契价在千两以下者,照旧办理。其契价在千两以上者,令各该州县将所填契尾粘连业户原契,按月申送知府、直隶州及道,查验相符,即将契尾裁截两半,定限十日发还州县,一给业户收领,一存俟汇送藩司稽核。"③ 这个条例的关键,一是规定了逐级报送契尾查验的程序和按月申送、十日内将契尾返还州县的限期。二是规定了查验的契价标准,"契价在千两以上者"才报送查验。

这一规定是否得到了切实实行,仍然值得怀疑。在该条例议定的当年就有不同的意见,如浙江巡抚熊学鹏称:"臣查民间田房交易,在部臣定议价银千两以上令道府、直隶州查验契尾,定限给发,俾业户无守候之苦,而地方官亦不致烦琐难行,立意非不甚善,惟是民间田房交

---

① 档案,朱批奏折。乾隆三十一年六月二十八日直隶按察使裴宗锡奏:《为稽查契税以杜积弊事》。档案号:04-01-35-0546-036。
② 档案,朱批奏折。乾隆三十一年十一月二十四日浙江巡抚熊学鹏奏:《为请旨事》。档案号:04-01-35-1383-010。
③ 光绪《大清会典事例》卷245《户部·杂赋·田房税契》。

易在千两以上者甚少,在千两以下者甚多,即在千两以上者,或一产分为二三次,前后以数百两、数十两陆续分契交易,亦所常有。……虽云查核,仍属有名无实。且多一衙门查验,即多一衙门胥吏需索",而且,"部议上司定限十日发还,查地方官承审一切命盗重案,尚有封印及公出等事例准展限之条,况此田房细故,安能勒定此十日之外不致一日逾违乎?是业户守候之苦究不能免也。臣思立法务在简明,简则办理易遵,明则愚贱易晓。"①浙江巡抚熊学鹏的奏折主要在于说明该条例的难以执行。此后,"契价在千两以上者"报送查验的规定未见改变,但在纳税时限上有所放缓,规定"民间置买田房,于立契之后,限一年内呈明纳税"。又规定"用过契尾并征收税银按月报司,复每季攒造税推各册,会同截存尾根,送司查核"②。将月报制、季报制、年报制的结合,也暗含"十日发还"契尾的延迟。

三、契税的税则与"卖契""典契"的税银征收

在第一节论述顺治五年的"契尾"时已经分析过值得注意的三个问题。另外一个"税例"问题,则直接关系到契税的征收税则(税率)。该契尾载:"税契之法,……自应照旧通行。若税例,每两以三分为准,不得再有参差。"这也就是各种典章所记载的"顺治四年覆准:凡买田地房屋,必用契尾,每两输税银三分"③。只不过各种典章所记只是记载了清初最早的契税标准,没有言及历史沿革。该契尾所谓的"照旧通行"以及

---

① 档案,朱批奏折。乾隆三十一年十一月二十四日浙江巡抚熊学鹏奏:《为请旨事》。档案号:04-01-35-1383-010。
② 光绪《大清会典事例》卷245《户部·杂赋·田房税契》。档案,军机处录副。道光二年三月二十一日江西巡抚毓岱奏:《为钦奉谕旨查明江西契税情形事》。档案号:03-3156-005。
③ 康熙《大清会典》卷35《户部十九·课程四·杂赋》。乾隆《大清会典则例》卷50《户部·杂赋下》。光绪《大清会典事例》卷245《户部·杂赋·田房税契》。

"不得再有参差"则标明了两点要义：第一，"照旧通行"之"旧"，是延续明代之例。第二，"不得再有参差"，恐怕一方面意味着明代的契税标准有参差不一的现象，另一方面，清初顺治四年或五年之前实行的契税标准也有参差不一的现象。

按照地丁钱粮的征收惯例，顺治初年所遵循的原则是"天下田赋，悉照万历年间则例征收"。契税的征收标准也不会超脱万历则例的总体要求。陈支平、袁良义、何平等学者已经先后指出过，万历年号，长达48年，前后征税标准多有变动，所谓的"万历则例"是一个十分模糊的说法。笔者已经考证指出：在田赋征收中，"顺治四年之前遵循的万历则例是'模糊'的，它的'模糊'，是没有指明具体的年份，但有一点是清楚的，是时所谓的'万历则例'剔除了万历晚期的有关加征。顺治四年之后的'万历则例'，则已十分明确，按万历四十八年的标准征收"[①]。清初契税按买卖产业价值"每两输税银三分"的征收标准是承继明代晚期万历年间何年之例呢？笔者示列如下三条记载：

> 万历二十一年五月内奉文增饷，每两征银三分。四十年十月，……凡卖契一张，每银十两，该银一钱二分六厘。[②]
>
> 查税契。查得税契古法，原非厉民，……旧例每价一两，税银三分，近日减去一分，曲加鼓舞，每两止税二分，以充杂项新饷，遵行在案。……崇祯四年，又当大造黄册之年，……若以其原派者归新饷，而以其增加者助旧饷，议极确而计极便，所当责成各抚按道府，亟行查核。[③]
>
> 原行税契，每价银一两，旧例征三分，新例加三分，以旧例计

[①] 陈锋：《清代财政政策与货币政策研究》，武汉大学出版社2008年版，第166页。并参考该书第四章之"田赋征收原则的确立与田赋征收的货币化"一节及第三章之"'轻徭薄赋'的政策实质"一节。
[②] 顾炎武：《天下郡国利病书》卷27《江南》。
[③] 毕自严：《度支奏议》卷5《题覆边饷堂条陈十六款疏》。明崇祯刻本。

之，小县约五百两，大县约五千两，总计之每县以千两为率，约可百万两，加之新例三分，又可百万两，然每遇大造税册，止报三分之一，吏书侵匿之弊，无可查者。①

由上三条材料可知，明代万历至崇祯年间，契税标准多有变动，而且记载也不一致。如果追究其详，需要另外撰文。但大体已经可以知晓，清初所承继的明代标准为万历二十一年之例。

顺治四年颁布契税的征收标准后，从总体上说，清代前期都遵循"每两输税银三分"，即按买卖田房产业价值的3%收税，税银由买主（新业主）承担，即"买主赴州县上税"②，或"民间买卖田房，例应买主输税交官"③。总体上的税率恒定，并不意味着没有变化。兹将乾隆《大清会典则例》及光绪《大清会典事例》所载有"变化"事例的年份示列如下④：

> 康熙十六年题准：增江南、浙江、湖广各府契税。每年苏、松、常、镇四府大县六百两，小县二百两。安徽等十府州，分别州县大小，自五百两至百两不等。扬州府照《赋役全书》额征，淮安、徐州府属及宝应、霍山、宿迁、临淮、五河、怀远、定远、临璧、虹九州县均无定额，尽收尽解。杭、嘉、湖、宁、绍、金、严七府，大县三百两，中县二百两，小县百两。台、衢、温、处四府，仍照见征造报。湖北大县百五十两，中县百两，小县五十两，僻小州县十两。
>
> 康熙十七年题准：增山东等省田房契税。大县百八十两至

---

① 林章：《林初文诗文全集》之《奏疏·破倭后疏》。明天启四年刻本。
② 《朱批谕旨》卷126，"朱批田文镜奏折"，雍正五年九月二十五日河南总督田文镜奏折。
③ 乾隆《江南通志》卷79《食货志·关税·附杂税》。
④ 乾隆《大清会典则例》卷50《户部·杂赋下》。光绪《大清会典事例》卷245《户部·杂赋·田房税契》。

二百四十两，中县百二十两，小县六十五两至三十五两。

康熙二十年题准：增浙江台、衢、温、处四府契税。大县百两，中县六十两，小县三十两。

康熙二十一年题准：增江西萍、龙、永、泸、上、定六县契税。

雍正四年覆准：凡典当田土均用布政使司契尾，该地方印契过户，一应盈余税银尽收尽解。

雍正七年题准：广东文武闱乡试所需各项经费，除照例动拨正项外，尚有不敷之数，向在各州县业户买产，每两例征契税银三分之外，又征一分充用，每年约征银二千五百余两。自雍正七年起，准为科场经费造入奏销册内，同正额一例报销。

从以上所列及其他相关史料来看，有五个重要的契税征收问题需要在这里讨论：

第一，康熙年间的增税。康熙年间的增税，以康熙十六年最为典型，涉及到江苏、安徽、浙江、湖北等省。康熙十七年至二十一年，又有对山东全省和浙江、江西部分府县的增税。上引"每年苏、松、常、镇四府大县六百两，小县二百两"，实际上有脱文，按照康熙《大清会典》的记载为"康熙十六年题准，增征江南、浙江、湖广等各府契税（原按：每年苏、松、常、镇四府，大县六百两，中县四百两，小县二百两）"[①]，遗漏"中县四百两"之标准。这种规定每县征收多少两的规定，类似于"包税制"，实际上是因三藩之乱的军需紧急而进行的强行摊派。笔者在《清代军费研究》中已经指出，清代前期的"杂税的加征，康熙三藩之乱期间最为突出"，加征包括了房税、田房契税、牙税、牛驴猪羊等税，并根据档案列示了康熙十七年、十九年江南有关州县的田房契税征收数额，

---

① 康熙《大清会典》卷35《户部十九·课程四·杂赋》。

可以参看。①

　　这种固有成例之外的增税,在三藩之乱结束、国家财政趋于好转之后陆续取消。以致在晚清有人提出"田房税契,各省州县岁有定额,如额征不足,自应整顿,以儆将来。乃臣风闻江苏管理奉行不善,……例载江苏等省田房税契,每年额征大县六百两,小县二百两"之时②,两江总督刘坤一在回复上谕的质询时称:"原奏(上谕称'有人奏',据上引奏折可知是福建道监察御史黄桂鋆奏)所称,例载税契大县六百,小县二百之语,遍查现行则例,并无此条。向来税契尽征尽解,本无定额,历年奏销皆声明有案。"③地方大员已经不知道原来曾经实行过的先例。

　　第二,典契的收税与禁止。典租(典当)田房产业,立有典契,对典契的普遍性收税本是晚清的事情,但在清代前期也间有实行。上揭事例载"雍正四年覆准:凡典当田土均用布政使司契尾,该地方印契过户",只明确说明"典当田土"也要用"布政使司契尾"立契,没有指明收取税银,但"印契过户"一语,似乎意味着收取典税,否则很难想象田房的"过户"。在雍正六年的上谕中,始要求"典业亦如卖契例"④。据后来的奏折回溯,这里的"典业亦如卖契例",是一例纳税。乾隆二十四年,江苏布政使常亮称:"雍正六年钦奉上谕,凡绅衿民人置买田房,不许用白契。至活契典业一例俱填契纸,其未经纳税者,限一年内呈明纳税。……雍正十一年定例,民间田地暂用活契典业,若典价四十两以上,过二年不赎者,按价每两征税银一分五厘,如典主找价承买,

---

① 陈锋:《清代军费研究》,武汉大学出版社1992年版,第309—310页。
② 档案,军机处录副。光绪二十五年九月初六日福建道监察御史黄桂鋆奏:《为江苏办理税契究及年远田产,科索扰累事》。档案号:03-6521-076。
③ 档案,朱批奏折。光绪二十五年十一月十二日两江总督刘坤一奏:《为江苏现办理税契事》。档案号:04-01-35-0577-038。
④ 乾隆《江南通志》卷79《食货志·关税·杂税附》。光绪《重修安徽通志》卷78《关榷》。

照全价每两以三分计算，除去典价半税银数，余令找纳。"①很清楚，典业不但与卖契一例纳税，以前未经纳税者，还要重新补税。雍正十一年的定例，又做了更改，限定"典价四十两以上，过二年不赎者，按价每两征税银一分五厘"，其中，特别规定"过二年不赎者"收取契税税银的一半。

也许正是由于这种繁杂的规定和不断变化，在各地的实际执行过程中，典契是否与卖契按一样的税率纳税或有所区别，各地的文献记载有所不同。乾隆《震泽县志》称，震泽原属于吴江县，雍正四年"析置县"，震泽设县后，"遵行旧例"，"立契者赴县领给契尾，按价每两输税三分"，至于"典业，亦如买契例"纳税。②而广东香山县，据光绪《香山县志》引述"祝志"（道光六年香山知县祝淮所修之道光《香山县志》）云："业户买受产业，每价一两，税银三分。……典业，每价一两，税契二分五厘。"③产业的买与典，所收税银略有区别。广东肇庆府又有所不同，"典业，每价一两，税银一分五厘"④。香山县与肇庆府的记载，都没有区分典业是否"过二年不赎"，凡是典业一概纳税。

上揭江苏布政使常亮的奏折及其他文献，都曾记载，"雍正十三年钦奉上谕，活契典业乃民间一时借贷银钱，原不在买卖纳税之例，嗣后听其自便，不必投契用印，收取税银"⑤。但常亮称："查活契典业，自奉上谕免征之后，原未奉有复令投税之文，祗缘律载凡典卖田宅不税契者笞五十等语，虽系相仍旧律，但典契是否应免，未奉注明，且系奉颁在雍正十三年上谕之后，是以民间奉行不一，或投税，或不投税，往往参差。除投税者该州县将银随征随解外，其不投税者，地方官亦未尝责令输纳，

---

① 档案，朱批奏折。乾隆二十四年正月初九日江苏布政使常亮奏：《为敬筹画一税契之法，以期便民杜弊事》。档案号：04-01-35-0546-007。
② 乾隆《震泽县志》卷11《赋役二》。
③ 光绪《香山县志》卷7《经政志》。
④ 道光《肇庆府志》卷9《经政志》。
⑤ 参见乾隆《江南通志》卷79《食货志·关税·杂税附》。

而健讼之徒牵执律文，指摘不税以为犯科而被告者，又以免输系经奉旨，不但两造之争执纷纭，即有司引断亦茫无一定。"因此要求"饬令各省将活契典当之产，钦遵雍正十三年上谕，一概免其输税，以息争端，仍请于律册内注明，俾其引用，不致互异"①。常亮的这份奏折非常重要，说明尽管早就奉有典业免税之令，但由于有关上谕和定例的不清晰，且上谕与"律载"不符，导致"民间奉行不一，或投税，或不投税，往往参差"。至少在上奏的乾隆二十四年民间仍有征收典税的事例。现在看到的《大清律例》的两条记载，实际上有不统一的地方，其一称："凡典买田宅不税契者，笞五十（仍追），契内田宅价钱一半入官，不过割者，一亩至五亩，笞四十，每五亩加一等，罪止杖一百，其不过割之田入官。若将已典卖与人田宅，朦胧重复典卖者，以所得重典卖之价钱，计赃准窃盗论，免刺，追价还后典买之主，田宅从原典买主为业，若重复典买之人及牙保知其重典卖之情者，与犯人同罪，追价入官，不知者不坐。"这里的"典买田宅"应该是包括了"典"与"买"，典买田宅不税契，要受到相关的处罚。其二称："凡民间活契典当田房，一概免其纳税。其一切卖契，无论是否杜绝，俱令纳税，其有先典后卖者，典契既不纳税，按照卖契银两实数纳税，如有隐漏者，照律治罪。"这里又明确指明了"活契典当田房，一概免其纳税"②。尽管如此，乾隆二十四年之后，典税是否完全杜绝，仍值得怀疑。乾隆二十九年蒋楫的奏折称，江苏松江府"民间典买田宅"，立有"正、副二契"，其中，典契"仍照绝卖之契折半上税"。针对这种情况，蒋楫甚至建议"令地方官另立典契税一项，每年造册报解"③。显然，此时松江府的典税仍然在征收，上示广东香山县以及肇

---

① 档案，朱批奏折。乾隆二十四年正月初九日江苏布政使常亮奏：《为敬筹画一税契之法，以期便民杜弊事》。档案号：04-01-35-0546-007。
② 《大清律例》卷9《户律·田宅·典买田宅》。
③ 档案，军机处录副。乾隆二十九年六月初一日蒋楫（未注明官衔）奏：《为请严杜税契之积弊事》。档案号：03-0345-050。

庆府的事例，也意味着典税在道光年间依旧存在。这也正说明政策的颁布与实行的背离。①

第三，契税的附加。从上列资料可以知晓，雍正七年，因广东文武闱乡试所需经费不足，题准"向在各州县业户买产，每两例征契税银三分之外，又征一分充用"，这另外加征的一分，附加率为33.33%，是在契税之上进行的"科场费"附加，即如《清朝通志》所称："雍正七年，准契税于额征外每两加征一分，以为科场经费。"②笔者在与王燕合作的一篇文章中曾经指出，所谓"向在"云云，即意味着雍正七年之前就有征收，并举出了"钞档"中乾隆十一年户部海望的题本作为证据。③在现存原始档案中也还有类似的记载，而且更为具体，乾隆八年，广东巡抚王安国的题本称：

> 又奉前署理广东巡抚印务户部右侍郎傅泰……为奏明科场税银事，雍正七年五月二十七日准户部咨，……广东文武两场额支正项银一千六百两（引者按：系属地丁银），而各项费用共需银一万两（引者按：包括"修理贡院及制办一切什物供应，并举人坊价等项"），历来在于通省田房税契银三分之外另征一分，名为科场税。……其不敷之项，自顺治十一年，经前督抚俱藩司酌议详定，通省各州县业户买产，每两照例征税三分之外，另征一分，解充科场之用。仍或不足，又于公费银内拨应。此历来相沿旧例。……查税契内另征一分，合计通省每年约可收银二千五百余两，三年可共得银七千五百两有奇，凑充科场供应，历有年所。……伏乞照旧征收，奏销册内注明，贮为科场之费。……雍正七年五月十七题，本

---

① 笔者已经指出过财政政策制定之后，在实施过程中出现的三种结果。参见陈锋：《清代财政政策与货币政策研究》，武汉大学出版社2008年版，第9—10页。
② 《清朝通志》卷90《食货略十·关榷·杂税附》，浙江古籍出版社1988年版，第7283页。
③ 参见王燕、陈锋：《再论清代前期的杂税与财政》，《中国经济与社会史评论》2017年卷。

月十九日奉旨依议。①

这里的"科场费"附加，用了"科场税"一词，似乎是清代前期杂税中的一个税种，但究其实，仍为契税的附加。从该题本可以看出，顺治十一年就议定并实施了科场费的附加，只不过这种"议定"，是总督、巡抚和布政使的讨论决定，并没有上报朝廷，是地方上的一种自主行为。直到雍正七年，才有署理广东巡抚印务的户部右侍郎傅泰专折上奏，经过户部的讨论，随即朱批"依议"，成为正式的一项税收政策。

广东的典契，也同样征收"科场"费用，香山县在典税，在"典业，每价一两，税契二分五厘"的基础上，另征"科场银五厘"。肇庆府在"典业，每价一两，税银一分五厘"的基础上，也是另征"科场银五厘"②。可以看出，典契与卖契相比，典契的科场银减半征收。

第四，契尾、契纸的工本费及额外索取。雍正五年，河南总督田文镜在历数契尾之弊时就说过，布政使司颁发的契尾，有"刊刷纸张、用印油红之费"，州县在领取契尾时，有"差役路费、司胥饭食之资"，所以，"一张契尾，颁到州县，价已昂贵，自不得不取偿于买主，是以每张契尾勒索三五钱不等"，甚至有"地不过数分，价不过数钱者，每两止抽税三分，其上纳正税不过数厘，而买此契尾，且逾百倍"③。所谓契尾的纸张及相关费用，"逾百倍"，当有夸张，但每张"勒索三五钱不等"，大概是普遍的现象。在雍正六年改用契纸后，在契纸上曾经特别注明："每契纸一张，卖钱五文，解司，以为油红纸费。毋得多取累民。"（见上列图4）乾隆朝复用契尾后，纸张工本及相关费用的索取仍然是普遍的现象。既有所谓"买田过户，不能不经庄户书之手，……纸笔费，每田一亩给钱

---

① 档案，户科题本。乾隆八年五月十八日广东巡抚王安国题：《为请复契尾之旧例以杜私征税契事》。档案号：02-01-04-13586-005。
② 光绪《香山县志》卷7《经政志》；道光《肇庆府志》卷9《经政志》。
③ 《朱批谕旨》卷126，朱批田文镜奏折。雍正五年九月二十五日河南总督田文镜奏折。

· 61 ·

十文，山荡给钱五文，向有定章。现在余姚县推收之费，每田一亩索价几及千文"的记载，①也有"乡民持帖到户吏处，则视其人强弱以需索用费，或一分、二分、加倍、加数倍不等"的说道。②从清末奉天所定契税章程中，也可以看出这种借契尾纸张工本费而进行的索取："州县请领契尾，旧章每张呈解纸张工本银五钱，其取之于民者，或恐不止此数。前户部征收旗地税契，每执照一张，随征照费东钱二十吊，为数亦觉大多，现拟酌中定为每户管一纸，概收纸张工本银一两，仍以五钱作为纸张工本解局核收，以五钱留充承办书吏办公之费。"③

第五，契税征收的议叙与处分。在雍正六年实行契纸、契根之法时，曾经奉旨"地方官稽察有方，能据实报出税银至千两以上者，交部分别议叙"④。这种议叙，主要是针对契税的"溢额"银征收（后面将具体论述），对契税的"无定额"、"定额"之外的"溢额"银的大量征收曾经起到至关重要的作用。在雍正十三年十二月初六日废止契纸、契根的上谕中，也一并谕令"其地方官征收税课多者，亦停其议叙"⑤。此后，在契税的征收中，未再有议叙的规定。

如果对隐匿契税、契税征收不完或解送迟延，则有相应的处分规定。按乾隆《大清会典事例》的记载，有关处罚则例首次议定于乾隆十六年，该年议准："契税银系属杂项，原与地丁等项正课不同，若一例处分，未免漫无区别，但不肖有司将契税银任意侵匿，而该管上司乃竟全无觉察，

---

① 档案，军机处录副。光绪六年（具体月日不详）江南道监察御史邵曰瀛奏折附片。档案号：03-6203-107。
② 档案，军机处录副。光绪二十八年正月三十日湖广道监察御史高熙喆奏：《为山东办理税契扰累讹诈，弊端百出事》。档案号：03-6513-062。
③ 档案，军机处录副。光绪三十二年正月二十日盛京将军赵尔巽呈：《整顿奉省各地及三园税契试办章程十五条清单》。档案号：03-6522-046。
④ 乾隆《江南通志》卷79《食货志·关税·杂税附》。光绪《重修安徽通志》卷78《关榷》。按：该条材料乾隆《大清会典则例》卷50《户部·杂赋下》以及光绪《大清会典事例》卷245《户部·杂赋·田房税契》均未记载。
⑤ 档案，户科题本。乾隆八年五月十八日广东巡抚王安国题：《为请复契尾之旧例以杜私征税契事》。档案号：02-01-04-13586-005。

或已经察知,仍不据实详报,自应分晰情节,酌定处分,以专稽察之责。嗣后所属州县倘仍有侵收契税情弊,即行据实指参,系直隶州侵收者将该管道员,系州县侵收者将该管知府、直隶州知州,皆一并察参,仍将或系徇隐,或系失察,于疏内分晰声明,如系有心徇隐,照徇庇例降三级调用,如止于失察者,照属员因事受财同城知府失于觉察例降一级留任。"①该处分是针对隐匿、侵蚀契税的地方官而言。

对契税征收不完或解送迟延的处分制定较晚。乾隆三十七年,广东巡抚德保称:"州县征收田房税羡银两,例应尽收尽报,陆续解贮司库,按年题报。查粤东田房税羡银两向于下年冬季具题。臣抵任以来,乾隆三十四、五两年税羡银两,迟至次年秋冬,经臣屡次严催,始据藩司详据各属全数解足,汇册请题。……税羡一项,逐年岁底即经征完,非若地丁钱粮必俟次年春季始全行完解者比,……(契税)向未定有迟延处分,各州县视为无关考成,每多延缓,该管府州亦不上紧督催,似应明定处分,以惩玩愒,而杜亏那(挪)。"因此请求:"嗣后各州县征收田房税羡银两,除遵照定例尽收尽报,陆续批解外,统限奏销前全数解司,如不完解,即行参处,将该州县罚俸一年,督催不力之府州罚俸六个月,勒令即行解足,倘有亏那(挪)情弊,立即严参,照例治罪追赔。直隶州应解税羡银两,如逾限不行解足,照州县一律参处,该管道员亦照府州之例查参。如此则上下各官自顾考成,不敢仍前玩忽。"②照此奏折来看,契税由于没有像地丁正项钱粮那样的考成规定,溢额议叙之法废除后,没有相关的考成措施,"向未定有迟延处分,各州县视为无关考成,每多延缓"。所以才有如上的处分要求和规定。

乾隆三十七年之后,这一处分措施一直延续实行。如乾隆四十七年户部议覆对广东电白县知县等的处分:"该抚疏称,各属征收银两,俱系

---

① 乾隆《大清会典则例》卷15《吏部·考功清吏司》。
② 档案,朱批奏折。乾隆三十七年二月十五日广东巡抚德保奏:《为请定批解田房税羡银两迟延之处分以重钱粮事》。档案号:04-01-35-0547-025。

奏销前完解，惟电白县于九月十九日始据解到，所有完解迟延职名，系电白县升任知县齐翀督催不力，……查定例，官员解送钱粮停拦日期者，罚俸一年，督催不力之上司罚俸六个月等语，应将完解迟延之电白县知县升任潮州府同知齐翀照例罚俸一年，督催不力之前摄高州府事、高廉道卫诣照例罚俸六个月，前任高州府革职知府周人杰照例罚俸六个月，注册署高州府事候补知府丁亭照例于补官日罚俸六个月。"①可见，这种处分是连带性的，既处分当事者（升迁依旧追究），又处分上一级官员。从嘉庆十六年大学士、管理户部尚书事庆桂的题本中，还可以再次体会这种处分。庆桂称：

广西省嘉庆十三年地丁等项钱粮奏销案内原参署平乐县知县张堉春未完报收税契银一千三百三十二两六钱四分九厘，临桂县知县陈惠未完税契银二百八十七两二钱三分，先经户部会同吏部照例议以各降俸二级，戴罪督催，张堉春系署事官，未据声明卸事日期，其应照例议结之处，复参到后再议等因在案。今据该抚（广西巡抚钱楷）疏称，平乐县奏后续完银一千三百三十二两六钱四分九厘，造入十四年奏销册内新收项下，详请照例扣除免议在案。今又据临桂县续完银二百八十七两二钱三分，俟造入十五年奏销册内新收项下报部。请将前任临桂县告病知县陈惠、署平乐县事试用知县张堉春奉行各降俸二级、戴罪督催之案，具题开复等语，吏部查定例，官员承追不作十分之杂项钱粮，未完降俸二级，戴罪督催，完日开复等语，应将续保全完之前任临桂县告病知县陈惠、署平乐县事试用知县张堉春原议降俸二级、戴罪督催之案，均照例准其开复。②

---

① 档案，户科题本。乾隆四十七年正月二十七日户部尚书和珅题：《为请复契尾之旧例以杜私征捏契事》。档案号：02-01-04-17292-009。
② 档案，户科题本。嘉庆十六年四月十四日大学士、管理户部尚书事庆桂题：《为奏销等事》。档案号：02-01-04-19160-006。

从这份题本中可以知晓，契税的征收，同地丁钱粮一样要按时奏销，所以称"地丁等项钱粮奏销案"，征收契税官员在受到未完处分后，"戴罪督催"，如果督催征完，前定处分可以免除，即"完日开复"。而且这种处分和督催规定，与一般正项钱粮不同，即"官员承追不作十分之杂项钱粮"，其"不作十分"之语，意为不作十分考成的杂项钱粮。凡此，都值得注意。

四、契税的正额、溢额、总额与契税的拨解、支发

在各省的契税额度与征解中，见到最多的词汇是所谓的"无定额"和"尽收尽解"。如康熙《大清会典》称："淮、徐二府州属及宝、霍、宿、临、五、怀、定、临、虹九州岛县，（契税）俱无定额，尽收尽解。"[①] 乾隆《盛京通志》称："奉天府属田房税契，雍正六年为始，尽收尽解，无定额。"吉林各属"田房税契，无定额，尽征尽解"[②]。光绪《重修安徽通志》称："田房税契每两税银三分，每年尽收尽解，无定额。"[③] 道光《杂税全书》称："田房税银尽收尽解"，"田房洲场等税银尽收尽解"[④]，等等。是不是真的"无定额"，是怎样的"尽收尽解"？都需要辨析。

---

① 康熙《大清会典》卷35《户部十九·课程四·杂赋》。
② 乾隆《盛京通志》卷38《田赋二·各项杂税》。
③ 光绪《重修安徽通志》卷78《关榷》。
④ 道光《杂税全书》之《苏州府》《松江府》，东京大学东洋文化研究所藏。

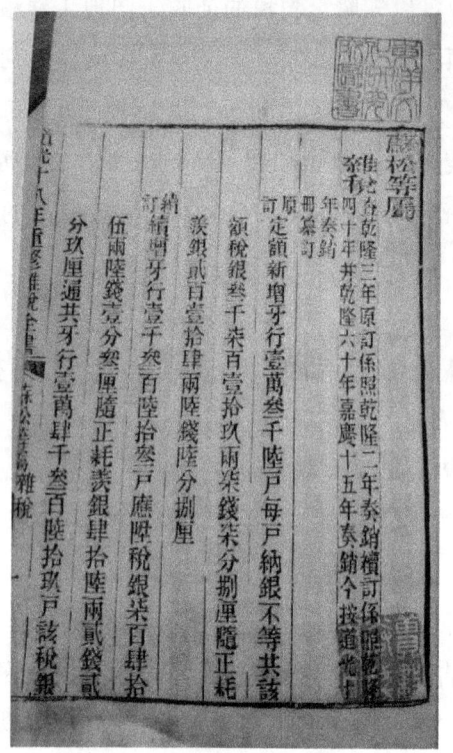

图 6 《杂税全书》书影[1]

事实上，各省的契税大都经过了"田房税契一项原无定额"到"有定额"的过程。[2] 康熙《大清会典》首次记载了各省的契税征收额数，如下表[3]：

---

[1] 该书为笔者 20 年前在东京大学东洋文化研究所图书室发现，此前未见国内学者引用，弥足珍贵。当时笔者在东京大学访学，在京都大学访学的范金民教授因前来东京聚会，也在场。

[2] 档案，朱批奏折。乾隆十二年六月二十二日四川巡抚纪山奏：《为遵旨查办事》。档案号：04-01-01-0150-033。

[3] 康熙《大清会典》卷 35《户部十九·课程四·杂赋》，凤凰出版社 2016 年版（关志国、刘宸缨校点本），第 422—429 页。

表1 康熙二十四年各省契税及"杂赋"银额

省别	"杂赋"总额（两）	契税（两）	备注
直隶	64 481.19	1 886.335	在"杂赋"中以当税银为最多，年额为 22 660 两。
盛京	947.894	—	"杂赋"以"铺行户税"银为最多，年额为 552.5 两。
江苏	53 206.29	19 958.084	在"杂赋"中，以契税为最多，占37.51%。
安徽	300 12.96	12 877.77	在"杂赋"中，以契税为最多，占42.91%。
浙江	56 470.31	10 690	在"杂赋"中，以"外赋并南关杉板"银为最多，年额为 32 622.804 两。
江西	32 333.33	7 460	在"杂赋"中，以"商税"银为最多，年额为 12 064.23 两，但该"商税"，据称是"并入地丁起运银内拨用"。
湖北	34 537.104	4 373.744	在"杂赋"中，以"武昌厂船料"银为最多，年额为 10 000 两。
湖南	14 506.341	267.345	在"杂赋"中，以"各府商税"银为最多，年额为 5 963.37 两。
福建	34 084.93	4 880.59	在"杂赋"中，以渔课银为最多，年额为 5900.404 两。
山东	38 625.18	8 755	在"杂赋"中，以契税为最多，占22.09%。
山西	63 681.88	7 610	在"杂赋"中，以"溢额商税"银为最多，年额为 34 370.295 两。
河南	34 697.85	7 683.218	在"杂赋"中，以契税为最多，占22.14%。
陕西西等处	42 654.23	—	在"杂赋"中，以"停免"银为最多，年额为 10 523.499 两。
巩昌等处	46 221.32	95.4	在"杂赋"中，以"盐税"银为最多，年额为 23 015.968 两。
四川	13 979.904	—	在"杂赋"中，以"杂货税"银为最多，年额为 8 594.19 两。
广东	41 168.66	3 065.5	在"杂赋"中，以"杂税"银为最多，年额为 11 010.91 两。
广西	26 145.1	377.3	在"杂赋"中，以"杂税"银为最多，年额为 22 608.778 两。
云南	32 359.884	—	在"杂赋"中，以"商税酒税"等银为最多，年额为 13 418.63 两。
贵州	13 766.65	—	在"杂赋"中，以"杂税"银为最多，年额为 12 626.47 两。
合计	673 881.007	77 102.516	仅就表中统计，契税占"杂赋"的11.44%。

按：康熙《大清会典》所说的"杂赋"与一般所说的杂税不同，不包括"芦课"，芦

课被放在了康熙《大清会典》卷34《户部十八·课程三·关税》项下。笔者认为，该"芦课"应该置于卷35的"杂赋"项下，或许是最初的版本错乱。也不包括卷35"杂赋"项下另外记载的"茶课"、"鱼课"、"金银诸课"。

从上表来看，当时各省的契税征收额非常有限，总额不足8万两，其中有几个省份缺记，除盛京当时还没有开征契税外（据上述，盛京是雍正六年开始征收），陕西、四川、云南、贵州当是没有报解，并不是没有征收。如四川，据四川总督常明称："川省税契盈余一事，缘康熙年间户口稀少，税额只二万一千有零。"① 虽不清楚"康熙年间"是何年，但提到"户口稀少"的情况下，每年的契税征收仍有二万余两。从此也可以看出，该表反映的契税数是各省报解的契税银数，只是大多数省份的实征数，并不是额征数。如山东契税"通省原额一千一百二十四两一钱九分零"②，表中所列为8 755两，要超出"原额"数倍。据笔者已经做过的"乾隆十八年岁入明细统计"和"乾隆三十一年岁入统计"，该二年的契税总数均为190000两。③ 这时的数字基本上是各省契税的定额，这种定额，在有些省称为"原额"，有些省称为"正额"。各省实际征收的契税银数，要远远超过"原额"和"正额"。为了反映契税"正额"（额征）与"溢额"（溢羡）的情况，特根据现存档案，列出广东一个较长时段的契税征收作为示例：

表2 雍正至道光年间广东契税的正额银与溢额银

年度	额征银（两）	溢羡银（两）	资料来源
雍正六年	7 570.913	44 300 余两	乾隆八年五月十八日王安国题本
雍正十三年	7 570.913	77 826.076	乾隆二年二月初八日张廷玉题本
乾隆元年	7 570.913	25 179.949	乾隆三年十一月十九日讷亲题本

① 档案，朱批奏折。嘉庆十五年十月初三日四川总督常明奏：《为据实密陈事》。档案号：04-01-35-0552-016。
② 乾隆《山东通志》卷12《田赋志》。
③ 参见陈锋：《清代财政政策与货币政策研究》，武汉大学出版社2008年版，第368—369页。

续表

年度	额征银（两）	溢羡银（两）	资料来源
乾隆二年	7 570.913	42 902.903	乾隆三年十一月十九日讷亲题本
乾隆五年	7 570.913	65 126.973	乾隆七年四月初九日海望题本
乾隆七年	7 570.913	78 898.614	乾隆九年六月初八日海望题本
乾隆九年	7 570.913	85 430.668	乾隆十一年五月十八日海望题本
乾隆十年	7 570.913	75 895.113	乾隆十五年三月初五日傅恒题本
乾隆十二年	7 570.913	94 976.873	乾隆十三年八月初十日岳浚题本
乾隆十五年	7 570.913	113 035.420	乾隆十六年十一月二十一日苏昌题本
乾隆十八年	7 570.913	141 630.547	乾隆十九年十一月十一日蒋溥题本
乾隆二十二年	7 570.913	144 040.874	乾隆二十三年十月二十八日李元亮题本
乾隆二十三年	7 570.913	138 866.905	乾隆二十四年十月十一日傅恒题本
乾隆二十四年	7 570.913	158 719.362	乾隆二十五年十一月初六日傅恒题本
乾隆二十六年	7 570.913	154 240.434	乾隆二十七年十月初九日傅恒题本
乾隆二十七年	7 570.913	159 533.684	乾隆二十八年十二月初八日傅恒题本
乾隆二十九年	7 570.913	169 062.822	乾隆三十年十月二十八日傅恒题本
乾隆三十七年	7 570.913	186 918.402	乾隆三十八年十二月初八日于敏中题本
乾隆三十八年	7 570.913	198 419.745	乾隆三十九年九月初七日德保题本
乾隆三十九年	7 570.913	198 997.537	乾隆四十年十月二十九日于敏中题本
乾隆四十年	7 570.913	182 405.174	乾隆四十一年十二月十八日于敏中题本
乾隆四十五年	7 570.913	181 330.651	乾隆四十七年正月二十七日和珅题本
乾隆四十六年	7 570.913	187 838.499	乾隆四十七年十二月十四日和珅题本
乾隆五十一年	7 570.913	191 086.191	乾隆五十二年十二月初二日图萨布题本
乾隆五十九年	7 570.913	187 876.536	乾隆六十年七月二十日朱珪题本
嘉庆五年	7 570.913	166 845.437	嘉庆六年十二月十九日瑚图礼题本
嘉庆八年	7 570.913	159 611.852	嘉庆十年正月二十四日倭什布题本
嘉庆十一年	7 570.913	164 772.835	嘉庆十三年二月十七日孙玉庭题本
嘉庆十六年	7 570.913	167 489.309	嘉庆十八年四月初二日韩崶题本
嘉庆十九年	7 570.913	160 250.435	嘉庆二十一年十一月二十九日董教增题本
嘉庆二十二年	7 570.913	168 343.475	嘉庆二十五年二月初十日阮元题本
嘉庆二十五年	7 570.913	160 683.030	道光五年八月二十六日陈中孚题本

续表

年度	额征银（两）	溢羡银（两）	资料来源
道光四年	7 570.913	62 437.286	道光七年十一月初十日成格题本
道光十五年	7 570.913	146 029.218	道光二十二年六月二十五日梁宝常题本

由上表可见，广东历年的额征银均是七千五百余两，可以体会到，契税是有定额的。事实上，如果没有"定额"，也就没有"溢额"、"溢羡"之说。广东的溢羡银从雍正六年的四万四千余两，在乾隆年间陆续增加（间有减少，乾隆以后，又有减少），表中所列溢羡银征收最多的年份是乾隆三十九年，接近十九万九千两（实际上征收最多的年份超过了二十万两，如乾隆四十三年，达到二十万四千余两，因为未见到该年的奏销题本，缺少细数，未列在表中，见下述），如果将"额征银"和"溢羡银"二项加在一起，该年的契税银达到二十万六千余两，仅广东一省的契税实征银已经超过上述乾隆十八年和乾隆三十一年十九万两之额。

本来，契税的溢羡银无一定之额，征多征少都是一种正常的现象，但实际情况是，如果溢羡银与上年或前些年相比有减少的情况，也会受到户部的质询。乾隆三年，议政大臣、协理户部尚书事讷亲在议覆乾隆二年广东的契税销算时就称："查粤东省乾隆二年分广、南等十府，罗、连、嘉三州属征解税契银七千五百七十两九钱一分三厘。汇入该年地丁册内。查与历年额征银数相符，应于奏销案内查核题覆。又解科场经费银二千五百二十三两六钱四分九毫。……尚税契、科场溢羡银四万三百七十九两二钱五分四厘零。该署抚虽称现存司库另款收存，但查粤东题报乾隆元年征收田房税羡银二万二千六百五十六两三钱零，臣部查与雍正十三年征收溢羡银七万七千八百二十六两零，数目悬殊。业经行令该署抚再行确查题报在案。今乾隆二年各属征收溢羡银数，较之雍正十三年仍属短少，其因何短少，并经征各官有无侵收入己之处，疏内均未声明，应仍令该署抚王謩一并确查。"如果查核以后，的确是"尽收尽解，并无收多报少情弊"，才可以"取具印甘各结"结案。①乾隆四十一年，大学士、兼管户部尚书事于敏中在议覆乾隆四十年广东的契税销算时称："查核历年征收银数俱在十九万一千余两至二十万两以外，今四十年征收银仅止十八万七千四百五十余两，其因何减少之处，未据声明，应令该抚向系确查，据实报部查核。"②乾隆四十七年，户部尚书和珅在议覆乾隆四十六年广东的契税销算时又称："查征收前项溢羡银一十八万七千八百三十八两零，较之四十三年征收银二十万四千五百二十五两零，计少征银一万六千六百八十七两零，虽据该抚疏内声明，委系尽收尽解，并无征多报少情弊，但查四十六年与四十三年，同系有闰之年，所征银两因何多少悬殊，是否实在情形及有无侵蚀等弊，应令该抚严饬详查，到日再行定议。"③

到乾隆后期，溢羡银开始出现地方欠解的情况。乾隆五十九年，广东州县应解布政司的欠解银为一万二千余两④，嘉庆八年为三万八千余两⑤，嘉庆十一年为六万一千余两⑥。到嘉庆十六年，欠解八万三千余两，已经接近应征溢羡银的一半，即："应征税契、科场溢羡银

---

① 档案，户科题本。乾隆三年十一月十九日议政大臣、协理户部尚书事讷亲题：《为请复契尾之旧例以杜私征捏契事》。档案号：02-01-04-13059-001。按：所谓"取具印甘各结"，是指"取具各府州县印结，由司（布政使司）加结保题"。见档案，户科题本。乾隆二十三年十月二十八日协办大学士、兼管户部尚书事李元亮题：《为请复契尾之旧例以杜私征捏契事》。档案号：02-01-04-15134-019。
② 档案，户科题本。乾隆四十一年十二月十八日大学士、兼管户部尚书事于敏中题：《为请复契尾之旧例以杜私征捏契事》。档案号：02-01-04-16777-021。按：这里说的乾隆四十年契税征收银"十八万七千四百五十余两"，与表2所列该年的数额不同，是因为该数额包括了额征银七千五百余两，而没有包括"科场经费银"二千五百余两。表2所列数字，是经过剔除、叠加处理后的数据。
③ 档案，户科题本。乾隆四十七年十二月十四日户部尚书和珅题：《为请复契尾之旧例以杜私征捏契事》。档案号：02-01-04-17287-024。
④ 档案，户科题本。乾隆六十年七月二十日署理两广总督朱珪题：《为请复契尾之旧例以杜私征捏契事》。档案号：02-01-04-17919-018。
⑤ 档案，户科题本。嘉庆十年正月二十四日两广总督倭什布题：《为请复契尾之旧例以杜私征捏契事》。档案号：02-01-04-18562-009。
⑥ 档案，户科题本。嘉庆十三年二月十七日广东巡抚孙玉庭题：《为请复契尾之旧例以杜私征捏契事》。档案号：02-01-04-18827-024。

一十七万五千六十两二钱二分二厘,已完解司银九万六百八十七两一钱四分九厘,又番禺、连平等州县共未完解司银八万三千五百六十三两九钱七分三厘。"① 这种欠解的情势基本与地丁钱粮的欠解相一致。

以上是作为研究的个案,对广东契税征收原额、溢羡征解的列表分析。其他各省的情况当然也值得注意。可以再举出江西、云南、四川省的事例作为参照。

江西的契税征收,表1所列为七千四百余两,据乾隆二十四年署理江西巡抚阿思哈称"江省税契,向年不过六七万两",每年六七万两大概是一个常数,乾隆二十三年征收尤多,"统计一年共收新旧税契银一十六万七千四百余两,较之二十二年收银六万八千余两计多收银九万九千余两"②。而据"江西通省每年约用契尾十五六万张"来看,征收的契税数目,当不在少数,即使一张契尾征收税银一两,每年也应该有十几万两之数。但是由于"江西州县藉此那(挪)移,上司亦以此为通融抵补,往往前次所领契尾全数尽销,而税银分文不解"③,才导致每年税银不过六七万两,乾隆二十三年征税达到十六万七千余两,正是清查的结果。

云南的契税征收数额,在表1中缺记,其征收额,道光年间每年大概在二三万两。道光八年,"税契银二万一千六百两七分九厘",道光十一年,"税契银二万四千二百六十五两三钱四分一厘",道光十五年,"税契银二万三千四百八十六两八钱六分一厘",道光十九年,"税契银

---

① 档案,户科题本。嘉庆十八年四月初二日广东巡抚韩崶题:《为请复契尾之旧例以杜私征捏契事》。档案号:02-01-04-19379-004。
② 档案,朱批奏折。乾隆二十四年二月十六日署理江西巡抚阿思哈奏:《为奏闻事》。档案号:04-0135-0546-008。
③ 档案,军机处录副。道光二年三月二十一日江西巡抚毓岱奏:《为钦奉谕旨查明江西契税情形事》。档案号:03-3156-005。该份奏折又称:"距省较远之处,每年约计应用(契尾)张数,汇总赴司请领一次,其距省较近者,半年请领一次。税银最多之县,每年酌给契尾五六千张,余自三四千至二三百张不等。"

三万一千七百八十一两六钱一分七厘"。各不等。①

四川的契税银，表1亦缺记，实际上四川的契税在康熙年间已经有"定额"，嘉庆十六年，四川总督常明即说"川省契税自定额至今，已历百十余年"②。嘉庆十五年，在契税定额银"二万一千三百八十余两"之外，征收"赢余银六万四千七百八十两。统计一年之内，除正月未经开印以前原无税契外，共实收银八万六千一百六十余两"③。据后来的档案可知，四川的情况较为特殊，曾经将盈余银累加，成为新的"定额"。此事见于光绪二十六年四川总督奎俊的奏折："查川省州县税契原额银二万一千三百八十余两，嘉庆十一年，加银六万四千七百八十两，永为定额。"④

由上不难看出，由于契税的征收存在着"无定额"、"定额"、"盈余"以及拨解或不拨解等情况，十分复杂，契税征收的额数要远远超过一般典籍的记载。

至于契税的所谓"尽收尽解"或"尽征尽解"，揆诸档案资料及一般

---

① 档案，户科题本。道光九年十二月初六日户部尚书禧恩题：《为奏销等事》。档案号：02-01-04-20383-017。档案，户科题本。道光十二年六月十一月二十八日户部尚书禧恩题：《为奏销等事》，档案号：02-01-04-20537-024。档案，户科题本。道光十六年十二月十二日大学士、管理户部尚书事潘世恩题：《为奏销等事》。档案号：02-01-04-20812-018。档案，户科题本。道光二十年十二月初十日大学士、管理户部尚书事潘世恩题：《为奏销等事》。档案号：02-01-04-21040-004。
② 档案，朱批奏折。嘉庆十六年二月初十日四川总督常明奏：《为遵旨妥议川省契税章程事》。档案号：04-01-35-0552-021。
③ 档案，朱批奏折。嘉庆十六年十二月十八日四川总督常明奏：《为川省契税赢余银两年内报解全完事》。档案号：04-01-35-0552-048。
④ 档案，朱批奏折。光绪二十六年正月十二日四川总督奎俊奏：《为部议筹款六条，谨就川省情形分别办理事》。档案号：04-01-35-1052-002。按：另据四川总督鹿传霖称："川省税契原额仅二万一千余两，嘉庆十五年奏加盈余六万余两。……无暇详核，亦无底簿可稽，百数十年相沿至今。"该说法与四川总督奎俊的说法不同，当误。鹿传霖自己也说"无暇详核，亦无底簿可稽"。见档案，军机处录副。光绪二十二年五月十四日四川总督鹿传霖奏：《为沥陈川省契碍难再加情形事》。档案号：03-6507-043。又按：据《四川全省财政说明书·契税说明书》记载："川省田房契税，每岁仅征银二万一千三百八十两，是为原额。嘉庆十六年，加盈余银六万四千七百八十两，是为加征。"把加征契税盈余银的时间说成嘉庆十六年，当误。见陈锋主编：《晚清财政说明书》第4册，湖北人民出版社2015年版，第799页。

典籍所载，存在几种情况。

第一，地方官员私自隐匿税银，不如实上解。一如四川总督常明所说："川省州县税契赢余未能尽征尽解，陋习相沿，已非一日。本日询问勒保，据称，州县等平日征多报少，比比皆是。"这当然是有违成例。之所以如此，按常明的说法，有其不得已之处："总缘该州县除养廉之外，别无得项，而养廉摊扣又多，不能全领，以致各项办公之费多有未敷，不能不借此贴补。"①这显然不是官员的"侵蚀入己"，而是为了借此弥补地方办公经费的不足。而安徽布政使石麟则称，契税"例应尽收尽解，乃官胥因循锢弊，以国税作虚名，视欺隐为常套，分侵肥橐，靡不相习成风"②。按照石麟的说法，则属于地方官员的"分侵肥橐"。不管是哪一种情况都导致了契税不能完全尽收尽解。

第二，契税尽收尽解，各不相同。由于契税的"正额"或"盈余"税银性质的不同，存在不同的尽收尽解的方式。一般地方志说的契税"尽征尽解，各州县同"③，并不能如实反映实在状况。

一般说，契税的正额银，尽收尽解，报解中央（户部），并同地丁钱粮一并造册报解。这在许多奏销题本中都有说明，如，乾隆二年大学士、管理户部尚书事张廷玉称："查粤东省雍正十三年分广南等十府，罗、连、嘉三州属征解税契银七千五百七十两九钱一分三厘。汇入该年地丁册内。查与历年额征银数相符，应于奏销案内查核题覆。"④这里的"税契银"七千五百余两，即是广东契税的正额银，"汇入该年地丁册内"奏销。乾隆九年，户部尚书海望所说更为直接："乾隆七年分……通省共解

---

① 档案，朱批奏折。嘉庆十六年二月初十日四川总督常明奏：《为遵旨妥议川省契税章程事》。档案号：04-01-35-0552-021。
② 《朱批谕旨》卷217，朱批石麟奏折，雍正五年闰三月二十九日安徽布政使石麟奏折。
③ 乾隆《江南通志》卷79《食货志·关税·杂税附》。
④ 档案，户科题本。乾隆二年二月初八日大学士、管理户部尚书事张廷玉题：《为请复契尾之旧例以杜私征捏契事》。档案号：02-01-04-12964-014。

额征税契银七千五百七十两九钱一分三厘。已汇入该年地丁册内奏销。"①只有在个别情况下，经过奏准，契税的"正额"才能留存地方，拨充地方公用。如雍正十二年江西巡抚谢旻所说："江省司库存公银两，前因每年存剩无多，恐有一时需用之事，未免不敷，荷蒙皇恩将雍正八年税契银七千八百五十三两零，拨存司库，以备地方公用。"②

契税赢余银的报解方式则要复杂得多。雍正四年曾经议准："凡典当田土，均用布政使司契尾，该地方印契过户一应盈余税银尽收尽解。"③这是典章制度所记契税"盈余税银尽收尽解"的首次规定。尽管如此，广州府知府蓝鼎元也称："雍正五年，税契溢羡，未奉全解之檄，存贮邑库。凡上官公事捐输、修造战船炮台之类，就中支解。"④这种契税赢余银"存贮邑库"亦即存贮府库的记载，为笔者所首见，蓝鼎元以广州府知府的身份记载此事，当不虚。说明至少在雍正五年之前，契税的盈余银并未上解（或未全部上解），而是留充地方府县作为地方费用。在"盈余税银尽收尽解"的规定之后，契税赢余银的"尽解"，也并非上解中央，而是上解藩库。即所谓"州县征收田房税羡银两，例应尽收尽报，陆续解贮司库，按年题报"⑤。可从乾隆八年广东巡抚王安国的题本中仔细体会：

  粤东省各属征收落地、田房二项税羡银两，递年尽收尽解，存留支应各官养廉及津贴修船之用，岁底题报在案。……所有现存银两，一、落地税羡，自雍正九年至十一年，共存银一十一万四千一百四十一两九钱七分四厘八毫零。一、田房税

---

① 档案，户科题本。乾隆九年六月初八日户部尚书海望题：《为请复契尾之旧例以杜私征捏契事》。档案号：02-01-04-13678-001。
② 《朱批谕旨》卷138下，朱批谢旻折，雍正十二年正月初八日江西巡抚谢旻奏折。
③ 乾隆《大清会典则例》卷50《户部·杂赋下》；光绪《大清会典事例》卷245《户部·杂赋·田房税契》。
④ 蓝鼎元：《鹿洲初集》卷10《记》。
⑤ 档案，朱批奏折。乾隆三十七年二月十五日广东巡抚德保奏：《为请定批解田房税羡银两迟延之处分以重钱粮事》。档案号：04-01-35-0547-025。

羡，自雍正十年起至十一年，共存银一十一万六千二百九十三两九钱七分五厘二毫零。以上二项税羡共存银二十六万四百三十五两九钱五分零（按：不是前二项的直接相加，还有其他年份的存银），内封贮银二十一万五千八百五十三两一钱七厘零。尚（有）雍正十年、十一年落地税并零星赢余存贮司库，候给各官养廉银四万四千五百八十二两八钱四分二厘零。嗣后递年通省所收落地税羡，遵照恩旨，赏给留支各官养廉，每年征收田房税契银两，另款收存司库，遇有本省建造工程应动之案，题明动支。……前署广东巡抚傅泰题报征收落地税银案内，于雍正七年二月内奉旨，广东落地税赢余银两，于该督抚奏折内批令赏给该省官员为养廉及津贴修理战船之用，已有旨了。……又于雍正七年十二月内奉上谕，……广东落地税羡之外，雍正六、七两年报有田房税契溢羡银四万四千三百余两，此系该省查出之羡余，应归于本省之公用，着于此项银两着给督抚等养廉，应给若干，着该督抚会同布政使王士俊斟酌定议。①

王安国的题本主要是回顾了广东契税赢余银与落地税盈余银的征解留支。其中，雍正七年十二月的上谕，雍正六、七两年广东上报的契税"溢羡银"四万四千余两，是该省"查出"的"羡余"，应该留存地方，"归于本省之公用"，支给"督抚等养廉"。之所以支给"督抚等养廉"，是因为养廉银主要在耗羡归公银内支发②，而"广东耗羡仅十五万九千余两，除公用六万五千余两，所存九万余两，不敷大小各员养廉之用"③。于是，便形成了广东契税赢余银"递年尽收尽解，存留支应各官养廉及津

---

① 档案，户科题本。乾隆八年五月十八日广东巡抚王安国题：《为请复契尾之旧例以杜私征税契事》。档案号：02-01-04-13586-005。
② 参见陈锋：《论耗羡归公》，《清华大学学报》2009年第2期。
③ 《清世宗上谕内阁》卷89，雍正七年十二月十七日上谕。

贴修船之用，岁底题报"的格局。这里的关键问题是，契税赢余银上解、存留藩库，作为地方的相关费用，凡遇动用，事先报明，到年底上报户部备案。关于此点，还可以从下述广东等省契税赢余银的支出做进一步的窥察。

乾隆二年，大学士、管理户部尚书事张廷玉称，广东雍正十三年除报解契税正额银七千五百余两外，"又解税契、科场溢羡银七万七千八百二十六两七分六厘零。该抚既称支给添设营房、建造衙署、炮台、仓廒与恩科乡试经费等项共银八千五百六两二钱九分一厘七毫零，应令该抚俟各项工竣，将用过工料细总各数，造报工部核销之日，报部查核。……尚余银六万九千三百一十九两七钱八分四厘三毫零，既经另款收存，应令该抚遵照原题，遇有本省一切建造工程，题明动用"①。可见，税契、科场溢羡银（即契税赢余银、科场经费银）全部留存藩库，除添设营房，建造衙署、炮台、仓廒以及支给恩科乡试经费外，剩余银两"另款收存"，再有支项，题明动用。

乾隆七年，户部尚书海望称："鹤山县添设黑坑等五处汛防应建营房，……需银六百九十六两九钱三分一厘零，……在田房税羡银内给发兴建。……粤省应办沉速香斤，系供奉坛庙祭祀之用，毋须选择一律大块好香采买，……乾隆五年应办解沉速香三百斤，另附秤头香三十斤，共三百三十斤，每斤需价银四两一钱六分五厘，计该银一千三百七十四两四钱五分，应照乾隆四年之例，在于乾隆五年各属征收田房税科羡余解贮司库银内动给采买。……惠、潮二府属之归善、海阳等各县添设县治、建筑城垣、炮台、关口等，……共需工料银三万三千二百四十四两七钱零，……在司库存贮各年田房税羡银内动给修建。"②这里除营房、城

---

① 档案，户科题本。乾隆二年二月初八日大学士、管理户部尚书事张廷玉题：《为请复契尾之旧例以杜私征捏契事》。档案号：02-01-04-12964-014。
② 档案，户科题本。乾隆七年四月初九日户部尚书海望题：《为请复契尾之旧例以杜私征捏契事》。档案号：02-01-04-13446-012。

垣、炮台等修建外，为内务府采办的沉速香，也在契税赢余银内动支。

乾隆十一年，户部尚书海望称："（乾隆九年契税银）支给办买沉速香价、点锡价脚、额外孤贫口粮、修葺城垣、钱局等项共银四万六千八十九两一钱七分九厘零。"①这里除修葺城垣、采买沉速香等已经出现过的支出项目外，又多了点锡的采买与运脚、孤贫口粮、钱局等项的支出。

广东省之外，其他省份也有类似的情况。如福建，据闽浙总督赵慎畛称："福建省福州、泉州、漳州、台湾四厂承办修造水师各营战船，应给正价一项，每年约需银二万两左右"，曾经在其他杂税银内动支，但其他杂税"每年仅有解司银数千两，不敷支用。惟税契一款，年有解司银数万两，堪以动支船工正价之需。今福州厂造补新字八号船正价银三百九十九两七钱一分四厘，泉州厂造补成字七号船正价银二千二百四十四两三钱零三厘，即奉部奏驳不准动支地丁（按：道光四年六月十八日钦奉上谕：嗣后遇有必不可缓之工，务派妥员查验确实，出具切结，方准具折声明，次第请修，所需工料银两，总不准擅动地丁正项），应请改动司库道光四年分税契银两，以应工需。并请嗣后各场修造船工应给正价，一体在于税契银内动支"。朱批："户部知道。"②如山西，据山西巡抚鄂宝称："晋省科场经费向例，武场额设正项并不敷银一千三百九十一两零，内正项银六百七十两零，系于各州县额解武举盘缠并武宴牌匾项下动支银四百二十八两零，又动支进士旗匾给剩银二百四十一两零，以充正项额支不敷之数，不敷银七百二十一两零，系于耗羡项下分作三年每年酌留银二百四十两零，积存备用。此系专为正科而设，今庚寅年特开恩科，各省武场，经部臣奏明，于本年十月乡试

---

① 档案，户科题本。乾隆十一年五月十八日户部尚书海望题：《为请复契尾之旧例以杜私征捏契事》。档案号：02-01-04-13987-019。
② 档案，朱批奏折。道光五年六月十九日闽浙总督赵慎畛奏：《为福建省福州泉州二厂造补战船应给正价银两事》。档案号：04-01-36-0060-013。

所有武场事宜应行预期次第办理，需用经费银两，因无款可动，行据布政使朱珪详称，武场应需正项银六百七十两零，请照文场之例在于乾隆三十五年税契盈余项下动支，其不敷银七百二十一两零在于乾隆三十五年耗羡银内动给。"朱批："该部知道。"① 山西巡抚成格称："山西省科场额定经费银四千二百五十八两零，本年举行恩科，请循例照上届恩科之例在于嘉庆二十五年税契盈余银内动用银二千一百五十八两零，其不敷银二千一百两并应给正副考官路费银八百两，均请在于嘉庆二十五年耗羡项下如数动给。"朱批："户部知道。"② 这些对契税赢余银的动用，朱批"户部知道"或"该部知道"，都没有经过户部的议覆，可见是循其惯例的例行奏报。

契税赢余银留存地方，支发养廉银及其他费用，在一定程度上弥补了地方经费的欠缺，并对中央财政与地方财政的划分产生一定的影响，而用赢余银采买沉速香解交内务府，又涉及到皇室经费和物料的来源。意义是多方面的。

（本文主要内容曾在 2021 年 6 月演讲于泰山学院；又以《契据与税收：清代前期的税契与契税》为题收入《中国经济与社会史评论》第 10 辑，文字与本文略有不同）

---

① 档案，朱批奏折。乾隆三十五年四月十三日山西巡抚鄂宝奏：《为循例奏明事》。档案号：04-01-35-0909-022。
② 档案，朱批奏折。道光元年四月二十六日山西巡抚成格奏：《为请动科场经费循例奏闻事》。档案号：04-01-35-0949-015。

制度与惯例：清代江南文书解读

南京大学 范金民

研究某一区域、某一时段的历史，首先要了解该区域、该时段在政治、经济上的制度。但仅了解制度的规定是远远不够的，还要了解它的实际运作。制度的实际运作，深受民间惯例的影响；与此并存的是，民间惯例的施行，也深受制度的影响。这是学界所熟知的史学研究基本原则，但实际上真正通过实证研究对此加以论证的，则少之又少。本文从笔者关于清代江南文书的研究实践中截取三个片段，以期说明历史活动中制度与惯例的互动：一是考察清代江南田宅正式买卖文书书立前签订的"草议"或"议单"，展示民间惯例对于国家制度的补充或完善；二是探讨清代江南田宅交易文契的书立从"分立各契"到"总书一契"的过程，说明国家制度是如何发挥效用，并影响民间买卖惯例变动的；三是分析清代书吏的顶首文书，呈现书吏顶充的民间惯例与国家制度之间的冲突，以及冲突反映出的民间惯例的强大生命力。

一、从"草议""议单"到正契（大契）

清代民间田宅买卖，为完成所有权的转移，需要书立绝卖契，亦即"正契"，从而受国家制度的认可和保护。然则是否买卖双方一旦合意即会签订正契，直接完成田宅转移过程？在此之前，是否需要有些前期准备，以确保一应交割手续的切实落实？有关这些问题，前人殊少论及，而只有杨国桢教授早在20世纪80年代后期就发现，"当双方有意约日立契成交时，卖主一般需先签'草契'，或者由卖主（或中人，又称居间）写立'草议'；买主则先付一部分定金，表示信用"。他认为书立草议后，"买卖关系已经确定下来。到了正式订立卖契之日，经账、草议之类的文书便失去了时效，成为废纸"①，这就揭示了长期为研究者所忽略的问题，即田地买卖过程中存在先期订立草议的重要一步。然而因为其所述过于简单，我们仍然无法据此了解草议的具体内容及相关问题。

笔者曾利用草议类文书②，结合相关记载，揭示了清代江南田宅交易过程中草议的订立，考察了其具体内容和基本形式，探讨了其签订的前提，检视了其在实际运作中的效力或约束力，比较了其和正契的异同，分析了其性质与特征等。③笔者的研究表明，草议类文书与正契的关系，可以体现出民间惯例是如何补充和完善国家制度的。

（一）草议、议单的形式和内容

现在所知房地产交易草议或议单，其形式大体又有开列具体条款类和不列条款的契书类两种。前者如雍正二年（1724）十一月《朱光含绝卖房草议》④，雍正九年六月《席世留绝卖房合同议单》⑤，乾隆三十一年（1766）正月《金汉侯绝卖房合同议单》，乾隆五十七年五月《黄新芳绝卖田草议》，乾隆五十七年五月《黄万民绝卖田草议》，乾隆五十七年五月《黄洪儒绝卖田草议》，乾隆五十七年五月《徐庭秀绝卖田草议》，乾隆五十八年十一月《黄洪儒绝卖田草议》⑥，嘉庆三年（1798）八月《汪

---

① 杨国桢：《明清土地契约文书研究》，人民出版社1988年版，第237页。
② 清代江南房地产交易过程中订立的草议或议单或议据，有时又称作"合同草议""合同议单"，虽名称稍异，但从形式、内容到语气其实颇为相近，故笔者将其一概视作草议类文书。
③ 范金民：《"草议"与"议单"：清代江南田宅买卖文书的订立》，《历史研究》2015年第3期，第78—94页。
④ 日本东京大学东洋文化研究所（以下简称"东大东文所"）今堀文库藏。
⑤ 日本京都大学法学部（以下简称"京大法学部"）藏，2575—00号。
⑥ 以上数件草议或议单，均为东大东文所今堀文库所藏。

庭立绝卖房草议》①，道光二十四年（1844）十月《陈维章绝卖房议单》②；后者如康熙十年（1671）五月《张屏侯新侯兄弟卖房议单》③，康熙十年五月《金亮文典房议单》④，乾隆四十二年六月《吴朴庵绝卖房合同草议》⑤，道光二十一年八月《陆企栋绝卖田草议》，道光二十一年九月《王大生绝卖田草议》和道光二十六年七月《周友桥绝卖田草议》⑥，光绪二十三年（1897）十二月《江庆生绝卖房成议据》⑦。无论房产草议，还是田产草议，两种形式均有。

综合上述各例，可以得出以下认识：草议类文书书立文契的主体即立议人均是与议的中间人、见议人或亲友等，而买卖双方只是允议人。若系契书类田宅草议，内容较为简单，大体包含房产或田产坐落、数量或规模，产权属性是祖遗还是自置，价银数量及付款方式与时间，上首契书及相应产权文书转交，强调买卖出于自愿，各无反悔，最后还会注明"恐后无凭，立此为照"之类套文。如系条款类草议或议单，主要内容虽然基本相同，但规定则要具体详细得多，如房产数量、规模以外，还会注明现在状况，是在卖主手上，还是出租在外，如系出租在外，则补充说明需要转立租约；房产价银数量以外，还会说明银两成色、兑换比率；强调交出上首契书及一应契据外，还会补述若有留存契据日后检出作废；草议或议单的订立出自双方自愿三面议定不得反悔外，还会强调如悔按契价悔者需加一成处罚与不悔者，罚处后仍不准悔等。如系房产，还会强调所有装折等不得短少损坏等，否则在房价内扣除；议明产权转移的日期外，还会说明如未按约交产的处理办法。有些草议还会具体议

---

① 东大东文所藏《苏州金氏文书》。
② 东大东文所藏《嘉兴怀氏文书》。
③ 京大法学部藏，2568—02号。
④ 京大法学部藏，2568—01号。
⑤ 东大东文所今堀文库藏。
⑥ 均藏于日本东北大学图书馆。
⑦ 上海市档案馆编：《清代上海房地契档案汇编》，上海古籍出版社1999年版，第262页。

明是否付东金、中金等，中金的数量如"出二进三"，即卖出者和买进者分别承担百分之二和百分之三的中间人费用，但"一并归得主分送居间"等；约定交房日期，是否另立收票，预交银两以外余银的利息计算等，甚至交易银两的成色，兑算比率。如系田产，均会注明由谁交纳税粮，强调田产出卖后，如有人争执，"出产人自应理值，与得主无干"，以绝后患。

（二）草议、议单与正契的区别与联系

草议或议单的形式与内容大体如上，那么它们与正契的区别与联系如何呢？

先以《黄洪儒绝卖田草议》与其正契即《黄洪儒立久卖永远世产田地文契》为例，看看草议与正契的区别与联系。比较来看，二者的主体内容基本相同，有些文字表述也相同，其稍异者有五处：一是草议条款式改为正契的契约式，与议人改为立契人的一方，这实际上并无区别，因为正契不宜以条款形式出现，卖契自然也由卖产人出具；二是草议需交定金，声明"成交后，倘有反悔者，各罚加一"，即反悔者支付标的物的百分之十以作罚款，以标示草议的约束力，此款正契自然无需保留；三是正契载明东金以一千钱申算银两的方式支付，此款草议时自然未必议定；四是居间由草议的5人增为正契的14人；五是正契多了三位代笔，这是因为正式文契延请代笔书写，以昭慎重和有效。

再以《金汉侯绝卖房合同议单》与其正契《金汉侯立绝卖房文契》为例，看看议单与正契的区别与联系。比较来看，其主体内容基本相同，稍异者有四处：一是草议条款式改为了正契的契约式，与议人改为了立契人的一方；二是议单订立时买方需交定金，强调交款时间和数量，并声明"成交后倘有反悔者，例罚契面加一与不悔"；三是正契多了两位代笔；四是居间由议单的立议人10人增加到正契的34人，立议人改为了居间人。

综合比较草议、议单和一应正契，可以得出如下结论，关于田宅买

卖的标的物、事由、涉事方等主体内容，甚至行文的语气，均基本相同，其相异处在于四点：一是类型不同，草议或议单有契书类和条款类两种，而正契只有契书类一种，也就是说，草议或议单可能有两种，而正契只有契书类一种，就文书形式而言，契书类草议或议单，更接近正契；二是性质不同，草议或议单只是"议"，各方议定了田宅交易的基本内容，是所"议"事项的书面化，而正契是"契约"，是对议的内容予以具体落实的书面化；三是书立的主体不同，草议或议单由第三方具立，买卖双方只以与议人或允议人身份出现在文契中，与议人在契约中以完全平等的身份出现，形象地体现了房产转移签订正契前议价的过程，正契则由卖方具立，买方并不具名画押，卖方与买方有可能处于不对等地位；四是成契时间不同，总体而言，草议或议单在前，正契在后。比较了草议或议单与正契的异同，我们才能真正理解几乎所有田宅交易正契中"议得"、"三方议得"类字样的确切含义，所谓"议得"，并不是契约文书的活套文字，也非订立正契时的商议过程，其实是指买卖双方在签订正契前的"议价"过程。

（三）"草议"或议单的效用与落实

目前已知的17宗房地产交易"草议"类或议单类文契，至今有相关交易正契存留于世的有7宗，比对其正契，"草议"议定的所有条款，每一宗都得到了充分的落实。就此而言，可以说房地产交易形成的草议或议单，其内容具备了正式文契的基本功能。

残留的房地产交易正契，也反映出买卖双方议立的"草议"，在实际生活中是惯常存在的，如嘉庆十三年（1808）五月，吴县绝卖房屋正契："自绝之后，三姓永无异言他说，另立草议为据。"[1] 光绪元年十月，江宁

---

[1] 《王云芳立绝卖房屋装摺基地快速藤拔根杜绝文契》，嘉庆十三年五月，苏州博物馆藏。此碑文也见载于苏州历史博物馆等编《明清苏州工商业碑刻集》（江苏人民出版社1981年版，第294页），唯文字稍有舛错。

城官颁的"官杜绝契",绝卖契声明"立议立契"。① 这些正契内容反映出,苏州以及苏州郊区、南京和上海等地的田宅交易,买卖双方在书立正契之前,均订立过草议或草议类文书,草议详细载明了所有房产、房价银及一应交割事项,而且对正契以外的推收、杜绝、找叹及装折等银也一并作出了规定,而正契所载,完全按照草议所议,草议得到了有效落实。

(四)"草议"或议单的性质与特征

房地产交易议定的草议,既然具备了正式文契的功能,在实际交易过程中也得到了全部或基本落实,那么,草议是否就可等同于正契,或者说,草议是在何种情形下书立的、具有什么性质与特征、与正契等文契又有什么区别呢?

残留下来的草议,对何以书立草议,曾稍有涉及。如雍正九年《席世留绝卖房合同议单》称,"先将交易事宜议明,方始成交";乾隆五十七年《黄新芳绝卖田草议》称,"先将议明言定,方始成交";嘉庆三年《汪庭立绝卖房草议》称,"所有交易事宜,立契日恐有繁言,先将逐细开列于左,方始成交",说得较为清楚。为了避免正式交易时临时产生异议或其他枝节,买卖双方连同中人等三方,先将有关事宜拟议明确,才进一步进入正式交易。可见,议立草议是正式交易的前奏,但不是正式交易本身,草议只对正式交易作出相应的规定,但不能替代正式交易必须书立的正契等一应文契,所以仍然称作"草议"或议单,而正契中才会出现"议得"字样。

那么草议的性质如何呢? 1942年,"日本满铁"上海事务所调查室曾对苏州、无锡、上海中心以及周边地区不动产交易的民间习惯作过调

---

① 《杨大龄等立杜绝卖住房文契》,光绪元年十月,南京市房产档案馆编:《南京房地产契证图文集》,第107页。

查，形成报告。分析报告的相关内容[①]，清代草议的性质、特征及功用可概括如下：

其一，草议是在买卖双方经中间人征求双方同意后订立，以此作为要约和承诺方法，相当于允议据或定金据（所以有时称为"议单"、"合同议单"），于订约时发生效力，正式契约成立后即自行取消；依据草议，由买方付以定金，卖方从买方收取定金，定金在买卖正式生效时扣算；草议需由买卖双方及中间人等签押。

其二，草议具有一定的法律效力，但未立正契前可以取消；若取消，如卖主悔议，须加一倍偿还，得主悔议，其定金听失主没收；草议在正式契约生效后，即可作废（这也是草议很少留下来的基本原因）。

其三，草议订立的前提是：买主卖主两造同意所议条件；须作成于正式契约之前，或交付定金时，或未收定金前，或付定金之后即时制成。

其四，草议作成时，卖主不需交出不动产契据，或经双方议定，需交出部分不动产契据。

其五，草议与正式契约均具法律效力，但其效力不同：草议不能据此获得不动产的所有权，正式契约则具有永久性效力；草议仅有预约之效力，系暂时性、预约性，其意义与商家之提货单相同，效力不及正式契约；草议可悔，可以修正，若当事人双方同意则可取消，正式契约不可悔。

其六，民间一般皆议立草议，但若不动产价值较小，或因亲族或感情关系，也有以口头承诺为有效，不立草议而径直书立正式契约者。

可见草议直到民国时期，仍是不动产买卖议定的草约，具有法律性

---

① 満鉄上海事務所調査室：《無錫ニ於スル華人間ノ不動産賣買貸借ニ關スル習慣調査報告》，昭和十七年（1942）油印本，東大東文所藏，第8頁；満鉄上海事務所調査室：《蘇州ニ於スル不動産慣行調査報告》其の八，中支都市不動産慣行調査資料第32輯，昭和十七年油印本，東大東文所藏，第5頁；満鉄上海事務所調査室：《上海中心地區ニ於ける不動産調査答案》其の一，昭和十七年油印本，東大東文所藏，第32—33、41—44頁。

质，含有抵押成分。只是其时的草议，民间也俗称为草契，有时与草契之名混称，其书立者，有些地方已改由中人、亲友族人等改为基层公职人员，悔议的罚金也增加到定金的一倍。

清代以来直到民国年间，江南苏州、松江、常州、无锡、嘉兴以及南京等地，民间的房地产交易，为了确保交易的顺利展开，民间一般事先均需订立"草议"类文契，对同时或后续的房地产交易作出规定或约束，若参照全国其他地区考量，江南的这种情形也较为突出。这种一直未引起人们重视的"草议"，基本上是江南房地产交易不可或缺的一环，直到民国后期，仍在发挥其作用。

江南范围内买卖双方在中间人和亲友见证、担保下，在正式进行房地产转移这种纯粹商业行为之前，郑重其事地订立"草议"，说明清代江南民间极为重视契约文书的约束力。这是民间惯例补充、完善国家制度的典型例子。

二、从分立各契到总书一契

自明代后期始，江南民间的房地产买卖，其产权转移从活卖到绝卖、从绝卖到完成产权的真正转移，往往需要经过多次找贴，历时数年、十数年乃至数十年，书立一系列卖契、找契、推收契、杜绝契和加找契等文书。这种情况在清代发生了变化。据笔者研究，清代苏州房产交易文契的书立情形，至迟康熙十年即已出现一次性书立各种文契的现象，以"总书一契"的形式具立的文书在乾隆初年即已开始，并在乾隆后期逐渐取得主导地位。文契书立形式的这种变化，不仅发生在苏州地区，而且也出现于常州、南京、杭州等周邻地区，在江南具有普遍性。[①] 从"分立

---

① 范金民：《从分立各契到总书一契：清代苏州房产交易文契的书立》，《历史研究》2014年第3期，第56—72页。

各契"到"总书一契",是民间惯例制度化的过程,在此过程中清代国家律令发挥了重要作用。

(一)一次性议定正找各契房价的文契

在至今存留下来的相关文书中,笔者找到了苏州地区买卖房产一次性议定正找各契的事例,共4例,分别为:张屏侯新侯兄弟卖房事例、席世留卖房事例、金汉侯卖房事例和席景秦卖房事例。限于篇幅,本文仅就"张屏侯、张新侯兄弟卖房事例"加以分析说明。

张屏侯、张新侯兄弟卖房一事发生在康熙十年(1671)。从格式看,张屏侯、张新侯的卖房文书似乎订立于不同时段。文契表明,是年五月,张屏侯、张新侯兄弟为了安葬亲人,筹措所需银两,先是出具《卖契》,说明卖房的原因是"粮银无措",因此将在城三图房屋一所卖与席处为业,收取房价银450两[①];继而出具《添绝卖》,说明后来"又因钱粮紧急",央请原中"议添绝银",收取添绝银90两[②];后再次出具《添绝卖契》,说明所卖房产在收取房价后"已经添绝",获取过添绝银,现在"又因钱粮急迫,且有葬亲大事",再次央请原中等"再议添绝",收取二次添绝银60两(此笔添绝银,也即加绝银)[③];最后,第三次出具《添绝卖契》,说明此次房产"已经添绝外,复行加绝",现在"又因粮银无措,且葬费不支",再次央请原中等,更向买主席处"言添",获取"加绝银"30两,并且特别声明,此次加绝出"于常格之外","在席忠厚待人,在张得济正用,自后永远管业居住,并无尽不绝,决无异言"[④]。四件文书,正契一件,添契三件,相当完备,完全符合"嘉邑一卖三添旧例"。前后收取房价正契银450两,添绝银三次共180两,添绝银是房价正契银的40%。

---

① 《张屏侯新侯立卖契》,康熙十年五月,日本京都大学法学部藏,2566—02号。
② 《张屏侯新侯立添绝卖契》,康熙十年五月,日本京都大学法学部藏,2549—03号。
③ 《张屏侯新侯立添绝卖契》,康熙十年五月,日本京都大学法学部藏,2549—02号。
④ 《张屏侯新侯立添绝文契》,康熙十年五月,日本京都大学法学部藏,2549—04号。

然则上述房产卖契、添绝卖契，分别具立于何时呢？是具立于卖主收取正契银和数次添绝银的不同时期吗？相应地，房产银包括正契银和历次添加银，是一次性收取的呢，还是像通常的房地产买卖是分数次收取的呢？此次房产买卖双方具立的《议单》①，为我们提供了答案：

> 立议单亲友金治文、时去华、姚克生等，议得张屏侯、张新侯，有在城三图朝南房屋壹所，从各姓回赎，契卖席处为业，凭中议定时值银肆百伍拾两。照嘉邑一卖三添旧例，每迟三年一添，必至数年后方完俗例，从无先期议加一并割绝之理。兹因屏侯昆仲有葬亲大举，而正契银两分赎殆尽，若非曲为设处，何以济此急需？为此，凭兄德符，会同居间至亲，曲劝席氏，随契并添，以完三添之例。盖以数年迟久之局，而为一旦杜绝之举，在恒情所万万不可得者，惟席氏世敦古道，与屏侯昆仲夙有交谊，故不复按年先期找付。自议之后，永远杜绝，不得再生枝节，以负席氏至情，并忘吾等公议。恐后无凭，立此为照。
>
> 　康熙拾年伍月　日　立议单亲友金治文（押）　时去华（押）　姚克生（押）　金渭师（押）　叶质生（押）　严舜工（押）　唐德倩（押）　金亮文（押）
>
> 　　允议张屏侯（押）　张新侯（押）
>
> 　　见允叔子进（押）　兄德符（押）

《议单》叙明：张屏侯、新侯兄弟，为了安葬亲人之急用，通过亲友金治文等作中，将朝南房屋一所卖与席处为业，而此房实际出典在外，兄弟俩就以从席处获得的卖房银回赎房屋；买卖双方议定：房价时值银450两，如果按照"嘉邑一卖三添旧例"，每迟三年添价一次，必至数年

---

① 《张屏侯新侯立议单》，康熙十年五月，日本京都大学法学部藏，2568—02号。

后方完俗例，且当地"从无先期议加一并割绝之理"，但此次屏侯、新侯兄弟卖房是为葬亲大举，而正契银两因为赎房已支用殆尽，若非曲为设处，无法济此急需，为此，依凭居间之人和至亲好友，劝谕买主席氏看在与卖主夙有交谊的分上，而席氏又"世敦古道"，故突破恒情，支付正契银两时一并交付三次添加房银，"以完三添之例"，这样一来，"盖以数年迟久之局，而为一旦杜绝之举"。此处"嘉邑"，由《纳户执照》和《换契票》，可以明确知道是嘉定县。[①] 议单清楚地说明，正契银和三次添加银，均是一次性支付的，相关文契也均于康熙十年五月一次性具立，而具立的文字口气，却参照了分次书立的文契。添加契说明的付款理由既大同小异，正契和添加契也未标明具体日期，反之正说明，尽管正契银和历次添加银是一次性支付的，但添加契还得分次具立，这样一来，就完全符合乡间俗例。可见，所立文书，一正三添，全部具备，只是为了符合俗例而已。

这一事例清楚地说明，早在清代康熙初年的苏州地区，为了杜绝房产交易断而不清不断找加的情形，书立绝卖房契之时甚至稍前时候，买卖双方即会邀同中人订立议单，就房产转移的有关事项如卖价、正契银、推收银、添加银的数额以及如何交付、何时交付，如果违议如何惩罚等，议定相应的责任条款，以便双方切实遵照践约。订立议单的这种情形，自后直到乾隆中期一直存在。在此议单约束下，房产的卖价包括正契银和历次推收杜绝银、添加银，或者因为卖主急于获得全部房价，从而一次性地收取，一应文书形式上看似订立于房产交易后价银的不断添找过程中，实际却只是为了符合当时的房产买卖俗例，具立于议定卖房条款的同时，房地产绝卖之初就一次性地签订了从绝卖契到添找契的全部文契；或者具立于双方约定的房产交割转移的具体时间。留存至今的康熙

[①] 嘉定县颁嘉字262号《纳户执照》和《换契票》，康熙十年十月初五日，日本京都大学法学部藏，2567—01号。

十年张屏侯卖房文契完整地展示了前者,而雍正年间席世留卖房文契和乾隆中期金汉侯等卖房文契清楚地展示了后者。卖房议单的存在,为我们说明这些情形提供了有力的实物证据,也为我们理解正契中买卖双方与中人等三方"议得"之类书写做出了合理解释。田宅买卖之前需要先立议单这种现象,从未见前人提及过,在已经公布的上海、北京等地房产文书中也未见到,值得我们利用和释读文书时予以重视。

(二) 分次书立的卖房文契

在出现一次性书立房产买卖文契的同时,苏州地区分次书立正找各契的现象仍然较为普遍,如陈求章卖房事例、翁子敦和翁心远卖房事例、席钦明卖得得馆房事例、席钦明卖平房十三间事例等。限于篇幅,本文仅就"陈求章兄弟卖房事例"加以分析说明。

康熙十年五月,陈求章兄弟书立《卖契》,将祖遗在嘉定县城三图朝南楼房一所下连地基,凭中印景裴、姚克生等,卖与席处为业。契载:"三面议定时值价银壹千两正,立契之日一并收足。其房任从拆卸改造,永远管业,并无门房上下争阻他处重交等情。恐后无凭,立此为照。"[①]从《纳户执照》和《换契票》可知,此房同张屏侯兄弟所卖房在同一地方,即嘉定县城三图。同年十月初五日,嘉定县给纳户开出了《纳户执照》和《换契票》,注明契价一千两,完税"叁拾两",正好是法定的百分之三税率。[②]可见此房产正契银,是按规定交了税的。得过正价银后,陈求章又于同时书立《添绝契》,契载:"已经得价外,因原价不敷,复央原中,再议添银贰佰两正,当日一并收足。其房任从永远管业,各得杜绝。"[③]康熙十三年六月,陈求章又立《添契》,契载:"已经加添壹次

---

① 《陈求章同弟立卖契》(红契),康熙十年五月,日本京都大学法学部藏,2566—01号。
② 嘉字259号《纳户执照》和《换契票》,康熙十年十月初五日,日本京都大学法学部藏,2567—02号。
③ 《陈求章同弟立添绝契》(原件无具体年月——引者注),日本京都大学法学部藏,2549—01号。

外，今因粮银急迫，复央原中金治文等，再议添银壹佰两正，其银当日一并交足。其房任从拆卸改造，永远管业。"康熙十六年六月，陈求章书立《添绝契》，称："先年将自己在城叁图朝南市房壹所，立契卖与席处为业，除正契并加添两次，共得价银壹千叁百贰拾两外，今因粮银急迫，再央原中金治文等议找绝银捌拾两正，当日一并交足，前去用度。其房永远杜绝，并无不尽不绝。"① 全部文契，正好一卖三添，符合乡例。这就清楚地说明，陈求章绝卖祖遗房屋，先后得过正价银、两次添加银和一次找绝银，其一应文书则是在收取银两的实际时间分次书立的。

张屏侯、张新侯兄弟卖房时在康熙十年，而陈求章卖房也在康熙十年，翁子敦与翁心远卖房在稍后的康熙十七年至二十年间，其时各种文契的书立，既有一次性地预先书立的，又有依具体发生年月迭次书立的；席钦明分别绝卖得得馆房和十三间平房与席世留绝卖房产三起事例，发生在康熙末年或雍正年间，席世留与席钦明又是父子关系，金汉侯卖房发生在乾隆中期，这个时期各种文契的书立，同样既有一次性预先书立的，又有依具体发生年月迭次书立的。

这些卖房事例说明，一次性预先书立文书的特殊做法，至迟自康熙初年出现后，直到乾隆年间，一直存在着，但民间长期沿用的分次书立文书的俗例，也仍普遍地存在，一次性书立房产转移文书的做法并未获得支配地位，即使一次性书立了议单，也仍然要按民间俗例，具立各种形式的文书。诚然，其时推收与杜绝文书，往往不再分立，而更多地合立为一契，就文契书立而言，手续较前稍为简省。

（三）"总书一契"的房产文契

在存留下来的苏州地区的房产交易文书中，自乾隆三年五月起，开始出现"遵旨一书一绝"的文书，而且后来即呈日益普遍趋势，到乾隆

---

① 《陈求章同弟立添绝契》，康熙十六年六月，日本京都大学法学部藏，2549—06号。

末年，已经成为房产转移文契的主要书立方式。

笔者利用收藏苏州地区房产文契较为集中的日本一些收藏部门和个别文献中收录的事例，以作统计，找到苏州地区自康熙初年到光绪中期220年间的112起卖房事例，扣除前述康熙、雍正年间的9例，自乾隆初年到光绪中期，多达103例。在此103例中，直接书明"遵例总书壹契"、"今遵新例契书一纸为绝"、"谨遵新例总书一契为绝"等类字样的，即达71例；直接书明"无赎无加"、"永无加贴"等类字样的，为14例，此类文契，迹近总书一契。如此，共为85例，占83%。有些虽未直接书明"总书一契"或"无加无赎"字样，但有"再无不尽不绝之处"，其意相似。只有少数几例是一次性同时期书立或分次书立的文契。最早的"总书一契"文书书立于乾隆三年五月，载明"遵旨一书一绝，卖价已足，贴价已敷，任凭严处拆卸改造，永远管业"字样。可以说，自乾隆初年开始，遵照相关定例，卖房文契总书一契的情形在苏州地区已相当普遍，经过乾隆中期的过渡，到乾隆后期这种情形已占绝对主导地位。也就是说，卖房文契总书一契，自乾隆初年起较为流行，到乾隆后期，已告大体完成。

总书一契类文书，或称"遵旨一书一绝"，或称"遵例总归一纸"，或称"遵例总书壹契"，或称"今遵新例一契书绝"，表述微有不同，但意思甚明，均称将各种卖契、找契、贴契等总合为一契书立。然则所谓"旨"、"例"、"新例"是指什么呢？是仅限于苏州一府之例吗？对此，前人从未提及。值得庆幸的是，江南其他数府也有同类字样的文契留存下来。

在江宁府，汪其秋将坐落于南京城中百花巷的房屋出售与泾县公众，得银3500两，嘉庆十一年（1806）五月二十一日，书立了《杜绝卖住房文契》，契载"此房自杜绝卖后，遵奉部宪例禁，凡杜绝之产永无增找，永不回赎，永断葛藤"。刘永年将同地的房屋出售给泾县会馆，于嘉庆二十三年十二月书立《杜绝卖店房文契》，契载："遵奉部宪例禁，凡杜绝之产契明价足，永无增找，永不回赎，永断葛藤。"① 嘉庆、道光年间南京城中的上述数件卖房契，较苏州地区的绝大部分卖房契更为明确，直接书明"遵奉部宪例禁"或"遵奉部例"，可见当时各地房产卖契总立一契，遵奉的不是作为地方政府的布政司或府署的"宪"例，而是户部的宪例，江宁府如此，苏州府也应如此。在苏州邻府常州，也有同治年间直接言明"今遵宪示，立卖杜一契为凭，不分立卖、找、杜三契"字样的绝卖房文契。② 在浙江杭州城，同治、光绪年间许亦桥、赵南乔和王树良分别书立4件卖房《杜绝卖契》，分别载明"遵奉宪例一契杜绝，永不回赎，永不找贴"，"自卖之后，永无翻悔，永无枝节，永不再找，遵奉宪例一契杜绝"，"遵奉宪例一契杜绝，永不回赎，永不找贴，永无翻悔，永斩葛藤"，"遵奉宪例一契杜绝，永不回赎，永不找贴，永斩葛藤，两相允洽，各无异言"类字样。③ 契中相关文字稍有繁简，顺序也不尽相同，但意旨完全一样，均是"遵奉宪例"。

可见这种部定宪例，至少在江浙各地得到了普遍落实遵行。只是所见他地同类字样的文书，时代上均比苏州要晚得多。然而，苏州等地卖房文契，遵奉的又是何时的部定宪例呢？

江浙省级衙门对于田宅交易加找的通行做法，均是予以严厉禁止的。地方官府严禁田宅找加的做法，在清廷立法中也得到了体现。乾隆初年浙江布政使张若震发布告示称，乾隆五年正月巡抚卢焯曾在本司条议《民间产业找价请定划一五款》上批示："查买卖田产，乃民间所常有，而找贴回赎，易于启讼，是以本部院遵照定例，严行示禁，该司分晰条款，详请通饬，永定章程，甚属周详。仰即通饬各属刊立木榜，通行晓谕。"该司于是公示所属各地："卖契大书'永不回赎、永无找贴'，

---

① 《金陵泾邑会馆录》，同治九年刻本，第10、11页。
② 《史贤希立卖杜绝房屋文契》，同治八年九月，载《毘陵张氏宗谱》卷首《宗祠联单契稿》，张灿铉主修，肇基纂修，1929年垂裕堂木活字本。
③ 《浙省新建安徽会馆录》，光绪刻本，第21、29、30、57页。

此与定例相符。嗣后绝卖之产,契内各书明不准回赎、不准找贴,估足正价,并入正契,不必另有同日之贴契。非绝卖者,书明回赎字样。如有刁告者,严行治罪。"①此处所谓定例,收入乾隆五年《大清律例》。律文谓:"卖产立有绝卖文契,并未注有'找贴'字样者,概不准贴赎,如契未载绝卖字样,或注定年限回赎者,并听回赎。若卖主无力回赎,许凭中公估,找贴一次,另立绝卖契纸。若买主不愿找贴,听其别卖归还原价。倘已经卖绝,契载确凿,复行告找、告赎,及执产动归原佃邻之说,借端掯勒,希图短价者,俱照不应重律治罪。"②而此条定例,薛允升《读例存疑》定为"系雍正八年户部议覆侍郎王朝恩条奏定例"③。浙江布政使唐绥祖也在《为敬陈弊原等事》中称:"查得民间买卖田产,告找告赎,纷争不已,雍正八年奉行定例,内开'绝卖文契,注明永不回赎,及契内并未注明找贴者,概不准贴赎'……等因,饬遵在案。"④两相印证,可见雍正八年户部即对田房产业交易专门制定了条例,对卖产文契书立要求做出了较为具体的规定,凡绝卖田宅,注明永不回赎,不准告找、告赎,而浙江布政司等地官府,则遵奉此户部定例,对田产等交易文契的书立形式做出了更为具体明晰的规定,要求绝卖文契大书"永不回赎、永无找贴",或者"不准回赎、不准找贴"字样,而且"不必另有同日之贴契"。为此,浙江布政司还专门制定了《绝卖契式》。这种契式,虽无"总书一契"字样,但与我们现在所见"总书一契"的格式和内容极为相似。浙江如此,江苏苏州地区于乾隆三年即出现"遵旨一书一绝"的文契,可见江苏遵循的应该也是雍正八年的户部定例。清代前期江浙地方官府乃至户部对于房地产交易的上述一应条例和措置,说明为了应

---

① 万维翰辑:《成规拾遗·田产分别找赎盗卖祭产坟地并借名刁告治罪》,乾隆三十八年序刊本,第9—10页。
② 《大清律例》卷9《户律·田宅·典卖田宅》,法律出版社1999年版,第199—200页。
③ 薛允升:《读例存疑》卷10《户律·田宅·典卖田宅》,光绪三十一年刊本,第29页。
④ 万维翰辑:《成规拾遗·续定田产找赎坟地祭产不许盗卖各条并借名刁告治罪》,第20页。

对民间房地产交易中的不断加找现象，朝廷和地方政府一直试图在制度层面做出法规调整。"总书一契"就是民间和地方官府遵行房地产交易律条变化后的结果。

清代苏州的房产买卖，经历了从分次书立卖房文契，到出现一次性议定正找各契房价文契现象，再到"总书一契"占据主流的过程。从文书书立过程和其表现形式以及民间的找价实际来看，找价现象进入乾隆时期逐渐趋于弱化。这种变化的出现，虽有一次性议定正找各契房价现象的渊源，但更直接的原因则是地方官府严禁田宅找加的做法，而官府遵循的则是雍正八年户部对田房产业交易专门制定的条例。由此可见国家制度如何影响民间买卖惯例的变动。当然，"总书一契"文书后，民间的找价现象并未杜绝[1]，这是民间惯例强大生命力的体现，下文关于清代"顶首"问题的研究，对此有更好的说明。

三、从世袭到顶首：清代书吏顶首文书

清代定制，官员职掌，有额定编制，谓之"缺"，而书吏之设置，也有"缺"，也为"在官之人"。清代关于书吏的顶补有着详细规定，然而实际运作是否如此，则需进一步考量。笔者曾用文书和档案，探讨清代书吏的顶首文书、顶首银等问题，对清代书吏研究有所深化。[2]笔者的研究发现，关于清代书吏的相关规定，在现实中往往得不到严格执行。这体现出了民间惯例在与国家制度交锋中的强大生命力。

（一）书吏顶补之制度规定

清朝定例，书吏承充，凡人数、出身、年龄，以致经济实力、承役

---

[1] 相关论述参见范金民：《从分立各契到总书一契：清代苏州房产交易文契的书立》，《历史研究》2014年第3期，第69—71页。
[2] 范金民：《清代书吏顶充及顶首银之探讨》，《历史研究》2018年第2期，第59—74页。

时间、出缺补充、满期考选官职等，均有详细明确的规定，而且不断重申，严禁私授顶充、买卖缺位，违者本人及相关官员均须受到处责。概括其内容，约有如下数端。

一是吏员参照官缺，明确额定人数，严禁额外增设。令典规定，限定各省各级衙门书吏人数，总督衙门典吏30人，巡抚衙门20人，藩司衙门五六十人，臬司衙门30余人，府衙20多人，县衙十多人。①雍正二年（1724）覆准："各省督抚所属文武大小衙门内，有挂名吏员及革除食粮之兵丁，改易姓名，潜充挂名吏员者，尽行革去，查验实在正身吏役，方令充补。至贴写帮差人等，亦择忠诚朴实之人充役，如有不堪供役者，即行黜革。"②乾隆元年（1736）谕令："各直省督抚务宜严饬各该州县，将所有吏役按籍查考，其有私行冒充者，悉行裁革。设正额书役实不敷用，不妨于贴写帮役中，择其淳谨者，酌量存留，亦必严加约束，毋得非时差扰。"乾隆三十年奏准："文职衙门吏役，遵照经制名数补用，仍由地方官出具并无复设白役分顶合夥印结，更于年底照经制名数，注明更替著役年月，并役满日期，汇造总册，送部存案。"③不仅正身书吏有定额，而且各地依据事务繁简量设的帮办书吏，也有一定额数，所有正身及帮办书吏情形，均须造册报部。道光二十六年（1846）奏准："各直省大小衙门书吏，俱有定额，不准擅自增益，令各督抚实力稽察，一有挂名典吏，即严加裁汰。"又奏准："各衙门书吏缺出，限一月内即行充补，于年终汇造总册，声明充补月日报部。"④前后两百年间，皇帝谕令一再强调相关定例必须切实执行。

---

① 光绪《大清会典事例》卷148—150《吏部·各省吏额》，中华书局1991年版，第889—915页。
② 光绪《大清会典事例》卷146《吏部一三〇·书吏》，第857—858页。
③ 光绪《大清会典事例》卷98《吏部八二·处分例·书役》，第257—260页。
④ 光绪《大清会典事例》卷98《吏部八二·处分例·书役》，第266页；文孚纂修：《钦定重修六部处分则例》卷16《书役·充补书吏》，上海图书集成印书局光绪十八年（1892）刻本，第2页。

二是确定各级各地衙门书吏定额后，书吏承充实行考试招募制。清初国家财政较为拮据，书吏原按纳银数多少，分送各衙门办事。①康熙二年（1663），停止援纳，改为各衙门自行招募。是年规定：招募书吏，"给予执照，开注姓名、年岁、著役日期，并地方印结，按季汇册咨部"；康熙六年规定，"每岁终仍取结送部查核"②。虽于康熙十四年一度仍照旧例援纳，但随后即实行招募制。雍正元年覆准："各部院考取书办，于京城出示召募，各省流寓之人，有熟于律例，工于书算者，赴该衙门报名，取具同乡甘结，定期考试，择取拨补。"③

三是承充书吏需要符合一定条件，履行一应手续。令典规定的书吏承充资格是：身家清白；具有一定的文字素养，文理明通；或通晓律例，或工于书算；年满20岁，充役到70岁为止。康熙二十八年覆准："有愿充各部院衙门书吏者，令其具呈考试，选择文理明通者，掣签著役，渐次补完，再行考取。"④道光二十六年议准："内外各衙门书吏，务择年过二十老成驯谨之人，充补实缺，若令年幼者承充，本管官降二级留任。"乾隆四年谕令："如年至七十，即令其罢役，不许充当各项差使。如有设法盘踞，改易年岁者，严察分别治罪。"手续是承充者需出具亲供甘结、邻里或同业甘结和地方官印结三结。凡此皆为防止冒名顶替而设。雍正四年覆准："各衙门考取书吏，细加查覆，毋致有冒籍冒姓顶替诸弊。其书役投充时，务遵照定例，取具确实亲供印甘各结，方准著役。"⑤雍正七年重申："外省各衙门书役投充，务取具并无重役冒充亲供互结，该地方官加具印结，汇造役册，申送该管稽察衙门。"具体稽查职责是："府州县书吏，责成本道稽查，无道员地方责成按察使稽查，藩、臬两司及各

---

① 光绪《大清会典事例》卷146《吏部一三〇·书吏》，第857页。
② 嘉庆《大清会典事例》卷122《吏部》，嘉庆二十三年刊本，第1页。
③ 光绪《大清会典事例》卷146《吏部一三〇·书吏》，第858页。
④ 光绪《大清会典事例》卷146《吏部一三〇·书吏》，第857—858页。
⑤ 光绪《大清会典事例》卷98《吏部八二·处分例·书役》，第266、258、254页。

道关差书吏，责成督抚等稽查。"①吏满出缺，再行考取，也需相应手续。雍正四年覆准："凡额设书役年满出缺，该管官慎择签点，取具邻佑及亲族并无重役买缺等弊连名保结，方准收录。该管官员加具印结，申报上司衙门存案。"道光二十六年议准："内外各衙门书吏，俱应确查自家清白，取具邻里押结，加具地方官印结，详咨吏部存案。"②直到光绪中期，江苏巡抚刚毅甚至亲自拟定吏役亲供结、邻里甘结和州县官印结三结式样，饬令州县严格执行。③

四是吏满出缺，或者考选官职，或者改业归农，不得复充，严禁私授顶充、买卖吏缺。雍正元年谕令："从来各衙门募设书办，不过令其缮写文书，收贮档案，但书办五年方满，为日既久，熟于作弊，甚至已经考满，复改换名姓，窜入别部，潜踪掩迹，无所不为。……自今以后，书办五年考满，各部院司官查明，勒令回籍候选，逗遛不归者，著都察院饬五城坊官稽查遣逐。"④同年，针对浙江书吏顶缺特别严重的现象，重申此禁令："其大小衙门胥役，俱令五年为满，改业归农。如年满不退，更名复役，或父出子入，或改充别衙门，并革役，复入者照例治罪。"⑤雍正四年又覆准："缺主之弊，外省犹未尽去，通饬直省督抚，转饬所属，将现有缺主尽行除革，书役年满缺出，遵例另募，取具邻佑亲族保结，方准取录。"⑥

五是违禁吏役革除议罪，涉事官员处罚。关于书吏顶补，康熙二十八年即规定："如有私行索取缺银，或被顶缺之人首告或被本官查出者，送交刑部治罪。"雍正四年又覆准："如有暗行顶买、索取租银之处，

---

① 光绪《大清会典事例》卷146《吏部一三〇·书吏》，第859页。
② 光绪《大清会典事例》卷98《吏部八二·处分例·书役》，第254、266页。
③ 刚毅：《牧令须知》卷2《官箴书集成》，第9册，第228—229页。
④ 光绪《大清会典事例》卷146《吏部一三〇·书吏》，第858页。
⑤ 乾隆官修：《清朝文献通考》卷23《职役考三》，浙江古籍出版社2000年版，第5053页。
⑥ 光绪《大清会典事例》卷146《吏部一三〇·书吏》，第859页。

缺主及顶缺之人照律治罪，该管官照例议处。"① 雍正七年议准："倘有五年役满不退者，将该役斥革治罪，或舞文弄法招摇撞骗包揽词讼侵欺钱粮，该司道访拿，按律治罪，府州县官不行查出，照徇情例降二级调用，专官司道不行查出，失察一二名者罚俸三月，失察三四名者罚俸六月，失察五名以上者罚俸一年，失察十名以上者降一级留任。"乾隆三十年奏准，如有白役分顶合夥等弊，"倘该管官徇庇滥用，仍有吏役分顶合夥及捏名倒提年月等弊，将该管官降三级调用"。嘉庆五年上谕，书吏役满，继受之人出钱顶补，名曰"缺底"，"此等名目，本干例禁，亦且贻累军民，所关匪浅……著通谕各省督抚，严行禁革。倘阳奉阴违，别经发觉，或被科道纠参，定将各督抚严议"。同年奏准："各省大小衙门将不在公之人，作为挂名书吏者，降三级调用。接任官不行查出，降一级留任。如系刺字革役挂名，接任官降二级调用。"② 在书吏考取补充考选官职的全过程中，如果有假冒、顶买等弊，会遭革除，甚至议罪，而官员则负有察核之责，如果失察，即处以罚俸、降调，决不宽假。

应该说，清朝君臣对书吏理政的危害有着清醒认识，对于书吏承充的制度设计较为细致严密：不但对书吏承充的资格、手续以至吏满出缺的补充做了详细规定，而且着落各级衙门和官员负有相应的督察责任。对书吏违规的处罚是严厉的，平时的督责约束也堪称严格。

（二）顶首银与书吏世袭

然而设计如此严密的制度，在具体运作过程中却收效甚微。诚如清中期人洪亮吉所说，形成了"子以传子，孙以传孙，其营私舞弊之术益工，则守令闾里之受其累者益不浅"的局面，以至"州县之大者，胥吏至千人，次至七八百人，至少亦一二百人"。各级各地衙门书吏补充弊窦

---

① 光绪《大清会典事例》卷146《吏部一三〇·书吏》，第857—859页。
② 光绪《大清会典事例》卷98《吏部八二·处分例·书役》，第254、260、262页。

层出不穷，书吏之缺作为缺底成为无形财产，顶首买卖通畅运行，官革而吏不革，皇帝与朝廷的设想未曾落实，制度规定与实际运作完全背离。

衙门书吏，宋代已有世袭迹象，元代较为明显[1]，因而一直受到关注。书吏承充靠顶补，顶补需出顶首银。所谓"顶首银"，是指书吏承充时后任顶充前任所付银钱，明代又称为"替头钱"、"替顶钱"、"顶头钱"、"顶头银"。[2]顶首银目前尚不知起自何时，但至迟明代中期已较为盛行。[3]其时书吏业内当也有相应文书。明末崇祯年间，浙江嘉善知县李陈玉处理顶首银事例，提到高三买俞守正捕书一名，原交一笔顶首银，经人见证，减价后，交了十两，剩余部分，"立欠一十四两文契，欠帖俱交见诸之手"[4]。说明明代末年已有相应文契，但至今未见有提及明代顶首文书者。

进入清朝，书吏顶补，盛行顶首银。清人行政断案，参律用例，例案不胜枚举，官员大多惘然无知，全靠熟稔律例的吏胥援例定案。吏胥私相授受，子孙世袭，从而垄断某地某衙门的事务，进而作弊弄奸，欺诈百姓，挟制官长，成为一大公害。

顺治八年（1651），江宁巡抚土国宝婪赃案发，审案时，涉事官员供出如下情节：姚存、徐瑞、李诚等指证，书吏张君益等，"乘经制额设吏役，遂加增六名，每名婪价四千两，六名共二万四千两，官吏烹分"；李应祥则供，顺治四年七月，遵奉经制添设书吏6名，共值银12000两，众书办凑公费银6000两，送与故抚。而实际情形，则据抚衙书办高旭

---

[1] 元人戴良表彰南宋遗民傅景文，称其"为浙省幕掌故，一时史笔无敢与并者"，其二子"俱浮沉州县间，往往以儒术饰吏事，有誉闻于当时"，其孙子异"居杭之日，尝入省幕，处先生之职。后以年劳升理问所令史，从补浙东帅府椽，出入诸幕府凡二十载，曾不以职卑俸薄为嫌，意气灌如也，蔼如也"（戴良：《九灵山房集》卷12《送傅子异序》，《景印文渊阁四库全书》，台湾商务印书馆1986年版，第1219册，第392页）。三代为吏，已可窥见当时地方吏胥世代相袭的现象。
[2] 明崇祯元年（1628），大学士钱龙锡回禀皇帝问话，解释道："顶首是下首人顶上首的，应该有几多银两。各衙门胥役皆有顶首，惟吏部顶首银独多。"（金日升：《颂天胪笔》卷4《召对七》，《续修四库全书》，第439册，第229页）
[3] 参见范金民、张彭欣：《顶首银：明代书吏顶充之探讨》，《史学集刊》2018年第1期。
[4] 李陈玉：《退思堂集》卷9《谳语·一件朋抄事》，崇祯刊本，第28页。

等供称，新添顶首6名，分派28人名下，选定20名，每名缴抚院公费银500两，共银10000两。苏州府役李伯禹与顾元鼎共证：李伯禹因亲家顾允柔身故，遗下抚院书办名缺，曾于顺治七年七月十八日要顶此缺，但巡抚"不肯收用，遂行牌查身家有无违碍"，二次凑银1000两，经邹锡祥之手送巡抚收讫；后李伯禹单独供认，当时"因顶顾元鼎父亲顾允柔书缺，先将银五百两付顾元鼎为缺价"，后奉巡抚"行查身家有无违碍，凑银一千两交邹锡祥，送进故抚收讫"①。

此案颇有意味。土国宝贪婪成性，大肆敛财，两次染指书吏顶首银：一次利用额设吏役之机，增加6名书吏，实际贪得银10000两；另一次是李伯禹要顶顾允柔书吏缺，土国宝以查验身家为名，敲诈得银1000两。官员利用验证等书吏顶补程序谋求利益，正是顶补银存在的根源。

清代上自中央各衙门，下至州县地方衙门乃至基层之里，书吏顶补普遍行用顶首银。因为顶首银的通行，书吏之缺遂多由祖孙父子世代传袭。

（三）书吏顶首文书

无论是中央还是地方，清代各级衙门书吏盛行顶补，顶补时需交顶首银，迄至清末，未有变更。然而，书吏之间如何前后顶补、吏缺如何买卖、顶首银如何交付、涉事书吏要否具立书面字据，以笔者所见，既有研究殊少提及。

幸运的是，日本东洋文库收藏了6件文契、加藤雄三博士个人收藏了10件文契，均是有关浙江巡抚和布政司衙门书吏顶补的文书。②此外，

---

① 《江南按察司审问土国宝赃贿案招拟文册》，故宫博物院文献馆辑：《史料丛编二集》，1930—1936年铅印本，第6、22页。
② 山根幸夫：《胥吏缺让渡文书》，《明代史研究》第2号，1975年3月；加藤雄三：《清代の胥吏缺取引について》（一）、（二），《法学论丛》147卷2号（2000年5月）、149卷1号（2001年4月）。东洋文库的文书，承大阪大学文学部荣誉教授滨岛敦俊先生惠予复制件；加藤雄三先生个人搜集的文书，据悉已赠送给京都大学图书馆，由京都大学文学部夫马进教授提供影印件。于此一并深致谢意。

日本东京大学东洋文化研究所藏《苏州金氏文书》中，有4件江苏布政司衙门书吏顶补文书[①]；中国社会科学院经济研究所藏徽州文书中，有安徽按察司衙门督捕房书吏出顶缺契1件。[②]近年来清代吏胥的研究成果不断推出，但似乎未见引用吏胥文书原件者。只有加藤雄三收集并介绍了一件光绪二十七年的杭州织造衙门门房缺绝顶契[③]，泉州市文管会黄真真曾经介绍过一件同治八年（1869）泉州府学门斗缺卖断文书[④]，网上也曾流传一件光绪十年章殷氏等绝卖徽州府学值路婺源县并祁门县门斗缺文书[⑤]，可以视为迹近书吏缺买卖文书。上述文书内容完整，品相较好，时间起自康熙五十七年，止于光绪二十七年，长达近两个世纪。尤其是留存在日本的江浙书吏顶补文书，时段集中于乾隆二十年以后，较为具体地提供了书吏顶补的诸多实例，形象地展示了清代地方衙门书吏顶补的实际情形，为前述清人的相关描述做了绝好的注释，对于了解清代地方衙门书吏的活动状况，提供了难得的第一手资料。

江浙皖三省巡抚及藩、臬二司衙门的21件文书，包含顶缺契5件、绝顶契2件、永远顶首文契1件、典缺契1件、议单7件、合同议单2件，议约、允租和笔据各1件。21件文书中，除了笔据1件，又可以分为议单和顶缺契两大类，各为10件。其文契形式又可分为契约式和条款式两类，前者12件，后者8件。

为展示这些文书的样貌，现选择吏缺顶缺议单契约式和条款式各1件及典契1件，移录如下（格式略有变动）：

---

① 4件文书，又见滨下武志等编：《东洋文化研究所所藏中国土地文书目录·解说》（上），《东洋学文献センター丛刊》第40辑，1983年，第90—94页。此批文书，承京都大学人文科学研究所岩井茂树教授帮助，得以阅读原文并获得影印件，于此深致谢意。
② 《汪景文立出顶缺契》，转录自章有义编著：《明清及近代农业史论集》附录《清代徽州地主分家书置产簿选辑·休宁汪姓誊契簿撮要》，中国农业出版社1997年版，第384页。
③ 加藤雄三：《清代の胥吏缺取引について》（二），《法学论丛》149卷1号，2001年4月。
④ 黄真真：《清代后期胥吏衙役权利的私下交易》，《中国社会经济史研究》2001年第3期。
⑤ 此件文书，承复旦大学历史地理研究中心王振忠教授告知影印件，深致谢意。

1.《赵行周出顶浙江巡抚衙门嘉绍二府吏缺合同议单》(条款式)

　　立议单亲友张舜舞、王巨瞻等，今有赵行周兄，向充抚宪春秋班咨房吏缺，缘一身难以兼顾，将嘉、绍二府出顶与张云程先生处承办，当得酒礼银壹百两正。自顶之后，所有嘉、绍二府甲下一切事件听凭办理，不涉赵处之事。所有众议规条，开列于左：
　　一、议银平九七。
　　一、议每班张处绍甲帮银六两、嘉甲帮银五两，于上班时先付六两，交与赵处，汇办署内伙食束修等项，余银五两次月交付，不得愆期。
　　一、议赵行兄如欲引顶，先尽张处，另议缺价，如赵处不愿顶充，听凭赵处回赎，另觅售主，归还张处，原价张处不得阻挠。
　　一、议嘉、绍二府并非绝顶，但赵行兄未经出缺引顶之前，总与张处合办，不便另售，如张处不欲承办，先俟赵处回赎，如赵处不愿回赎，听凭张处别顶，赵处亦不得阻挠。
　　一、议嘉、绍二府内一切文武衙门刑钱事件，统归张处办理，至通行事件，按府派分，嘉、绍事件遇有一名以上，照数加二奉酬赵处，余外不得另生觊觎。
　　一、议嗣后内外务须一秉至公，不得各生异心。
　　乾隆贰拾伍年陆月　日立议亲友　张舜舞　王巨瞻（押）　强履安（押）　俞拱乾　黄璞存　费凌沧（押）　江帝歆（押）　王西清（押）　朱锦云　季协清（押）
　　允议张云程（押）　赵行周（押）
　　代书张清芝（押）
　　大吉存照①

---

① 《赵行周出顶浙江巡抚衙门嘉绍二府吏缺合同议单》，乾隆二十五年六月，日本东洋文库藏。

2.《赵庚立浙江巡抚衙门吏缺顶缺契》（契约式）

顶契存照

立顶缺契赵庚，情愿中，将自原顶朱森木兄名下抚辕夏冬班咨房正缺壹分贰厘五毫，立契出顶与章绍舒兄处承办管理，当得酒礼制钱壹百伍拾千文正，三面收明。自顶之后，所有名下壹分贰厘伍毫咨房名缺一切刑名钱谷等事，听凭章绍舒兄处管理承办，公费照股轮收，不涉赵庚之事，并无阻挣异说。恐后无凭，立此顶契存照。

再批：是缺系顶朱森木兄名下，原顶强立兄之缺，前曾庚自出过酒礼银贰百两正，今

庚情愿减价转顶，并无异说，当将原顶合同议单壹纸交存作据。又照。

乾隆伍拾伍年玖月　　日立顶契　赵　庚（押）　朱森木
　　　　　　　　见立　斯圣岐（押）　张历山　朱序东
朱秉钧　张仁斋　张升阶①

3.《何静默立江苏布政司衙门吏缺典缺下契》（契约式）

立典缺下契何静默，凭友褚墅洲、瞿芝田等，今典得许桂堂兄经管苏藩户总科吴县地

丁钱粮及太湖厅书缺事宜，议典半中之半合办，当交典价公费元银陆百两正。上契载明，

不拘年月，如有原价，听凭取赎。欲后有凭，立此典契下契为照。

嘉庆拾肆年伍月　　日立典缺下契　何静默（押）
　　　　　　凭　友　褚墅洲（押）　瞿芝田（押）

---

① 《赵庚立浙江巡抚衙门吏缺顶缺契》，乾隆五十五年九月，日本东洋文库藏。

王晴川　余玉[①]

书吏缺议单与顶契等,就文书形式而言,均有契约式和条款式两种,与民间日常的房地产买卖、分家析产、里甲催粮、承担徭役、宗祧继嗣等各式议单文契并无二致。具立议单的是书吏涉事双方,落款以允议身份出现,另有以见议或立议身份出现的中见人,有的还有代书等;书吏各类顶缺契则与房地产买卖的正契相同,出顶缺人落款以立契人身份出现,另有见立或居间或见居或凭以中见人身份出现。唯与上述各类议单和正契不同的是,居间人或中见人大多不是事主双方的亲族邻居,而是事主的"友"、"同房亲友"。这里的同房并不是宗族意义上的"房",而是衙门中的房科。江苏布政司衙门书吏何肯堂所立永远出顶首文契上具名的"同房亲友"多达27人[②],说明吏缺出让,同房书吏均有见证责任与义务。就书吏顶缺契约的约束力而言,同业书吏的同业显然要比同宗亲友更加切合实际,也更为有效。

就文书内容而言,书吏顶缺文书同其他文书一样,事主双方必须说明吏缺出让或顶卖的原因,吏缺承当事务的范围和收入情形,讲明吏缺价格及其交付时间、银两成色等,如若不是绝顶契,还需说明出顶是否保留回赎权利,受顶人是否可以转顶。从文书反映的运作实际来看,吏缺文书即使具立了绝顶契,仍然存在像当时流行的民间房地产买卖不断找价的现象。可见书吏缺俨然已是持有人的无形产业,可以转让,可以继承。

通观江浙皖三省省级衙门的21件书吏顶缺文书,从中获得的认识与清代关于书吏的规定大相径庭:

1.关于书吏分班分房分科。大体上抚辕某房一个书吏承管一府之事。

[①]《何静默立江苏布政司衙门吏缺典缺下契》,嘉庆十四年五月,东京大学东洋文化研究所藏。
[②]《何肯堂立江苏布政司衙门吏缺永远出顶首文契》,道光二年四月,东京大学东洋文化研究所藏。

藩司等衙门，实际人数是定制的三四十倍，分县而设，阖省而计，当在一二千人，均远超定额至数十倍。

2. 关于书吏"缺底"性质与承充之人。吏缺具有所有权，可以出顶，也可以转顶，意味着进署办事之人未必就是持有吏缺者。吏缺持有人与实际进署办事者往往并非一人。可见，书吏承事相当复杂，有吏缺，吏缺可以顶充，顶充者可以本身入署办事，或者也可因分身无术或其他原故再择他人理事，吏缺与承事相分离，所以"一人可兼数缺，一缺可由数人合顶"，但承事只能量力而行。

3. 关于吏缺之价格。吏缺既是可以买卖转让之产业，自然有价格，市场有行情。上述十数例，很不系统，时间跨度既大，吏缺分工不一，难以确切反映书吏实际价格，但是仍可对清代江浙省级衙门书吏顶首价作出粗略估计。乾隆早期约在银二三百两，乾隆中期在500两左右，乾隆后期在1000两左右，高者可达1300两，嘉庆年间在一二千两之间，道光年间并无上涨趋势，直到清末，大势未变。如此，吏缺之价，则似乎并未昂贵至时人惊呼的少则数千金多则万余金之地步。

4. 关于吏满出身与世代相袭。此批吏缺顶首文书，未见吏满考官事例，似乎说明书吏考满的可能很小。由文书事例同时可知，书吏在不同姓氏之间转移极为频繁，吏缺虽然"祖遗"、"父遗"之说较为常见，说明吏缺确实父传其子，祖传其孙，但世代绵绵承袭究属少见。科举望族也可能三世而衰，遑论法定身份较为低贱的书吏，数百两甚至上千两银子的产业，要想代代承传牢守不坠，恐非易事，从子嗣和经济方面考量，即属不易，甚至极为困难。就文书反映的事例来看，江浙省级衙门书吏可能只是在同地同业书吏中传承，而家世相承代代相传的现象并不突出，不能夸大其事。

5. 关于官府官员禁革书吏世代顶充。书吏父子相传世代相袭，有干例禁，朝廷一再申饬，官员也反复强调，但接充者由同行"禀举"，说明接充书吏需要官府允准；由同行"公举"，大张旗鼓，说明吏缺不能"私相授受",既要同行商议,更需官府认可。文书所载内容,完全与其时所设制度皇帝谕令大相径庭。吏胥顶缺文书,为我们展示出清代书吏承充的实际样态,与令典要求和人们想象完全不同。

清代书吏的顶充,与国家制度规定完全不同。设计与实际执行中的缺陷,自然是国家制度难以贯彻的原因,但不可否认,前代的"顶首银"这一非官方的惯例导致"吏缺"具有所有权,从而导致书吏世袭现象产生,并由此而发展出吏缺买卖的新现象。这表明了民间惯例在与国家制度的对抗中具有强大的生命力。

四、结语

制度与惯例的互动,影响着制度的执行,也影响着民间惯例的改易。笔者关于清代江南文书的研究表明,民间惯例不仅对国家制度起到补充、完善作用,有时还会完全违反国家制度而独立运行,而国家制度有时也从民间习俗发展而来,进而很大程度上改易民间惯例。

此外,笔者的研究表明,只有理解制度与惯例的互动,才能真正理解史料,进而认识相关历史问题。

(据 2021 年 6 月在泰山学院所作学术讲座整理)

民间历史文献的收集与解读

厦门大学 郑振满

在中国各地现存的"乡邦文献"中，绝大多数是民间历史文献。我们可以通过解读民间历史文献，考察普通民众的生活方式与思维方式，探讨日常生活中的文字传统，从民间社会研究中国历史。"泰山讲堂"安排我和刘志伟教授、赵世瑜教授共同讨论"民间历史文献的收集与解读"，我先抛砖引玉，讲一些基础知识，他们再结合具体事例，展开更深层次的探讨。

一、什么是民间历史文献

民间历史文献作为学术概念，是最近十几年才开始频繁使用的，目前还缺乏明确的定义，在学术界有不同的理解，尚未形成共识。我认为，在严格意义上说，民间历史文献是普通民众使用的文字资料，或者说是在日常生活中形成和使用的历史文献。我们如此理解民间历史文献，是为了强调此类文献的独特性，与其他"乡邦文献"划清界限。例如，依据这个定义，地方志、地方档案就不是民间历史文献。这是因为，地方志通常是由地方官主导编纂的，是地方版的"资治通鉴"，实际上是一种官方文献。地方档案虽然涉及民众日常生活，但形成于行政逻辑之中，与国家制度密切相关，实际上是"官文书"。有时在地方档案中也可以看到各种民间文献，但这些民间文献一旦纳入官方档案，也就具有不同的意义。此外，在新闻报道、学术论著中也有民间的资料，不过这些资料通常是经过选择的，反映了报道人的立场和主观判断，还是不同于民间历史文献。当然，我们也可以采用比较宽泛的定义，扩大民间历史文献的研究范围。例如，在民间和官方、精英互动过程中产生的历史文献，可以间接地反映民间的日常生活、民间的思维方式、民间的文化传统等等，这些都可以纳入民间历史文献的研究范围。

中国各地现存的民间历史文献，有许多不同的文本类型。我们在田野调查中，几乎每次都会发现从未见过的文本形式，很难纳入分类体系。中国传统的历史文献学，基本上不涉及民间历史文献，尚未形成民间历史文献的目录学。我们曾经参照社会科学的图书分类法，试图把民间历史文献分为社会的、经济的、法律的、宗教的等等类别，后来发现根本就行不通。这是因为，我们看到的各种民间历史文献，可能同时涉及民间日常生活的不同领域，所以很难从文献的内容去分类。我们现在通常是从文本形态去做分类，因为各种民间文献都有源远流长的文本传统，都有约定俗成的规范和体例。在这里，我想简单介绍几种比较常见的民间历史文献。

其一是谱牒文献。谱牒是家族文献，有家谱、族谱、宗谱、支谱、房谱、祠谱、墓谱等不同名称，其实是相当庞杂的文献系统。从谱牒的文本形态看，大多数是手写的，有少数是刻印的，甚至也有刻在石头上的、画在墙壁上的。谱牒的核心内容是世系，就是历代祖先的传承谱系。与此相关的历史资料，还有墓碑、牌位、人丁簿、祭产簿、分家书等等，这些都是家族文献，通常是编纂族谱的主要资料来源。此外，在谱牒中还会收录许多与历代祖先和家族组织相关的文献资料，如人物传记、寿序、墓志铭、祠堂记、茔墓图，以及家法、家训、族规、族产、契约、户籍等家族档案。因此，谱牒是研究家族史、人口史的基本资料，同时也有丰富的政治、经济、文化内涵。

其二是碑铭文献。碑刻和铭文是特殊的文字书写形式，也是流传最久远的文献类型。中国先秦时代的金文、甲骨文、石鼓文，实际上都是碑铭文献。普通民众制作和使用碑铭文献，应该是比较晚近的事。碑铭文献的主要特征是宣示性，通常刻在引人注目的天然石壁、建筑构件、重要器皿或专用碑材上。铭刻碑文是很麻烦的事，费工费时，有时刻碑还要举行专门的仪式。因此，只有当地人认为最重要的人和事，才会被刻到碑上，形成"永垂不朽"的历史记忆。我们可以通过系统收集和解读历代碑铭文献，考察地方历史上的重要人物和重大事件，揭示地方社会的历史转型。

其三，契约、账本、日记、书信。契约、账本大多是与经济事务有关的文献，但通常也会涉及人际关系网络。在中国历史上，"官有政法，民有私约"，民间契约文书是日常生活中的主要规范体系，实际上也是一种法律文书。账本主要记录民间的经济活动，是研究社会经济史的第一手资料。日记和书信都是个性化文献，对于研究个人生活史、生命史是不可替代的资料。

其四，诉讼文书、礼仪文书。诉讼文书就是打官司留下的文字资料，包括诉状、传票、供词、证词、判词、和息字、甘结字等。这些诉讼文书可能也会收入官方档案，但民间通常都会保存抄件或副本。更重要的是，民间的诉讼案件大多不会进入最后的判决程序，而是通过民间调解结案。因此，通过研究民间保存的诉讼文书，可以看到更为完整的司法审理与调解过程。礼仪文书涉及人与人、人与神之间的交往，包括婚礼、葬礼、寿礼等人生礼仪和祭祖、祭神形成的仪式文献。我们在福建收集了许多"人情簿"，以前几乎家家户户都有，详细记录了家中每次仪式活动中的人情往来，包括谁送礼、谁到场、如何回礼等等，有的持续时间长达一二百年。通过研究这些礼仪文献，可以深入考察当地历史上的民间信仰与民俗文化传统。

其五，话本、唱本、剧本。这些说唱表演类文献，在传统社会是文化传播的主要载体。乡下人大多是不认字的，他们的知识体系、价值观念深受说唱文学的影响。以前有不少乡村知识分子，很会编写各种话本、唱本、剧本，出售给书商或民间艺人。他们通常是改编历史典籍、笔记小说和佛经、道藏故事，向普通民众传播大历史、大传统的知识体系和价值观念。他们有时也会编写地方故事，把日常生活中的知识编成说唱、表演文本。以前乡村的集市和店铺都会卖这种说唱文本，现在还可以在乡下找到这种说唱文本。

其六，堪舆书、医药书、日用类书等。此类文献大多数是刻印本，也有手抄本，主要是乡村知识分子阅读和使用。堪舆书是看风水的教科书，医药书是看病用药的教科书，在传统社会中都是常用的专业知识。日用类书是各种应用文的"活套"，指导老百姓写信、写契约、写请帖、写春联等等，有时也会提供看病、看日子、看风水、建房子之类的常用知识。大约从元代开始，就已经出现为普通人编纂的日用类书，到明清时期不断扩充，形成了许多分门别类的版本。这些日常生活中的教科书，反映了"文字下乡"的历史过程。

民间历史文献的形式与内容，与日常生活中的文字传统密切相关。在不同的时代、不同的地区、不同的人群中，由于识字率与社会构成的差异，民间历史文献的形式与内容也有所不同，不可一概而论。因此，我们应该立足于社会实践，致力于探讨文字在日常生活中的意义，而不是拘泥于对民间历史文献的分类。

二、如何收集民间历史文献

在中国历史上，由于造纸和印刷术较为发达，留下了丰富的历史文献资料。中国传统的历史学，主要研究传世典籍，如《四库全书》《二十五史》，这些主要是官方和精英文献，反映了王朝国家和精英阶层的历史。20世纪初发现的敦煌文书，20世纪中期发现的徽州文书，涉及日常生活的许多不同领域，拓宽了中国史研究的学术视野。近年来，全国各地陆续发现了大量现存的民间历史文献，如族谱、碑刻、契约、科仪书等，每年都有不少新编的大型资料丛刊，为"新史学"提供了坚实的资料基础。不过，就总体而言，中国各地现存的民间历史文献极为丰富，尚未开展系统的收集和整理，有些已经损毁和流失。因此，如何系统收集民间历史文献，已经成为中国历史学界必须面对的重大课题。

在田野调查中可以发现，以前每户人家都有历代祖先留下的契约、账簿、税单、收据、分家文书、礼仪文书之类的历史资料，有时还会收藏堪舆书、医药书、日用类书之类的实用手册，以及话本、唱本、剧本之类的通俗读物。在家族、村社、庙宇和各种民间社团中，通常也会保存谱牒、碑刻、契约、账簿之类的公共文献。到了近代，由于生活方式和社会结构的急剧变化，民间历史文献失去了原有的意义和价值，逐渐趋于毁弃和流失。近年来，有不少文物商人和私人收藏家到乡村收购历史文物，导致了民间历史文献的大量流失。此外，解放后的历次政治运动，没收了不少民间历史文献，现在大多收藏于档案馆、图书馆、博物馆等公藏机构。

依据民间历史文献的保存状态，我们可以通过不同的途径，采用不同的方式，对各地现存的民间历史文献开展系统的收集与整理。首先，应该对各地公藏机构收藏的民间历史文献开展普查，摸清家底，最好是建立地区性的联合目录和专题数据库。其次，对于已经流入文物市场的民间历史文献，应该设立专项基金，尽可能收购或复制。再次，对于私人收藏的民间历史文献，可以通过征集、寄存、复制等方式集中保存。在日本，几乎每个县市都有乡土资料馆，通过捐赠、寄存、复制等方式保存乡土历史文献资料。他们有专门的《文化财保护法》，责成各地的教育委员会负责乡土历史文献的收集与保存，我们也应该有相应的立法保护机制。

在收集民间历史文献的过程中，应该注重如下关键环节：其一，尽可能维护文献的原有系统性与完整性。在特定的地区、特定的人群中形成的历史文献资料，通常都有特定的历史脉络与文本形态。我们以前收集民间历史文献，大多是为了"找资料"，从具体的研究课题出发，专门收集某些类型的民间历史文献，如族谱、契约、碑刻、科仪书等。实际上，我们需要发掘的历史资料，通常是"跨文本"的，往往涉及各种不同类型的历史文献，很难只用某种文献开展研究。更重要的是，如果不能完整收集相关的历史文献资料，就很难深入研究民间文献在日常生活中的意义，很难深入考察"文字下乡"的历史过程。

其二，尽可能了解民间历史文献的流传过程。我们看到的民间历史文献，通常都经历多次转手、传抄或整理过程，其原有的文献系统可能已经被扰乱。因此，必须通过追溯文献的流传过程，重建原有的文献系统。以契约文书为例，每一次交易都会形成新的契约，但原来的契约并未废弃，而是作为"上手契"移交给新的业主。到了分家之后，这些契约文书可能集中保管，也可能分别继承。我们在民间找到的契约文书，通常是一箱一箱、一包一包的，每一类契约文书都放在一起，很容易追溯其流传过程。不过，如果这些契约文书已经流入文物市场，或者是进入公藏机构，就可能经历重新分类和挑选，打乱了原有的文献系统。在此情况下，我们首先必须了解：这些契约文书从何而来？原来的保管者是谁？是否有原始编目？是否有包契纸？如果无法追溯其来龙去脉，这些契约文书可能就很难整理和利用了。

其三，尽可能了解民间历史文献的使用方式。在民间社会，通常识字率不高，但却有丰富的历史文献资料。那么，究竟是谁在使用这些历史文献资料？他们如何使用这些历史文献资料？如果不了解这些背景知识，很难深入揭示民间历史文献的价值和意义。因此，在收集民间历史文献的过程中，应该随即开展田野调查，详细了解各类民间历史文献的使用方式。例如，我们可以访问当地耆老，在日常生活中可能使用哪些文字资料？在当地有哪些人懂得使用文字资料？我们也可以访问收藏族谱、科仪书、堪舆书、医药书之类文献的人家，了解他们会在哪些情境使用这些文献？如何使用这些文献？为了便于后续整理和研究，我们在访谈过程中通常都要留下录音或笔记。

在当前的技术条件下，可以通过拍照、扫描等方式复制民间历史文献，保存历史资料，而未必需要收集和保存原件。我们认为，民间历史文献是文化传承的主要载体，应该尽可能留在当地，由当事人的后裔永久保存。因此，我们一般是通过复制的方式收集民间历史文献，很少收购和保存原件。通过这种方式收集的民间历史文献，实际上都是数字化的，为后续的整理、出版、数据库建设提供了有利条件。

三、如何解读民间历史文献

民间历史文献作为日常生活中的文字资料，反映了文字传统对民间社会的深刻影响。我们可以通过考察"文字下乡"的历史进程，探讨各种民间文献的历史文化内涵。例如，中国历史上的谱牒文献，最初是由官方编纂的，唐宋时期开始出现私人编纂的谱牒。到了明清时期，几乎家家户户都要追溯祖先谱系，形成了各种不同形式的谱牒文献。那么，民间社会为何编纂谱牒文献？如何编纂谱牒文献？就是值得深入探讨的问题。又如，中国古代不允许私人刻碑，"树碑立传"是官方行为，后来普通民众都参与刻碑活动，这是重大的历史转型。那么，在碑铭文献中看到的普通民众，究竟出现在哪些时代？哪些地区？哪些领域？这些都是值得关注的问题。我们特别注重碑铭文献中的题名，就是因为这个道理。

每一种民间历史文献都有特定的文本形式，形成了各自的文本传统。这些文本形式最初是由文人雅士创作的，后来经过仿效和推广，逐渐形成公认的"范本"。明清时期广为流行的日用类书，就是为制作各种民间文献提供"范本"。民间社会使用这些"范本"，通常都是"对口型"的，难免有各种不同的"套话"。因此，理解和解读民间历史文献，关键在于了解民间如何"对口型"，从"套话"中找出历史真相。

民间历史文献中的"套话",大致可以分为三种类型:一是和国家制度相对应的"合法性"话语;二是和儒家经典相对应的"合理性"话语;三是和人情世故相对应的"合情性"话语。这三种"套话"相当于法制史研究中的"情、理、法",但常见的优先顺序是"法、理、情"。例如,在地方神庙的碑记中,最重要的是纳入国家祀典,或者是受到敕封;其次是依据《礼记·祭法》,符合"法施于民""以死勤事""以劳定国""能御大灾""能捍大患"之类的条款;再次是依据民情习俗,列举灵验事迹、香火兴旺,等等。又如,编族谱、拜祖先,如果传承谱系很清楚,那就按宗法制度来讲;如果传承世系不清楚,那就挂靠郡望、堂号;如果是异姓联宗,那就借助地方习俗,编造收养、招赘、过继之类的故事,尽可能自圆其说。

我们解读各种不同类型的民间历史文献,不管是碑刻、族谱、契约文书,还是唱本、剧本、宗教科仪书,大概都可以分为人、事、理三个层次。第一层通常是讲大道理,引经据典,提出符合"法、理、情"的依据;第二层通常是讲事情,叙述事件的缘起、经过、做法等等;第三层通常是讲人物,交待相关的当事人,或者是相关的社会群体。我们读每一类文献,都要尽可能分清这三个层次,搞清楚人、事、理之间的关系。当然,在很多民间文献中,人、事、理之间是矛盾的,是说不通的。但那些编纂民间文献的高手,总是有办法自圆其说,把这几层关系说清楚。有些道理古人是很清楚的,但是我们现在已经搞不明白,不知道他们为什么这么说、这么做。因此,如果我们要读懂民间文献,就必须回到当时的历史语境,回到中国本土的文化传统。

我最近提出,中国自古以来的经史传统,可以作为民间历史文献的研究方法。[①] 这是因为,我们可以通过考察经史传统,揭示民间历史文献的话语系统,探讨民间社会对于人、事、理关系的表达方式。尤其重要

---

① 郑振满:《民间历史文献与经史传统》,《开放时代》2021年第1期,第67—71页。

的是，民间社会在"对口型"的过程中，表达了他们对经史传统的理解和解释，为研究中国传统文化提供了新的视角。

（据 2021 年 6 月在泰山学院所作学术讲座整理）

明清山西洪洞乡邦文献与地方社会研究三题

南开大学　常建华

认识中国的有效方法之一是从研究区域社会入手。区域有大有小，县域是最基本的单位。研究县域地方社会依据的基本资料应该是乡邦文献，即地方志、碑刻、族谱、契约文书等地方文献，其中既有官书性质的地方志，也有民间性质的族谱等，还有兼具二者的碑刻等。

笔者曾利用乡邦文献研究山西洪洞宗族以及地方社会，也利用碑刻探讨清代山西乡约，还利用刑科题本论述明清山西的日常生活与社会经济[①]，对于明清时期的山西特别是洪洞地方社会有所认识。本文主要利用乡邦文献，结合自身的研究实践，以明清山西洪洞县为例，谈谈笔者关于如何运用乡邦文献研究地方社会的思考。本文的主要内容为三部分：第一部分主要是列举地方志所见洪洞地方社会的几个侧面，第二部分通过洪洞地方家族对风俗变化的应对来考察地方生活史，第三部分主要讨

---

① 常建华：《明清时期的山西洪洞韩氏——以洪洞韩氏家谱为中心》，《安徽史学》2006年第1期，第36—43页；《明清時代における華北地域の宗族の組織化について——山西洪洞晋氏を例として》，《大阪市立大學東洋史論叢》第15號，2006年11月，第15—40页；《清时期华北宗族的发展——以山西洪洞刘氏为例》，《求是学刊》2010年第2期，第125—131页；《明清山西碑刻里的乡约》，《中国史研究》2010年第3期，第117—138页；《清中叶山西的借贷、典卖土地与雇佣——以嘉庆朝刑科题本为基本资料》，《史志学刊》2015年第5期，第47—51页；《清中叶山西村社生活与管理——以嘉庆朝刑科题本为基本资料》，《经济社会史评论》2015年第4期，第110—120、127页；《清中叶山西的日常生活——以118件嘉庆朝刑科题本为基本资料》，《史学集刊》2016年第4期，第4—26页；《捐纳、乡贤与宗族的兴起及建设——以清代山西洪洞苏堡刘氏为例》，《安徽史学》2017年第2期，第114—126页；《从"日常生活"看晚明风俗变迁——以山西洪洞县为例》，《安徽大学学报（哲学社会科学版）》2018年第2期，第79—85页。

论洪洞刘氏的兴起与地方社会演变。第一部分是以地方志为例，探讨乡邦文献在研究地方社会时的重要性，后两部分则通过具体研究，来展示如何利用乡邦文献研究地方社会。虽然我们是从乡邦文献与地方社会入手，但是关心的是地方历史与中国明清时代大历史的关系，这是需要指出的。

一、地方志所见洪洞地方社会举隅

地方志包含着大量丰富的社会史研究资料，对于开展整体历史研究、微观历史研究、基层社会研究、民众研究等具有重要价值。[①] 从洪洞的地方志[②]中，可以对洪洞地方社会产生更为深入、具体的认识。

（一）万历《洪洞县志》所见明代风俗变迁及地方官移风易俗

明代中后期商品经济的发展引起社会风尚的很大变化，这种变化不仅突出地表现在经济发达的江南等地区，经济相对落后的华北也不例外。其中由于山西商人的兴起、省内商品经济的发展等原因，山西民风的变化也比较明显。

洪洞县地处临汾盆地北端，北依霍州市，南接临汾市。全境东、西、北三面环山，东部霍山，西部吕梁山系的青龙山、罗云山，中部为河谷平原，土壤肥沃。洪洞在西周为杨侯国，汉置杨县，隋义宁二年改称洪

---

① 常建华：《试论中国地方志的社会史资料价值》，《中国社会历史评论》第7卷，2006年版，第72页。
② 从中发现诸多《中国地方志联合目录》记载1949年之前有万历、顺治、康熙、雍正、光绪、民国6个版次。笔者阅读过其中四个版次，分别为：（明）乔因羽修、晋朝臣纂，万历十九年（1591）刊本，天津图书馆藏本；（清）赵三长修、晋承柱纂，顺治十三年（1656）修、十六年（1659）刊，天津图书馆藏本；（清）余世堂修、蔡行仁纂，清雍正八年（1730）刻本，南开大学图书馆藏；（民国）孙奂仑修、韩垧等纂，民国六年（1917）上海商务印书馆铅印本，成文出版社影印。中国国家数字图书馆均有数字方志，唯内容完整性有所不同，如国图万历本缺第四卷。

洞县，沿用至今。

　　明代的洪洞，得开中法之便，兴起了一批商人，富有的盐商家族同时转向科举，洪洞的经济、社会、文化变化较大，发生了风俗的变迁。万历十九年（1591）刊本《洪洞县志·风俗志》小序，由当地乡绅晋朝臣所写。他将洪洞当时的习俗与弘治、正德前作了比较。[①]在晋朝臣的笔下，洪洞的风俗在16世纪发生了从"风醇俗厚"到"风靡朴散"的变化，主要体现在日常生活方面。在生活消费上，服饰从"老幼多服布衣"、"男戴圆帽女冠云髻"，变为士吏共戴忠靖冠、贵贱不分麟凤绣补粧花锦服，"庶妇悉服珠翠金宝"、通衢遍戴"五梁金髻"。通过前后对比可以发现，原来贵族、高官才能穿戴的服饰，现在普通百姓也可穿戴。饮食从"讌会器用瓦钵，食无多品"，变为"多致品味"。居住则从"居室仅取容身"，变为"宫室峻宇雕梁"。出行"士宦非预远出不乘轿马"也有改变。日常生活的内容与节奏发生变化，原来的"男女率耕织"、"士务实学"、"子弟多孝敬，妇人操井臼"，改变为"机杼城市不闻，妇人井臼寡操"，"里巷鲜弦诵之声"，赌博成风，引诱荡产，日事声乐，劳动、学习所占时间缩短，大量增加了休闲娱乐的时间。人际关系的交往，原本"少知逊长，遇乡达让避"，变为"幼多傲长"。婚丧礼仪上，从"婚不论财，丧葬守分"，变为"殡尚浮屠，病信鬼巫"。

　　总之，风俗变迁反映的生活变化的特点：一是经济消费的奢靡，所谓"甚至家无石储，身服绮縠，日事声乐，奢靡极矣"。正是这一变化的写照。二是社会身份的模糊混淆，发生不顾名分、贵贱的僭越。洪洞的这些生活变化与风俗变迁，与明代中后期的消费风俗具有追逐时髦、竞相奢侈、违礼逾制的特点是一致的。[②]有学者指出，16世纪数量巨大的

[①] （明）乔因羽修，晋朝臣纂：《洪洞县志》卷1《舆地志·风俗》，天津图书馆藏本，第二十二页/b—二十四页/a。

[②] 常建华：《论明代社会生活性消费风俗的变迁》，《南开学报》1994年第4期。又，文中介绍了与洪洞同属平阳府的翼城县的风俗变化情况。

白银从美洲和日本进口流入中国，白银进入到经济生产和流通领域，带来了社会等级的大混乱。① 洪洞的风俗变化折射着时代的社会变迁。

洪洞风俗的变化，引起了官府的注意，于是地方官开展移风易俗的教化活动，采取的主要措施是推行乡约。

洪洞地方志记载，万历元年知县熊鏸推行保甲的同时也推行了乡约，该乡约制度有约所和专职人员，宣讲圣谕，劝善戒恶，要求约众互相监督，并得到县级官府的保证，惩处不听从乡约者。② 邑绅晋朝臣记载了实行乡约的情形：当地"士大夫耆老"响应知县熊鏸的号召，推行了乡约。晋朝臣是积极配合知县移风易俗的人士之一，晋朝臣死后入洪洞县的名宦祠，万历四十年生员商宠等在有关呈稿中说，晋朝臣"因洪俗奢靡，白之县主熊公，严禁华丽，即令各处乡约劝谕，朔望缴报，风俗顿为移易"。③ 说明乡约普遍建立，朔望宣讲，推行教化，并向官府报告实行的情况。看来当时推行乡约移风易俗，颇有成效。

（二）从两个版本《洪洞县志》之异同看晋氏的崛起

不同时期修纂的地方志，其内容往往有所不同。尽量搜集不同时期所修的版本，比较其内容的不同，发现其记载的变化，有助于研究地方社会中的相关问题。不同版本的《洪洞县志》记载的不同，自然也有此功用。本文在此仅举一例。

地方志中的"乡贤"部分，记载地方上的著名人物与大姓。万历十九年（1591）刊本《洪洞县志》记载的明代乡贤有卫英、韩文、许翔

---

① 〔美〕高彦颐：《闺塾师——明末清初江南的才女文化》，李志生译，江苏人民出版社2005年版，第33页。
② 雍正《洪洞县志》卷7《武备志·保甲》，南开大学图书馆藏本，第十二页/b—十三页/a。
③ 雍正《洪洞晋氏族谱》卷3，第十五页/b。该谱清雍正十三年（1735）晋德肃等修成并刊刻，以晋友谅为始祖，居住在山西洪洞。全谱5卷，活字本，16册，线装，3函，附事功图，原藏哥伦比亚大学中文图书馆，犹他家谱学会图书馆有缩微胶卷。

凤、刘廷臣等,无晋氏。[①]而顺治十三年(1656)修、十六年(1659)刊《洪洞县续志》,则记载明代乡贤有韩廷伟、晋朝臣、刘应时、刘守仁、晋应槐等。[②]晋氏出现二人,反映出万历年间晋氏的崛起。这种记载的变化,一方面表明地方志是研究地方宗族势力的重要资料,另一方面也提示研究者,地方志编纂即是地方宗族势力博弈的过程,地方志本身即是地方宗族势力博弈的结果。

(三)雍正《洪洞县志》记载洪洞人口消长

余世传于雍正七年任洪洞知县,在任期间主持续修了《洪洞县志》。观该志《户口篇》所载,万历间洪洞人口多至九万八千余口,而雍正初年,编审仅有三万余。因洪洞于明时为殷富之区,故而人口众多,何以到了雍正初年,反而减少至不足原来三分之一?该志《户口篇》云:"洪民自明隆、万间,生齿浩繁;至崇祯末遭兵燹之变,民多背井离乡,而村落空虚。"[③]这就反映出,明清之际,由于战争影响,很多人或死或迁徙到其他地方。由此可见,地方志是研究地方人口史的重要资料。

二、洪洞地方家族应对风俗变化折射的生活史

前文提到,地方官应对洪洞风俗变化的主要措施是推行乡约,地方家族对此也是积极支持响应。万历《洪洞县志》中晋朝臣谈风俗变化,列举了本地乡绅"质朴忠厚"的事例,涉及的人物有知府卫英、尚书韩文、知州韩士聪、参议许翔凤、御史南仝、知县郭世荣、主事乔迁、巡

[①] (明)乔因羽修,晋朝臣纂:《洪洞县志》卷4《乡贤列传》,万历十九年(1591)刊本,天津图书馆藏本。
[②] (清)赵三长修,晋承柱纂:《洪洞县续志·乡贤列传》,顺治十三年(1656)修、十六年(1659)刊,天津图书馆藏本,第七十九页/a—八十一页/b。
[③] (清)余世堂修,蔡行仁纂,清雍正八年(1730)刻本,南开大学图书馆藏,中国国家图书馆特色资源(数字方志)。

抚刘廷臣等。①这些人所在的望族，纷纷投身乡族建设，族谱就对此有所记载。如韩文所在的韩氏就推行了乡约，韩氏的第十一世二支有韩炫，号奉台，冠带乡约；三支有韩煤，号鼎宙，也冠带乡约。②

洪洞县推行乡约，导致宗族乡约化。③当地的一些大姓进行宗族建设，以期改变风俗，对于族人的日常生活产生了影响。晋氏宗族的事例，颇为突出。晋朝臣、晋应槐在万历年间建祠祭祖，在乡里进行移风易俗活动，晋应槐制定家训祠规，晋承宠制订《齐家议规范》完善族规，祖孙三代的宗族建设，致力于改变族人生活。

晋朝臣的父亲士人晋伟，早在嘉靖年间开始修谱，倡导宗族建设。晋伟嘉靖十七年（1538）修谱以定"家道"，使"宗族肃然"。他说宗族内部"若遇席宴尊卑失序，若有争辩大小相凌，骨肉摧残，自亦不知，所以失伦理、乱宗族，此皆因无谱稽，岂不痛哉！"④晋伟痛心疾首的是本族因无谱而出现的生活秩序混乱，修谱着眼于建立宗族的内部秩序。

晋朝臣在万历十九年兴建了祖祠，不过还没有摆放祖先神主就去世了。其长子晋应槐与诸弟继续完成了先父的未竟事业，立主祭祀始祖妣，增建了奏乐、宴会之所，建立起晋氏的祠祭礼仪生活。

特别是晋应槐于万历二十四年主持制定了《祠堂宗范》⑤，系应槐与兄弟共同制定祠规。《祠堂宗范》分为尊亲、仪注、馔器、教条、恭肃5条，众弟兄当着祖先牌位宣誓执行。尊亲表达的是孝思，仪注强调祭祖要恪守礼仪，馔器也强调祭祖仪式中的虔诚，旌戒是指建祠祭祖的"教条"，恭肃要求祭祖恭敬、严肃。《祠堂宗范》的重要性在于：首先，晋

---

① （明）乔因羽修，晋朝臣纂：《洪洞县志》卷1《舆地志·风俗》，天津图书馆藏本，第二十三页/a。
② （清）韩有庆等：《洪洞韩氏重修家谱》卷下《韩氏洪洞世系宗派图》，嘉庆二十年（1815）刻本，中国人民大学图书馆古籍部藏。
③ 宗族乡约化是笔者提出的概念，是把乡约的形式借用到宗族里。
④ 雍正《洪洞晋氏族谱》卷1《明河东古羊晋氏族谱记》，第八页/b。
⑤ 雍正《洪洞晋氏族谱》卷2，第五十四—五十九页。

应槐建祠并完成了祭祖的礼仪建设。其次，将宣讲圣谕的乡约制度引入宗族制度建设，使宗族组织化。管理族人以及惩罚违犯族规者修祠墓，也是"恭肃"条的内容。

事实上，晋应槐制订《祠堂宗范》，只是他致仕居乡对族人、乡亲进行教化礼仪建设的一部分。晋应槐大约于万历十一年（1583）致仕，就制订有关丧葬礼仪规范要求乡亲实践。晋应槐有关丧葬礼仪的简易本称作《慎终省繁文》，共计15条，①旨在改良丧"俗"，是针对"丧家"而言，强调丧葬哀戚，即难过，以儒家礼仪为指导，要点体现在四个方面：一是雅化，二是节省，三是遵礼，四是简便。第4条说："俗七七、百日、忌辰，丧家具粉饭送亲戚邻佑，具甚粗恶，滥费滋烦。亲友送祭仪酒肉不至者，致馈答谢亦属烦苦，莫若送礼折银，不至者原礼返回。至而□□者量收五分，庶为两便。"这里重要的是将致送食物改为"送礼折银"，以求简便。值得注意的是，白银进入礼仪生活。除了第4条，第9条说"俗预送姻家礼银，代为典赙，以致姻家照数赔礼"。可见白银作为"礼银"存在于人们的日常生活中，为了便利，以白银代替食物，追求两便。②

晋应槐还于万历十三年（1585）作《庭训子孙箴》，③对族人提出伦理道德要求，这个庭训充满了儒家孝悌思想和传统处世哲学，要求子孙做正人君子，处理好各种关系。

到了晋应槐长子、十世孙承宠，他在万历三十六年（1608）制订

---

① 雍正《洪洞晋氏族谱》卷2，第七十七—七十八页。
② 明朝中后期进入白银时代，大量白银来到中国。而现在研究明朝经济、白银的学者分为了两大派，一派认为白银进入中国后，由于中国缺少银矿，正值万历后一条鞭法改革，把赋役折银征收，充当了赋役征收的货币，而白银并未进入生活领域，而是随着岁收征银的渠道进入国库。而万历之后国家经济不景气，东北部满洲兴起，明朝要与努尔哈赤等人开战，所以收进国库的白银都消耗在了东北战场。国内以刘志伟先生为代表的一派认为白银主要在赋役征收的财政渠道上流动，并没有进入生产和生活领域。另一派认为，大量白银不可能全部用于战争，有一部分进入了生活领域。由笔者所引用的这则资料来看，白银是进入了生活领域。这是一个从乡邦文献，从地方历史中发现的大历史与其之间的关联。
③ 雍正《洪洞晋氏族谱》卷2，第六十一—六十一页/a。

《齐家议规范》，①共计五条，着眼于宗族的礼仪生活。第一条强调冠婚丧祭四礼由尊长主持，同宗者均要参加。第二条讲修理祖茔祠堂及补修风水，必约同宗公议定夺。第三条为祠堂祭祖的规定。第四条是族内调节方面的内容。第五条同族要体谅宽容。规范最后说，以上数款要着实力行，刊刻成帙，人给一册，如经三次不遵者，除记过外已不在约，意思是警告三次，如果不改过，就从乡约中开除。凡是本宗不与同事。如，到官一次者，记《过簿》一次。

该族规旨在加强礼仪建设，维护族内秩序。规范的礼仪要求，涉及冠婚丧祭的程式、交接礼仪的叩拜、祠堂祭祖与每月宴会礼仪；礼仪建设是为了强化宗族意识，规范中频繁出现有关宗族共同体的词汇，如"同宗尊卑"、"同宗公议"、族人彼此称为"宗生"、"同族"、"同宗"；强化了宗族管理，修理祖茔祠堂及补修风水必约同宗公议定夺，强化了祠堂管理族人的权力，公祠教育之外，还可罚米，甚至出族。这次族规建设，受到乡约模式的影响。如第五条引用"圣谕六言"中"各安生理"教育族人，规范的结语部分告诫族人"如经三次不遵者，除记过外已不在约"，就是明显体现。

洪洞晋氏在应、承之后是十一世"淑"字辈，他们出生于明末，主要生活在清朝顺治、康熙年间。其中贡生晋淑京热心化民导俗与宗族事务，他于康熙四十四年（1705）所作《祠堂重修功成仍旧例举祭叙》、《晋氏族谱后记》，②保留了晋氏宗族建设的情形。晋淑京等为了改变当地奢侈之风，撰著并刊行《思深格言》，其中的"禁奢条议"，被地方志采择刊行，内容包括婚礼、丧礼、服饰等，③具体而翔实，足见晋氏的影响力与当地官绅对奢靡问题的重视。从中反映出，洪洞的奢靡风俗延续到

---

① 雍正《洪洞晋氏族谱》卷2，第六十五—六十七页/a。
② 雍正《洪洞晋氏族谱》卷2，第七十三—七十四页，卷5，第六十九—七十页。
③ 雍正《洪洞县志》卷1《舆地志·风俗》，第二十四页/b；民国《洪洞县志》卷9《风俗》，第五十二页/b—五十六页/a。

康熙时代，洪洞的士绅继续移风易俗，晋氏在其中作用显著，晋淑京等的条议中，可以看到淑京前辈祖先的类似主张与实践。

三、洪洞刘氏的兴起与地方社会

洪洞刘姓有数个不同宗的族群，比较有名的如苏堡刘氏、万安刘氏等。本文探讨的是主要居住在洪洞城内德化坊的刘氏，资料以乾隆三十年、同治四年两次所修《洪洞刘氏族谱》为主。①

刘氏在明朝初年由河南光州迁到洪洞，居住在城内德化坊的刘氏以怀德公为始祖，祖坟在玉峰。万历四十七年八世孙承宠的《族谱序》最早记载了该族迁到洪洞的历史，可知该族在明初务农，并不彰显。至明中叶，由于科举的成功，该族崛起。刘承宠《族谱序》继续记载，存肃公即四世刘恭，封文林郎、兵马司副指挥。存肃公第三子碙轩公刘荣，生活在天顺三年至嘉靖六年间，由例贡任兵马司指挥，开始为官。②六世以下取功名而入仕者众多，洪洞刘氏因六、七、八世在明嘉靖、隆庆时期出现了一批科甲成功者而崛起。

明中后期崛起的刘氏，成为当地的望族。时人评述洪洞刘氏，罗列了廷相、廷臣、应时、应科、应元、承宠、承绪三代人的科考著述业绩，将刘氏称之为"文献世家"，③刘氏成为名副其实的望族。作为望族，刘氏进入了洪洞地方志的乡贤传，当地立祠纪念。刘氏族谱中记载了廷臣、应时、守仁、承光四位族人的乡贤传，前三位是嘉靖隆庆时的进士，最

---

① 乾隆三十年（1765）刊《洪洞刘氏族谱》五卷，八册，由十一世孙日棐重纂，藏于中国科学院文献情报中心；同治四年（1865）刊《洪洞刘氏族谱》十五卷，首一卷，十六册，由十四世孙勋总理，吉林大学图书馆古籍部藏。同治谱可能是该族在清代的最后一次修谱，本文更多地使用这一版本的刘氏族谱。
② （清）刘勋：《洪洞刘氏族谱》卷首《族谱序》，同治四年刻本，吉林大学图书馆古籍部藏。
③ （清）刘勋：《洪洞刘氏族谱》卷7《明封中宪大夫都察院右佥都御史天目刘公暨配晋巨两臣太恭人合葬墓志铭》。

后一位是万历时岁贡。在地方志中可以看到对于上述四位乡贤的介绍，足以彰显该族的地方影响。[①] 如，刘应时协建洪洞砖城，立专祠祀之。刘承光因明季叛兵扰境索饷千金，出己资给之，一城赖以保全。

兴建牌坊也是刘氏作为望族的标志。刘氏由于科举与仕宦的成功，升官晋爵，亲人得到封赠，得以兴建牌坊，光宗耀祖。乾隆谱卷三、同治谱卷六的《坊表》记载了刘氏家族的牌坊：这些牌坊表彰的人物主要生活在嘉靖至万历时期，可见由于洪洞刘氏产生了一批士大夫而成为当地望族。

明清鼎革，洪洞刘氏度过危机，宗族得以延续，仍然保持了望族的地位。第九世刘令誉，承光长子，明天启二年（1622）进士，初任颍上县知县，后任于宝丰、汝阳，擢御史，巡按河南，有战功，归里，以西陲多故，复起用为延绥巡抚。"明国变后家居。顺治初召授通政使，嗣告归。"[②] 刘令誉顺治十四年致仕后，置沃田数十亩，为祖先祭扫之资，并构家塾。不久病逝，顺治帝遣人御祭，其堂弟刘蚤誉，明崇祯十五年举人，清顺治三年进士，曾官莘县尹。承宠长子循誉，生员。洪洞刘氏摇身一变，成了清朝的士大夫。

明清之际，刘令誉作为乡绅与官员在国家和地方社会引人注目。崇祯五年，李自成在山西境内的各支起义军中已经崭露头角，成了重要的首领之一。这年八月，山东道御史刘令誉上言："有自贼中逃回者言，旧在晋中贼首掌盘子等十六家，最枭獍者为闯将、紫金梁，戴金穿红，群贼效之。遂皆以红衣为号。"[③] 刘令誉对于在山西的农民军十分留意。《明史》临洮总兵官曹文诏传记载，崇祯六年七月："文诏在洪洞时，与里

---

① （清）余世堂修，蔡行仁纂：《洪洞县志》卷4《乡贤列传》，清雍正八年（1730）刻本，南开大学图书馆藏，中国国家图书馆特色资源（数字方志），第四页、第五页/b—第六页/b—第九页。

② 民国《洪洞县志》卷12《人物志上·列传》，上海商务印书馆1917年版，第27页。

③ （清）汪楫：《崇祯长编》卷62，《明实录》附录之四，台北"中央研究院"历史语言研究所校印本，1962年，第3607页。

居御史刘令誉忤。及是，令誉按河南，而四川石砫土官马凤仪军败没于侯家庄，赖文诏驰退贼。甫解甲，与令誉，语复相失。文诏拂衣起，面叱之。令誉怒，遂以凤仪之败为文诏罪。部议文诏怙胜而骄，乃调之大同。"① 可见当时刘氏是非常强的。刘令誉也是一个很有锋芒的人。七年正月初一日，"巡按刘令誉督京营有牛蹄涔之捷，出其不意，斩级逾千"②。有打败河南农民军的战功。

碑刻资料表明，归乡的刘令誉也颇有作为。顺治二年（1645），刘令誉作为邑绅在洪洞城中的关帝庙增建戏楼，保存至今的洪洞关帝庙，墙壁上镶有两块碑刻分置东门两侧，北侧的记载修缮关帝庙事宜，南侧的为工程参与人员署名，为"社长都御史刘令誉，赞画生员刘循誉、武举邢笃敬，司饷监生董用惠、生员晋应植，督工生员韩景圣，耆宾李元栋、李邦受、庞绍孔、郑广泽、刘世荐、范夏鼎"。可知参与者为洪洞各大姓望族，不过刘令誉作为社长则领袖诸绅士，其堂弟循誉也作为第二署名参与其中。

洪洞各姓绅士，颇能合作进行县城公共事务。如明嘉靖四十五年（1566）洪洞士大夫韩、王、刘、于、梨、晋诸姓，商议兴建关帝庙寝宫，"佥以为然，遂首倡邑人，出资鸠工。"再如隆庆元年（1567）为保卫城池，洪洞士大夫谋增土垣，韩廷伟、刘应时、王三接、晋朝臣、晋应槐、韩廷芳、于邦聘集议，朝臣力倡，"应时赞之亦力"，修成坚固的砖城。万历时重修关帝庙，乡绅晋朝臣向知县乔因羽建议，知县输金首倡，邑人乐输，具体负责主要是朝臣之子应槐、应麟与刘承宠、刘承光。③ 在这些公共事务中，刘氏都是重要的参与者，在地方社会发挥着作用。

刘氏与洪洞的大姓望族有联姻关系，结成地方势力。如刘承光是洪

---

① 《明史》卷268《曹文诏》，中华书局1974年版，第6896页。
② （清）计六奇撰，任道斌、魏得良点校：《明季北略》卷9《河南诸贼》，中华书局1984年版，第148页。
③ 民国《洪洞县志》卷15《艺文志上·记》，上海商务印书馆1917年版，第五十五页/b—六十二页/a，第六十八页/a—七十页/a。

洞著名乡绅晋朝臣的女婿，刘氏与晋氏联姻。刘承光之女长适生员韩景颜，次适生员韩景起，又与洪洞大姓韩氏联姻。[1]刘氏与晋氏数世互为亲家，也与韩氏联姻。洪洞的这几个大族以婚姻为纽带，联结在一起。

洪洞刘氏也是富有的盐商家族，其维持宗族的发展有着经济原因。刘荣、刘廷臣、刘廷相"做官改换门庭之后，才在下两代开始业盐，成为大商人"。[2]刘氏原本务农，后参加科举，科举兴起后又大力发展商业。这也是山西商人的一特点，即科举、经商两不误。

总之，自16世纪以后，洪洞刘氏凭借科举的成功兴起，在地方社会发挥重要作用，成为当地望族，顺利渡过改朝换代，延续下来。在刘氏兴起、发展的历程中，商业也是维持宗族兴盛的重要因素。

依据刘氏族谱，我们还可以了解到：洪洞刘氏的宗族建设表明，他们与南方宗族具有共同的宗族形态。如，洪洞刘氏与南方宗族很一致，都是在明代中后期崛起，祠堂、族谱，宗族建设情况非常类似。

刘氏也开始了宗族建设，修了族谱，并购置了用于墓祭的祭田。清康熙初年刘氏设置宗族祠堂，制定《阖族公约》，[3]进一步将族人组织起来，维护宗族秩序。刘氏在清中叶继续增置祭田，保证宗族祭祀以及救济。由于祭田较为充足，刘氏墓祭、祠祭分胙范围与数量较大，吸引族人参加祭祀，以加强宗族凝聚力。直到晚清，刘氏在洪洞一直保持着望族的地位。该族不仅表现出士大夫宗族的特性，也是科举家族与商人家族的合一。洪洞刘氏产业上农商结合，不排斥商业，又兼顾士大夫与商人的理念，与南方沿海地区宗族的观念相似。

洪洞刘氏宗族虽然经历了明清鼎革，但是其宗族建设进程并未断裂，而是连续进行。研究明清史学者都非常注重明清鼎革，大致有两种观点。

---

[1]（清）刘勋：《洪洞刘氏族谱》卷7《明故河间府通判介石刘公合葬墓志铭》。
[2]　张岗望：《序》，王三星主编：《晋商史料全览·临汾卷》，山西古籍出版社2006年版，第12页。
[3]（清）刘日案：《洪洞刘氏族谱》，中国科学院文献情报中心藏，乾隆三十年（1765）刻本。

一种强调两个朝代的不同，认为两个朝代是断裂的。特别是新清史兴起后，强调满洲特性、清朝特性，也就是强调清与明不同，清并没有接续明，这是强调断裂。也有先生认为，清承明制，两朝差别不大，更强调延续性。从洪洞刘氏的宗族、科举两方面来看，清与明是连续的，形式没有特别大的变化，并没有中断。对于明清史的断裂性与连续性，要辩证统一地看，不可过分强调其中某一方面。

洪洞刘氏在明中后期兴起，明清之际较为活跃，抵制农民军，维护地方社会秩序，易代之际，接受新朝，成为清朝的官宦。刘令誉与晋淑轼为顺治帝"素所信任"，皆官至通政使司通政使，洪洞刘氏与晋氏在清朝继续保持政治地位。洪洞刘氏在清代进一步加强宗族建设，宗族组织化，宗族经济增强，反映了明清华北宗族发展历史的连续性。

四、余论

前面提到地方志、族谱资料的记载表明，乡约在洪洞地方社会居于重要地位。我们还可以补充族谱的记载，如康熙二十二年（1683）平阳知府在批复洪洞知县请求迁移砖窑保护龙脉的批示中，要求"乡约分给移窑之费"，[①] 可知清代洪洞存在着乡约。

此外，李国富等主编《洪洞金石录》收录平阳府洪洞县的碑刻，所载嘉庆九年所立《风俗定规碑志》谈到，当地"买充乡约者有之，里总只故（顾）受贿而不择其人，民不堪命矣！"嘉庆十一年所立《建始原编夫联社碑记》，落款的首位是"乡约李宗汤"。宣统元年所立《合甲公议古规》说，"赵户乡约油秤地方轮到"充膺总甲差役。[②] 碑刻中也有乡约。地方志、族谱和碑刻中都记载了乡约，因此完全有理由证明洪洞存

[①] 雍正《洪洞晋氏族谱》卷五《先君符冯倡培风脉记》所附呈稿，第42页。
[②] 李国富等主编：《洪洞金石录》，山西古籍出版社2008年版，第315、316、462页。

在着乡约。特别是现存的契约资料也说明官办乡约存在于基层社会。

洪洞县曲亭镇的雷氏家族购买土地就是在乡约监督下进行的。道光六年九月,雷思温名下从孔耀忠处购买土地八亩六分,洪洞县所制《契式》上写明"乡约杨玉庆房亲同中人杨长令、李锁、郭清俊"立契的字样,特别是盖有长方形戳记,上面横书"正肃"二字,右侧竖写"示谕曲亭乡约杨玉庆",左侧竖写"严查私立白契戳记"。戳记就是盖章之义。白契是指未经过官方渠道,两人私下同意便生效的契约。经官方盖章的称红契。若日后双方打官司,红契是有法律效力的。此处涉及乡约,说明乡约除了政治宣传、教化以外,还处理民间事务。由原来单纯的教化功能变得综合化。这就是乡约深入到了民间。更重要的是,乡约也有章,章是为国家办事的证明,这就是皇权下县的标志。因此,国家的官职划分虽只到县一级,但国家权力是深入基层的,涉及到百姓的民间生活。可见洪洞县责成乡约处置土地买卖事务,曲亭乡约杨玉庆为官府所立。此外,咸丰五年十一月初九日雷有功买得李钺土地,《契式》上仍有"乡约任万龄、柴之本、张声(?)兴房亲"同中人立契字样。[①]洪洞县乡约有负责土地交易的职责。

研究地方社会、乡邦文献时,一定要考虑国家在场。我们从乡邦文献中可以看出清代的基层治理的形式,即乡约在社会治理中的存在。

(据2021年6月在泰山学院所作学术讲座整理)

---

① 上述契约系笔者2009年4月7日在洪洞县城雷氏族人处拍摄所见。

·专题研究·

西汉齐鲁区域文化与泰山五岳之长的成因

泰山学院　刘兴顺

秦始皇统一天下后，确立山川祭祀制度。据《史记·封禅书》载："自崤以东，名山五，大川祠二。曰太室。太室，嵩高也。恒山，泰山，会稽，湘山……春以脯酒为岁祠，因泮冻，秋涸冻，冬塞祷祠……自华以西，名山七，名川四。曰华山，薄山。薄山者，衰山也。岳山，岐山，吴岳，鸿冢，渎山……亦春秋泮涸祷塞，如东方名山川。"①

秦始皇明显地把天下名山大川分为东、西两部分，且西方名山七、大川四，东方名山五、大川二，体现着秦始皇重西轻东的政治意图，在此制度中，泰山为天下十二座名山之一，也是东方的五座名山之一。与其他名山的祭祀规格相同。

西汉建立后，分封、郡国并行。这导致了汉初泰山等名山由诸侯王国祭祀，汉初泰山先后划属齐国与济北国，由各王自行委官掌管祭祀之事，此为王国祭祀时期。直到汉武帝时期，这一局面发生了变化，据《史记·封禅书》载，元狩元年（前122），"济北王以为天子且封禅，乃上书献泰山及其旁邑。天子受之，更以他县偿之。常山王有罪，迁，天子封其弟于真定，以续先王祀，而以常山为郡。然后五岳皆在天子之郡"。②从此五岳收归中央管理，名山大川一统的格局基本形成，亦即开始了中央王朝祭祀时期。

---

① 〔日〕泷川资言：《史记会注考证》卷28《封禅书》，上海古籍出版社2016年版，第1595页。
② 〔日〕泷川资言：《史记会注考证》卷12《孝武本纪》，第650页。

神爵元年（前61），汉宣帝确立了五岳四渎的国家祭祀制度，其中泰山岁五祠，规格最高，标志着泰山成为国家等级最高的山岳。

这在泰山文化的历史上可以说是划时代的事情，笔者在《五行哲学观念下的五岳之长的历史考察》[①]一文中，从汉代五行哲学观念的角度初步探讨了其中的原因。认为汉代以五行统摄万物，五岳即此观念下的产物。与木德相关的东岳泰山从空间上看位于东方，为空间之首；从时间上看主春，为四时之首，从而成为五岳之长、五岳之宗。但感觉意犹未尽，还有值得探讨的空间和余地。故本文拟从西汉齐鲁区域文化对泰山地位的影响来研讨这一问题。

一、东岳泰山与齐鲁区域文化

一般认为五岳制度奠基于武帝时期，只不过武帝是用他的巡狩实践路线标明了五岳的基本轮廓。我们从《史记》《汉书》中整理出武帝与五岳关系表如下：

武帝与五岳表

时间	东岳	西岳	中岳	南岳	北岳
元封元年（前110）	东上泰山；四月，泰山封禅，设奉高邑	用事华山	正月，礼登中岳太室，设崇高邑		
元封二年（前109）	过祠泰山，作明堂于泰山下		幸缑氏城		
元封五年（前106）	三月，至奉高修封			登礼潜之天柱山，号曰南岳	
太初元年（前104）	十月，行幸泰山，禅高里				
太初三年（前102）	四月，修封泰山，禅石闾				

---

① 刘兴顺：《五行哲学观念下的五岳之长的历史考察》，《泰山学院学报》2021年第2期，第15—23页。

续表

时间	东岳	西岳	中岳	南岳	北岳
天汉三年（前98）	三月，行幸泰山，修封				还幸北地，祠常山
太始四年（前93）	三月，行幸泰山，修封				
征和四年（前89）	幸泰山，修封				

《史记·封禅书》载："今上封禅，其后十二岁而还，遍于五岳、四渎矣。"①由表中可见，武帝遍游五岳，其中八次到东岳泰山，二次至中岳，南岳、西岳、北岳各一次。武帝不仅八次至泰山，七次举行封禅，而且在泰山下建汉第一座明堂，并令各诸侯王在泰山下设朝宿地，建立府邸，准备用作武帝封禅祭祀泰山时朝拜上计之用。泰山在帝国的政治文化版图中凸显出来，成为夺人耳目之所在，正如田天所说："泰山无疑是汉王朝国家的祭祀中心之一……如果说甘泉宫是武帝处理夷务的重镇，那么泰山及其周边便是武帝管理东方事务的施政中心。泰山，藉由神圣与世俗两条通路，在武帝的国家祭祀中占据了核心的位置。"②那么，是什么原因导致了这一现象呢？

下面我们首先观察泰山及其区域在秦汉人心目中的特点和价值。刘向在《洪范五行传》中认为："泰山，岱宗之岳，王者易姓告代之处。"③在《五经通义》中，刘向云："泰山一曰岱宗，言王者受命易姓，报功告成必于岱宗也。东方，万物始交代之处。宗，长也，言为群岳之长。"④刘向将泰山与东方紧密联系在一起，以东方释"岱宗"之"岱"，意味着泰山为东方的代表与象征。班固《白虎通》云："王者易姓而起，必升封泰山何？始受命之日，改制应天，天下太平功成，封禅以告太平也。所以

---

① 〔日〕泷川资言：《史记会注考证》卷28《封禅书》，第685页。
② 田天：《秦汉国家祭祀史稿》，生活·读书·新知三联书店2015年版，第192—193页。
③ 董治安：《两汉全书》（第9册），山东大学出版社2009年版，第4946页。
④ 董治安：《两汉全书》（第9册），第5031页。

必于泰山何？万物之始，交代之处也。""东方为岱宗者何？言万物更相代于东方也。"①视东岳泰山为万物起始之处，是王朝易姓封禅报告交代之处。这些判断无疑是为泰山成为五岳之长寻找思想文化理据，并为泰山封禅提供哲学观念基础。

其次，《史记·货殖列传》说："泰山之阳则鲁，其阴则齐。"②明确指出泰山是齐鲁的分界线，也是齐鲁区域的山岳标志。

说到齐鲁区域，我们再看秦汉时期人们对这一区域文化的认识。司马迁在《儒林列传》总结先秦儒学发展史时指出："后陵迟以至于始皇，天下并争于战国，儒术既绌焉，然齐鲁之间，学者独不废也。"③也就是说到秦始皇时，儒学几乎成为齐鲁特有的学问。

秦始皇泰山封禅之前，先到峄山，"立石，与鲁诸儒生议，刻石颂秦德，议封禅望祭山川之事"④。又据《水经注》记载："山北有绝岩，秦始皇观礼于鲁，登于峄山之上。"⑤秦始皇在峄山立石，与鲁地儒生讨论商议刻石内容，又在鲁观礼，以为此后的泰山封禅以及沿途祭祀山川等仪式做准备。这表明了鲁地礼学之突出地位，王葆玹认为："西汉前期官方经学中的书学和易学几乎完全是齐学……当时官方经学中的礼学则完全是鲁学，齐学一派的礼学几乎是没没无闻的。"⑥可谓中肯。

然后始皇"征从齐鲁之儒生博士七十人，至乎泰山下。诸儒生或议曰……"。⑦这里明确点出始皇带领齐鲁两地的七十位儒生来到泰山，商议封禅礼仪，显示着齐鲁之地儒生礼仪解释的权威。

《史记·儒林列传》称："夫齐鲁之间于文学，自古以来，其天性也。

---

① 陈立：《白虎通疏证》，中华书局1994年版，第278、298—299页。
② 〔日〕泷川资言：《史记会注考证》卷129《货殖列传》，第4277页。
③ 〔日〕泷川资言：《史记会注考证》卷121《儒林列传》，第4064页。
④ 〔日〕泷川资言：《史记会注考证》卷6《秦始皇本纪》，第340页。
⑤ 杨守敬：《水经注疏》卷25《泗水》，江苏古籍出版社1989年版，第2117页。
⑥ 王葆玹：《西汉经学源流》，台湾东大图书股份有限公司2008年版，第93页。
⑦ 〔日〕泷川资言：《史记会注考证》卷28《封禅书》，第1588页。

故汉兴，然后诸儒始得修其经艺。"①这里的文学是指古代文献，即孔子所传的《诗》《书》《易》等。即是说齐鲁之地，自古就以研习经典文献为天性，一直到汉初后，仍然维系不变。武帝封禅时，也如秦始皇一样，与儒生商议封禅礼仪事宜。并且对齐鲁区域，汉武帝有着自己的认知和感受。《史记·三王世家》载："会武帝年老长，而太子不幸薨，未有所立，而且使来上书，请身入宿卫于长安。孝武见其书，击地，怒曰：'生子当置之齐鲁礼义之乡，乃置之燕赵，果有争心，不让之端见矣。'于是使使即斩其使者于阙下。"②征和二年（前91）太子刘据因巫蛊之祸自杀，燕王刘旦上书求入宿卫，希望得立太子，惹得武帝大怒，发出了"生子当置之齐鲁礼义之乡"的感慨。这点出了武帝心目中"齐鲁礼义之乡"的鲜明文化特点，与燕赵"果有争心"③形成了强烈的对比。

司马迁在《太史公自序》中说自己"讲业齐、鲁之都，观孔子之遗风，乡射邹、峄"④。司马迁以孔子遗风为在齐鲁研习学业的主题，说明孔子的儒家之风成为齐鲁区域的鲜明文化特点。

班固在《汉书·地理志》中备述齐鲁之外的文化风俗，如"薄恩礼，好生分""巧伪趋利""男女亟聚会""妇人尊贵，好祭祀""丈夫相聚游戏""宾客相过，以妇侍宿""刚武，上气力""信巫鬼""好用剑"，全与经学儒术无涉。独述及齐则云："初，太公治齐，修道术，尊贤智，赏有功，故至今其土多好经术，矜功名，舒缓阔达而足智。"述及鲁则云："孔子闵王道将废，乃修六经，以述唐虞三代之道，弟子受业而通者七十有七人。是以其民好学，上礼义，重廉耻。"⑤齐地"好经术"，鲁人"上礼义"，齐鲁之地显示出与其他区域相区别的独特的文化习俗。

---

① 〔日〕泷川资言：《史记会注考证》卷121《儒林列传》，第4066页。
② 〔日〕泷川资言：《史记会注考证》卷60《三王世家》，第2717—2718页。
③ 《史记·货殖列传》称燕地风俗"民雕捍少虑"，与此相类。
④ 〔日〕泷川资言：《史记会注考证》卷130《太史公自序》，第4312页。
⑤ 王先谦：《汉书补注》，上海古籍出版社2008年版，第2846、2847页。

言及于此，我们不得不提到汉武帝罢黜百家独尊儒术的思想文化政策。陈苏镇研究秦朝失败的原因时指出："它完成了对六国的军事征服和政治统一后，未能成功地实现对六国旧地特别是楚、齐、赵地的文化统一。"①

要完成文化的统一，就需要奠定指导文化统一的思想。先秦显学有阴阳、儒、墨、名、法、道等：法家已经让秦朝证明行不通；汉初至武帝时期，道家已经完成了它的历史使命；名家专决于名，失人情，为诡辩之家；墨家太质朴，太刻苦，俭而难遵。只剩下阴阳与儒家，"邹衍的'五德终始'说自战国末年以来已成了普遍的信仰，在汉初，这一派思想已经完全给儒家吸收了过来，成了儒家的产业"②，于是儒家的德教就登上了政治舞台。武帝时，出师征伐，变更制度，追求大一统，而其变更制度的核心内容就是"卓然罢黜百家，表章《六经》"。③儒学可以说就是注经之学，其通过引经据典来解说儒学对政治、经济、法律、宗教等的观念原则。六经一时成为武帝追求思想大一统的核心。

西汉立于学官的经文都是今文经，西汉经学的特点是"首先要传经，不像后来，经文写成了书。当时经过秦朝，许多儒经遭到焚毁，只能靠经师的记忆整理出来，甚至只能口耳相传。所以，经文本身是什么，只能以经师所说为准"。④这就意味着西汉经学的解释和传播必须依赖于经师及其传承体系，即所谓"家法"。家法即解释的权威标志。

《史记·儒林列传》记录了西汉经学传承的源流，其云："及今上即位，赵绾、王臧之属明儒学，而上亦乡之，于是招方正贤良文学之士。自是之后，言诗于鲁则申培公，于齐则辕固生，于燕则韩太傅。言尚书自济南伏生。言礼自鲁高堂生。言易自菑川田生。言春秋于齐、鲁自胡

---

① 陈苏镇：《〈春秋〉与汉道》，中华书局2011年版，第8页。
② 张荫麟：《中国史纲》，中华书局2013年版，第209页。
③ 王先谦：《汉书补注》，第308页。
④ 李申：《简明儒学史》，中国人民大学出版社2009年版，第90页。

毋生，于赵自董仲舒。及窦太后崩，武安侯田蚡为丞相，绌黄老、刑名百家之言，延文学儒者数百人，而公孙弘以春秋白衣为天子三公，封以平津侯。天下之学士靡然乡风矣。"①"瑕丘江生，为《谷梁春秋》。"②可见汉初传授儒家五经的九位大师中有七人是齐鲁学者，其中传《诗》者三人：鲁人申培公、齐人辕固生、燕人韩太傅，二人出自齐鲁；传《书》者济南伏生；传《礼》者鲁人高堂生；传《易》者菑川田生，即田何；传《春秋》者齐鲁胡毋生、赵人董仲舒；传《谷梁春秋》者为瑕丘（今山东兖州）江生。

其实董仲舒之公羊春秋亦传自齐人。据《汉书·儒林传》载："胡毋生字子都，齐人也。治《公羊春秋》，为景帝博士。与董仲舒同业，仲舒著书称其德。"③董仲舒为赵人，却与胡毋子都一同受业。据唐人徐彦《春秋公羊传疏》载："公羊者，子夏口授公羊高，高五世相授，至汉景帝时，公羊寿共弟子胡毋生乃著竹帛，胡毋生题亲师，故曰公羊。"④《汉书·艺文志》载："《公羊传》十一卷。公羊子，齐人。"颜师古注："名高。"⑤按此谱系，《公羊传》的汉代传人为公羊寿，其与弟子胡毋生一起把口耳相授的《公羊传》写在竹帛之上，形成有文字记载帛书。而董仲舒与胡毋生一同受业，则其师自然是齐人公羊寿，所以说董仲舒的"公羊春秋"传自齐人，属于齐学范畴。所以《汉书·儒林传》说"公羊氏乃齐学"，⑥确实信而有征。不仅如此，五经的传授谱系中，齐鲁学者均占极其重要地位。《汉书·儒林传》载"谷梁子本鲁学，公羊氏乃齐学"⑦，将汉代经学分为"齐学"与"鲁学"。

---

① 〔日〕泷川资言：《史记会注考证》卷121《儒林列传》，第4067页。
② 〔日〕泷川资言：《史记会注考证》卷121《儒林列传》，第4085页。
③ 王先谦：《汉书补注》，第5450页。
④ 《春秋公羊传注疏》，北京大学出版社2000年版，第5页。
⑤ 王先谦：《汉书补注》，第2928页。
⑥ 王先谦：《汉书补注》，第5453页。
⑦ 王先谦：《汉书补注》，第5453页。

故王葆玹指出："考察西汉前期至中期的经学家……当时齐学一派所传习的经书主要有《诗》、《书》、《易》和《春秋》四种,鲁学一派所传习的经书则主要有《诗》、《春秋》、《易》和《礼经》四种。也就是说,西汉前期的官方尚书学几乎全部属于齐学的系统,而这一时期的官方礼学则完全由鲁学一派垄断着"。① 西汉时期,齐鲁儒生垄断了经学的传授谱系,独霸了五经的话语权,成为整个国家大一统思想的源头和发动机。正因如此,全国皆以齐鲁经学为理想目标。

如《汉书·循吏传》载蜀地经过文翁数年治理,学官弟子人才辈出,"由是大化,蜀地学于京师者比齐鲁焉。"② 以蜀地在京师的学官弟子比肩齐鲁,一方面表明齐鲁在京师的儒生为全国之首,另一方面各地学官弟子的培养也以齐鲁为评价标杆。

又如《汉书》卷四十六《石奋传》载石奋家族"万石君家以孝谨闻乎郡国,虽齐、鲁诸儒质行,皆自以为不及也"。王先谦《补注》云:"言齐鲁尚实行,犹自以为不及万石君家。"③ 是亦以齐鲁风尚为衡量尺度。

丁鼎总结了齐鲁区域在两汉经学传授谱系中的重要地位,指出:"整个西汉时期的五经传授谱系基本上为齐鲁学者所垄断……自汉武帝接受董仲舒的建议而罢黜百家、独尊儒术、表章六经之后,对儒家经典进行整理、考订和阐释的学问便正式成为具有国家法典性质的儒家经学。于是发端于春秋时期的鲁国、发展壮大于战国时代齐鲁地区的儒家学说便由地域文化上升为主流文化,确立起其在思想学术领域的主导地位,成为中国封建帝制政治统治合法性的理论依据,成为我国古代思想文化的核心和意识形态的基础,对我国古代的政治体制、经济政策、文化教育和伦理观念产生了重大而深远的影响。"④

---

① 王葆玹:《西汉经学源流》,第56页。
② 王先谦:《汉书补注》,第5463页。
③ 王先谦:《汉书补注》,第3595页。
④ 丁鼎:《论齐鲁文化在两汉经学传授谱系中的重要地位》,《齐鲁文化研究》2011年第1期,第17页。

前面指出，强大的秦帝国亡于没有完成文化统一，西汉以军事力量推翻秦朝后，重又面临着这一关键问题，汉武帝正是通过变更制度完成了秦未完成的文化统一事业，"罢黜百家，表章《六经》"就是文化统一的核心要素。陈苏镇指出："秦汉之际，由于自然和地理条件的制约，由于各地政治、经济、文化发展的不平衡，关中和关东，西方和东方仍存在较大差异和对立。相对而言，关中地区在政治、军事上占有优势，关东地区则在文化上占有优势。这一客观形势决定了政治的统一只能是关中统一关东，西方兼并东方；而文化的统一必须是关东统一关中，东方压倒西方。"[①] 所以说，汉武帝通过利用齐鲁传承的经学文化，使之成为思想大一统的利器，从而东方的齐鲁文化最终成为统一全国的垄断性文化，儒家思想成为国家的指导思想，彻底完成了西汉的文化统一。

前已述及五岳奠基于汉武帝时期，田天认为"五岳说的兴起，与此时儒家学说地位逐渐上升有关"，[②] 可谓道出了其中奥秘。五岳的核心思想是以五岳代表五方，东岳泰山代表着东方。东方泰山是武帝七次封禅之处，以泰山为标志的齐鲁区域是其心目中的礼义之乡，是其"罢黜百家，表章《六经》"的思想源泉。如果齐鲁文化是西汉思想文化的高地，泰山就是这座高地上的最醒目的标志，所以齐鲁区域文化为东岳泰山成为五岳之长奠定了坚实的文化思想基础。

二、汉宣帝与泰山"岁五祠"

汉武帝践行五岳，已经表明东岳泰山的独特地位，但并未形成制度。直到汉宣帝时，东岳泰山为五岳之长才正式列为国家典制。

神爵元年（前61），汉宣帝制诏太常，确立了五岳四渎的国家祭祀

---

① 陈苏镇：《〈春秋〉与汉道》，第116、615页。
② 田天：《秦汉国家祭祀史稿》，第313页。

制度,"自是五岳、四渎皆有常礼。东岳泰山于博,中岳泰室于嵩高,南岳灊山于灊,西岳华山于华阴,北岳常山于上曲阳……皆使者持节侍祠。唯泰山与河岁五祠,江水四,余皆一祷而三祠云"。① 宣帝颁布的山川祭祀制度,规定了泰山等岳渎的常祭等级规格,泰山一年五祠,其他四岳延续了秦时春秋泮涸祷塞的一祷三祠。这样,山岳祭祀等级中,唯泰山最尊。

此后,刘向(前79—前8)在《五经通义》中云:"泰山者,五岳之长,群神之主,故独封泰山,告太平于天,报群神之功也。禅梁父者,太山之支属,能配太山之德也。"② 在《洪范五行传》中也称"泰山,岱宗,五岳之长,王者易姓告代之处也"③。刘向的"五岳之长",就是对宣帝五岳祭祀制度的高度概括。这表明,泰山由先秦时期的名山、秦时的十二座名山之一,一跃而成为天下名山第一,位居五岳之长。

宣帝时期,泰山在国家山川祀典中升到至尊,偶然中包含必然。宣帝一生坎坷,作为只有几个月大的皇曾孙遭巫蛊之祸,成为孤儿,收系郡邸狱,险遭杀身,遇大赦,以庶人衣食于掖庭,昭帝崩,刘贺废,才得以入未央宫,封为阳武侯,即皇帝位。总结《汉书》等相关记载,可以发现有两方面的因素影响宣帝一生。

一是众多鲁人围绕在他周围,保障了他的生存生长。生数月时,因巫蛊之祸,其祖父刘据、祖母史良娣、父亲刘进、母亲王夫人皆离世,治狱者为鲁人丙吉,其让监狱中的女徒淮阳赵征卿、渭城胡组交替哺育年幼的刘病已;当内谒令要杀刘病已时,丙吉挺身而出坚决阻止;遇汉武帝大赦后,又将刘病已送到其祖母的娘家,由史良娣之母贞君、之兄史恭抚养,而史良娣家本鲁国;后刘病已被掖庭供养照顾,壮年后,娶暴室啬夫许广汉女为妻,许广汉为昌邑(今济宁市金乡西北)人,与刘

---

① 王先谦:《汉书补注》,第2847页。
② 董治安:《两汉全书》(第9册),第5130页。
③ 董治安:《两汉全书》(第9册),第4953页。

病已同舍居住，自此刘病已就依存于史广汉兄弟及其祖母史家；刘贺被废后，又是丙吉向霍光推荐，得登帝位。下面提到的解读泰山石立的眭弘也是鲁国蕃（今滕县）人。这些人的作为确实合乎武帝"齐鲁礼义之乡"的判断。

二是泰山有大石自立，预示刘病已是未来的帝王。据《汉书·眭弘传》载：

> 眭弘字孟，鲁国蕃人也。少时好侠，斗鸡走马，长乃变节，从嬴公受《春秋》。以明经为议郎，至符节令。孝昭元凤三年正月，泰山莱芜山南匈匈有数千人声，民视之，有大石自立，高丈五尺，大四十八围，入地深八尺，三石为足。石立后，有白乌数千下集其旁。是时，昌邑有枯社木卧复生，又上林苑中大柳树断枯卧地，亦自立生，有虫食树叶成文字曰："公孙病已立。"孟推《春秋》之意，以为"石柳皆阴类，下民之象，而泰山者岱宗之岳，王者易姓告代之处。今大石自立，僵柳复起，非人力所为，此当有从匹夫为天子者。枯社木复生，故废之家公孙氏当复兴者也。"孟意亦不知其所在，即说曰："先师董仲舒有言，虽有继体守文之君，不害圣人之受命。汉家尧后，有传国之运。汉帝宜谁差天下，求索贤人，禅以帝位，而退自封百里，如殷周二王后，以承顺天命。"孟使友人内官长赐上此书。时昭帝幼，大将军霍光秉政，恶之，下其书廷尉。奏赐、孟妄设袄言惑众，大逆不道，皆伏诛。后五年，孝宣帝兴于民间，即位，征孟子为郎。[①]

眭弘为东平嬴公的弟子，嬴公为董仲舒之弟子，也就是说眭孟为公羊家董仲舒的再传弟子。面对泰山大石自立等怪异现象，眭弘以《春秋》

---

① 王先谦：《汉书补注》，第4869—4870页。

之意推衍，认为这是上天通过这件怪异的事来展示自己的意志：这事发生在泰山，泰山是王者易姓换代时封禅报告之处，说明要有普通百姓成为天子，而且这个人一定是以前被废的名叫病已的公孙氏。并且引用董仲舒之语说，当朝皇帝应该顺天意，自动退位，把帝位禅让给这位贤人，从而完成上天命汉家传国给他姓的使命。他这套改朝换代的禅让观点自然会引起朝廷的极度不满，被视为妖言惑众，而他自己也因此丢掉性命。

泰山大石自立这件事发生在元凤三年（前78），该年皇曾孙刘病已住在宫殿中的旁舍，是一名默默无闻的十四岁庶人。阐释泰山大石自立的眭弘当然也不会想到这位索居宫廷角落的公孙。但毕竟公羊春秋在西汉具有极大的影响力，冯友兰指出："公羊家把他们所讲的'《春秋》之义'，应用到中国封建社会上层建筑的各个领域里。经过他们的宣传，在汉朝，《春秋》仿佛是一部宪法。"① 以公羊春秋解释泰山石立，其影响力深远巨大。

五年后，兴于民间的刘病已登上帝位。多灾多难的宣帝曾经坠入社会最底层，后又摇身一变承至尊，在其执政时，如果没有神圣的理由，是很难面对极为复杂的宫廷局面的。如果稍有疏忽，昌邑王刘贺就是其前车之鉴。而公羊家眭弘对泰山大石自立等现象的解释，恰到好处地为其提供了合法性、正当性的理由。"即位，征孟子为郎"，表明宣帝充分利用眭弘的阐释，成功地把泰山大石自立转化为自己受命于天的神喻，即自己就是那个被废为匹夫的公孙，如今顺应天意，回归帝位。

这件事成为了宣帝时期阴阳灾异思潮的序曲，此后"大力宣扬灾异祥瑞，作为自己'受命于天'的证明，由此，他带头刮起了讲灾异之风"。② 宣帝一朝有关祥瑞的事件共发生十三次，其中发生在齐鲁区域的有五次（含泰山两次）：（1）本始元年（前73）五月，凤凰集胶东、千

---

① 冯友兰：《中国哲学史新编》（中），人民出版社1998年版，第59—60页。
② 金春峰：《汉代思想史》，中国社会科学出版社2006年版，第269页。

乘；（2）本始四年（前70）五月，凤凰集北海安丘、淳于；（3）地节二年（前68）四月，凤凰集鲁郡，群鸟从之；（4）元康元年（前6）三月，凤凰集泰山；（5）元康三年（前63），神爵数集泰山，五色鸟以万数飞过属县。这样，宣帝登极后不断展示泰山及其区域的凤凰神爵，不断地重复渲染，让自己身上镀满光辉灿烂神圣耀眼的色彩。

值得注意的是，宣帝是历史上著名的知恩图报的皇帝，尤其是地节二年（前68），大司马霍光去世后，宣帝才展开手脚，进行了报恩活动。在元康三年（前63）三月封丙吉等诏书中，宣帝引用《诗经·大雅·抑》诗句"无德不报"，展示了他知恩图报的宗旨。现实也确实如此，如：

贞君及恭已死，恭三子皆以旧恩封。长子高为乐陵侯，曾为将陵侯，玄为平台侯，及高子丹以功德封武阳侯，侯者凡四人。高至大司马车骑将军，丹左将军。①

后五年，立皇太子，乃封太子外祖父昌成君广汉为平恩侯，位特进。后四年，复封广汉两弟，舜为博望侯，延寿为乐成侯。许氏侯者凡三人。广汉薨，谥曰戴侯，无子，绝。葬南园旁，置邑三百家，长丞奉守如法。宣帝以延寿为大司马车骑将军，辅政。②

宣帝初即位，赐吉爵关内侯。环吉为人深厚，不伐善。自曾孙遭遇，吉绝口不道前恩，故朝廷莫能明其功也……是时，掖庭宫婢则令民夫上书，自陈尝有阿保之功。章下掖庭令考问，则辞引使者丙吉知状。掖庭令将则诣御史府以视吉。吉识，谓则曰："汝尝坐养皇曾孙不谨笞答，汝安得有功？独渭城胡组、淮阳郭徵卿有恩耳。"分别奏组等共养劳苦状。诏吉求组、徵卿，已死，有子孙，皆受厚赏。诏免则为庶人，赐钱十万。上亲见问，然后知吉有旧恩，而终

---

① 王先谦：《汉书补注》，第5951页。
② 王先谦：《汉书补注》，第5958页。

不言……后五岁,代魏相为丞相。①

总之,宣帝有着皇家刘氏与鲁国史氏血统。受鲁人呵护是实,受泰山之功是虚,虚实结合,为宣帝登极提供了正统性与合法性。尤其泰山本身就是汉武时期五岳中最为重要者,是封禅告代之处,更是预示刘病已即位的神岳,居功至伟。祭祀的宗旨就是报本反始,泰山对宣帝有如此大的恩德,对于"无德不报"的宣帝来说,在颁布五岳祭祀制度时,给予东岳"岁五祠"的最高规格,于公于私,于情于理,水到渠成,顺理成章。所以,历史选择了由汉宣帝来最终确立东岳泰山为五岳之长。

三、小结

五岳制度奠基于汉武帝时期,武帝的泰山封禅祭祀,标志着泰山明显重于其他四岳。武帝为了完成国家的文化统一,采取了"罢黜百家,表章《六经》"的思想文化政策,而西汉经学的传承谱系几乎被齐鲁儒生所垄断,他们掌握着儒家经典的解释权。齐鲁区域经学成为武帝统一思想文化的发动机,泰山为齐鲁区域的山岳标志,自然助推了东岳泰山的地位与影响。正如王晖所说,"战国以来齐鲁文化盛行,东方泰山地位升高"②。汉武帝巡行封禅,独重泰山,并以齐鲁经学为文化统一的利器,对东岳泰山成为五岳之首起了巨大的推动作用,惜乎引而不发,没有确立五岳制度。

宣帝一生可谓坎坷,最后能登上帝位可谓匪夷所思。众多齐鲁之士帮助其生存长大,尤其泰山大石自立,为宣帝登基提供了合法性与正当性,无德不报的宣帝颁布的山川祭祀制度,确立了东岳泰山"岁五祠"

---

① 王先谦:《汉书补注》,第4858—4859页。
② 王晖:《商周文化比较研究》,人民出版社2000年版,第81页。

的最高规格，充分体现了报本反始的礼之本义。泰山首山地位最终确立由宣帝来宣布，正得其时。此后刘向称东岳泰山为"五岳之长"，正是对宣帝五岳制度的高度凝练概括。

泰山名贤宋焘的东林渊源*

泰山学院　阚琉声

宋焘是泰安历史名人，与宋代的孙复、石介、胡瑗以及清代赵国麟并称"泰山五贤"。宋焘生活的时代，正是东林运动兴起和蓬勃发展的阶段。东林以救时为宗旨，在社会积弊日深、矛盾加剧的万历时期，迅速成为了一股政治潮流，产生了广泛的社会影响力。在这一历史大背景下，无数士子与东林产生了交集，建立了联系，留下了各种各样的故事。其中便包括与东林有着不解情缘的宋焘。这位名贤与东林的渊源关系，前辈学者早有注意，可惜论述时或者未及展开，或者关注一隅，[①]尚有未竟之处。笔者不揣谫陋，在吸收既往成果的基础上，欲从东林的角度对宋焘的事迹进行系统梳理，不当之处，敬请方家指正。

一、羁燕游吴、居官归隐，对东林人士感情如一

宋焘在万历二十九年（1601）考取进士，自此开启了他"五季羁燕，二载游吴"[②]的生涯。宋焘考中进士的同年七月转为庶吉士，在京师度过

---

* 基金项目：2021年度泰安市社会科学课题研究（项目编号：21-YB-058）。
① 涉及宋焘东林事迹的相关论文论著，可参见王亨豫《岱臆》（王佛生抄本）的相关部分；周颖：《明代泰山学者宋焘》，《泰山研究论丛》第4集，青岛海洋大学出版社1991年版，第99—100页；赵学法：《泰山文化举要》，吉林人民出版社2016年版，第305、307页等。
② 宋焘：《青岩居草·自叙》（见曲阜师范大学图书馆1990年影印的《泰山丛书》第5函第36册），第5页。

了几年的庶吉士时光后，万历三十三年（1605）十二月被任命为监察御史，正式踏入仕途。

居京期间，借助地利之便，宋焘与多名东林人士有直接的往来。民国学者王亨豫据宋焘诗集《青岩居草》，钩沉了他的东林交往，指出："其居燕之什，有友蔡弘甫、王伯举、乔鹤皋（乔允升）等。按弘甫名毅中，伯举名元翰，俱东林同志。而先生同年公文介公（公鼐），亦东林人。"①在京师东林簇集之地，宋焘长期感受和沐浴着他们的东林之风。这些人也是宋焘的同科庶吉士或同年授予御史的成员，宋焘与他们的交往应该从那个时候就已经开始。②果如此，可以说宋焘一入京便与东林有了情缘。

宋焘为官没过几个月，还与东林党魁顾宪成发生了关联。万历三十四年（1606）二月，朝廷下达了起复废籍的诏令，曰：

> 文职官员降谪罢闲等项可用之才，已诏吏部查奏，分别起用。其有诖误触犯，惩创已久，操行清修，才猷卓绝，众所共推，确裨实用，不可以一眚终弃者，该部院公同精加品题，酌量奏起。③

宋焘听闻此事后，想到了因会推阁臣事件赋闲在家多时的顾宪成，意识到不能让这样一位富有才华的人物隐没乡间，趁此机会极力向朝廷推荐。当时，顾宪成名声已经响彻南北，万人仰慕，诏书下达后，请求起复顾宪成的官员远不止宋焘一位，荐疏纷至沓来。不过在这些举荐疏中，宋焘所上疏是最为著名的两封之一。"自是台省诸曹无日不言起废，公（顾宪成）名无日不首荐牍。养冲姜公（姜士昌）及宋侍御焘两疏尤

---

① 王亨豫：《岱臆·东林往复考》，王佛生抄本。
② 参见《明神宗实录》卷361、416，万历二十九年七月甲辰、万历三十三年十二月乙巳，台北"中研院"历史语言研究所，1962年，第6740、7819页。
③ 《万历起居注》第8册，万历三十四年二月十五日甲寅，北京大学出版社1988年版，第445—446页。

著。"① 在这件事上，宋焘表现得格外积极和用心。从中我们能够明显感受到这位东林领袖在宋焘心目中的分量和地位，也能够体会到他对于这位东林领袖的景仰之情。

朝廷起复废籍诏令下达没过多久，宋焘南下，改任应天巡按御史，开始了"二载游吴"的生涯。担任新职后，宋焘与东林人士周孔教成为了直接搭档和工作伙伴。万历三十一年（1603），周孔教以右佥都御史衔巡抚应天、苏州诸府。到任后，协助顾宪成复成东林书院，②率诸士大夫讲学其中，③与顾宪成、高攀龙建立了深厚的友谊，"订为石交，每事咨询，疏稿多属两先生鉴定"。④在江南的这段日子里，周孔教的政绩非常突出，"善政满江左"。⑤他能做到这一点，除了心怀百姓、勇于任事外，也离不开与应天巡按御史宋焘的合作。当时，周孔教在整肃吏治、关心民瘼、厚伦正俗等处应天诸处地方事务的多个侧面，均留下了宋焘的身影。⑥为了共同管理这片土地，二人通力协作，相互配合。宋焘与东林的感情也在这种密切接触和交往中日益加深。

万历三十五年（1607）下半年，宋焘转任巡按淮扬等处监察御史，期间发生了姜士昌疏劾阁臣被贬事件。姜士昌是顾宪成书院讲学的积极参与和追随者，"顾端文（顾宪成）主盟东林，讲性命之学，先生（姜士昌）率诸同志左右之，风期达于海内"。⑦这位东林人士在万历三十五年

---

① 顾与沐记略，顾枢初编，顾贞观订补：《顾端文公年谱》卷下，《续修四库全书》史部第553册，上海古籍出版社1999年版，第394页。
② 雍正《东林书院志》卷1《建置》，中华书局2004年版，第6—7页。
③ 雍正《东林书院志》卷9，高世泰《周怀鲁先生传》，第380页。
④ 雍正《东林书院志》卷9，高世泰《周怀鲁先生传》，第380页。
⑤ 陈鼎：《东林列传》卷21《周孔教传》，广陵书社2007年版，第458页。
⑥ 可参见周孔教《类报地方灾异疏》《乞留人觐官员疏》《乞留县正官员疏》《遵例乞殊恩优耆硕以彰国典疏》《纠劾不职官员疏》等（《周中丞疏稿·江南疏稿》卷1，《四库全书存目丛书》史部第64册，齐鲁书社1996年版），第240—243、279—280、284—286、313—315、322—327页。
⑦ 刘宗周：《亚中大夫江西布政使司右参政养冲姜公墓表》，《刘宗周全集》第4册，浙江古籍出版社2007年版，第233页。

秋，因上疏抨击沈一贯、规讽李廷机，连降三级，贬为广西佥事。事件发生后，宋焘上疏营救，认为姜士昌是"忠贞天植、实心为社稷者"，惩处姜士昌，会使忠谠之风顿挫，再出现大奸大恶党同伐异、窃弄威福的情况，恐将无人敢言。[①] 遗憾的是，宋焘此疏不仅没有改变姜士昌的命运，还让自己的仕途遭受了挫折，被贬官一级调外任。

姜士昌上疏被贬之际，宋焘正在赴任途中，听闻此事后，不待到驻地就任，便匆匆上了这封奏疏，心情非常焦急。在奏疏中，宋焘自言"愿与先臣杨继盛同游于地下，虽碎首粉身亦当瞑目矣"[②]。杨继盛是嘉靖年间著名的耿介之臣，因弹劾权相严嵩最后惨死。在申救疏中，宋焘同样对沈李二辅进行了激烈的批评和指责。宋焘自比杨氏，显然是对批评二人所导致的结局做了最为悲观的预测。虽然后来只得到了贬官的处分，但从上奏时的心境可知，他已经做好了赴死的准备。早在万历三十四年，宋焘与姜氏已经有了渊源，在举荐顾宪成一事上，形成了默契。这一次，宋焘则直接与这位东林人士发生了关联，主动介入他的为官危机中，不顾自己的安危得失，在其落难之际义无反顾地伸出援手，将自己的前途命运、仕宦荣辱与之紧密结合在一起。宋焘对东林人士的那份赤诚之心和仗义气概，在营救姜士昌事件上体现得淋漓尽致。

受申救姜士昌一事的牵连，宋焘由监察御史降为平定州判官。虽然在品级上仅从正七品改为从七品，但御史是代天子巡行天下的中央监察官，位卑权重，而判官只是一个普通地方官员，二者所受的尊荣和地位不可同日而语。不久，宋焘辞去官职，在家乡构筑青岩居，读书著述，讲学其中，启迪后生，度过了自己人生的最后时光。在远离官场、忙碌

---

① 吴亮辑：《万历疏钞》卷15宋焘《宥直言纳忠谠以作士气疏》，《续修四库全书》史部第468册，上海古籍出版社1999年版，第621—622页。据本书所记，宋焘写作此疏的时间为"万历三十六年九月"，不确。姜士昌受处分是在万历三十五年秋，紧接着宋焘便上疏力救，时间不应该迟至万历三十六年，盖为"万历三十五年九月"之讹。

② 吴亮辑：《万历疏钞》卷15，宋焘《宥直言纳忠谠以作士气疏》，《续修四库全书》史部第468册，第623页。

于地方教育文化事业期间,宋焘仍然与东林诸君子保持联系,"筑室养志,与东林诸君子相往复"。①平淡的岁月里,陪伴自己的,除了读书养志外,还有那份念念不忘的东林情。在自己的余生中,东林仍然是寄托自己情感的所在。

宋焘踏上仕途的一开始,便慕名远在无锡的顾宪成。无论北羁燕京还是南游吴地,獬豸衣冠抑或归隐桑梓,东林情始终不变。在他们事迹风采和气节精神的感染下,宋焘对东林人士倾心仰慕、与东林人士密切交往,挂念东林人士前途,积极为东林人士鸣不平,为了申救东林人士,甚至将自己的安危得失置之度外,与东林人士同命运、共荣辱,堪称士子们与东林人士交往的典范。

二、疏请停矿税、追劾沈一贯,有力支援配合东林斗争

宋焘不仅积极关心东林人士的前途命运,而且在任职行事上也有力支援和配合东林斗争。其中,最具有代表性的事件有两次:

第一,反对矿监税使。万历二十四年(1596)始,明神宗开始往各地派出矿监税使。明神宗外派这些矿税人员,意图搜刮各地财富,这一举动导致民怨沸腾,社会不稳,各地民变风起云涌。民变也波及到了南直隶地区。流寓凤阳府的河南永城县人刘天绪利用无为教聚拢了千余人,自号"龙华帝主",打算万历三十四年十一月冬至日在南京举事。由于内部人士的告发,朝廷提前得到了消息,使事态得到了及时控制。刘天绪起义虽然没有酿成大的事变,但就发生在自己所巡视的南直隶地区,宋焘深感问题严重,于是上疏力陈矿税之害:

自采榷役兴,民不堪命,家怨人愁,一夫振呼,而乱声四应。

---

① 陈鼎:《东林列传》卷14《宋焘传》,第296—297页。

况今北虏犯顺，边饷告急，外有庚癸之呼，内无度支之蓄，万一溃池弄兵，揭竿继起，诚所谓瓦解之势也。宜及今时发内帑之金，停无艺之税，使戎虏不得窥我虚实，奸宄不得撼我民心，因以克诘戎兵，简练将帅，清顶冒之籍，革贿纳之弊，务使将别奇正、人知战守，则内顺治而外威严矣。①

他指出，矿税让百姓难以忍受、怨声载道，严重削弱了民众对朝廷的向心力和凝聚力，已经到了"一夫振呼，而乱声四应"的地步，担任防御重任的戍边部队还面临着缺饷的困境。一旦军需供应不及时导致将士哗变，百姓因矿税弊政所郁积的不满情绪被点燃揭竿继起，兵变民变叠加，整个国家政权就面临崩坏的局面。这里，宋焘一针见血地指出了外派矿监税使对王朝统治所造成的严重危害，请求天子能够重视起来，立即"停无艺之税"，同时发内帑之金以助饷，在此基础上整军讲武，振刷弊政，以解决目前的危机。面对矿税弊政带来的社会问题，东林人士也看得非常清楚，是当时反对矿税最坚决的力量之一。在这件事上，宋焘可以说和东林人士心有灵犀。

第二，参与反对沈一贯的斗争。沈一贯居阁揆期间，在楚宗、妖书、乙巳京察三事上干犯清议、恃权凌人，激起了包括东林在内的广大朝臣的不满，东林与沈一贯进行了激烈的交锋。一种说法认为与沈一贯之争，标志着东林党的形成。如夏允彝言："国朝自万历以前，未有党名。及四明沈一贯为相，以才自许，不为人下，而一时贤者如顾宪成、孙丕扬、邹元标、赵南星之流，蹇谔自负，与政府每相持。附一贯者，言路亦有人，而宪成讲学于东林，名流咸乐趋之，此东林、浙党之所自始也。"② 可见这次斗争在整个东林运动中所占据的地位。

---

① 《明神宗实录》卷429，万历三十五年正月壬申，第8089页。
② 夏允彝述：《幸存录》卷上《门户大略》，《丛书集成三编》第99册，台湾新文丰出版公司1997年版，第436页。

沈一贯大悖公论，东林对沈一贯的弹劾，一直延续到其离职以后。其中便包括上文提及的姜士昌。姜士昌追论这位旧辅遭贬谪后，宋焘立即上疏为之鸣冤。为了表达对这位东林人士主张的支持，更是为了说出自己的心声，宋焘在奏疏中也对沈一贯进行了激烈的批判。宋焘指出，沈一贯在位期间"盖世瞒天、欺君罔上"，去位后仍不放权，幕后操纵党同伐异，"虽去而实未去"，对权力之贪婪古之未有，①继姜士昌后再次打击了沈一贯的气焰。万历三十四年沈一贯辞官引退，但朝中的影响力犹在，他所在的老家浙江地区的官员更是紧密抱团，与东林相扞格。宋焘讨伐沈一贯，虽然发生在沈一贯离职以后，但对于支援东林斗争，其意义仍然不容小觑。

顾宪成尝言："官辇毂，念头不在君父上；官封疆，念头不在百姓上；至于水间林下，三三两两，相与讲求性命，切磨德义，念头不在世道上，即有他美，君子不齿也。"②东林人士心忧时局，以天下苍生为念，同时又坚守道德信条，勇击官邪，堪称士人的表率，自此基础上所发起的政治运动、所秉持的政治主张自然会得到有良知的正直士大夫的认可和支持。心忧社稷、胸怀黎民的社会责任心的驱使以及对为官操守的追求让宋焘和东林在行事上自觉走到了一起。

三、欣赏认可、积极请赠，光辉生涯获东林人士肯定

宋焘居官期间，敢于犯颜、纠劾无避。面对矿税之弊，为了社稷前途，毫不隐讳、言辞激烈地予以劝谏，丝毫不顾天子淫威。为了纲纪国法，不仅对于一般官员的不法乱纪行为勇于检举，即便是对于身居高位、掌握权势的内阁重臣不职官守的现象，也会无所畏惧地予以纠劾。以必

---

① 吴亮辑：《万历疏钞》卷15，宋焘《宥直言纳忠谠以作士气疏》，《续修四库全书》史部第468册，第622页。
② 黄宗羲：《明儒学案》卷58《端文顾泾阳先生宪成》，中华书局1985年版，第1377页。

死之心上奏追论沈李二辅便是代表。王楫《宋绎田先生传》言："先生立朝大节，既以批逆鳞，又以忤权要。"①这句话正是对宋焘这种为官风节的总结。敢犯颜、勇纠劾，也是东林人士的为官写照。东林领袖顾宪成就是因为会推阁臣时过于坚持原则，惹怒天子，被直接削去了官职，从此再也无缘官场。而杨涟、左光斗为了同逆阉作斗争，以血肉之躯直撄其锋，付出了生命代价也在所不惜。这样的例子在东林人士身上数不胜数。

宋焘与东林为官风节的自然契合，让宋焘赢得了东林人士的欣赏和认可。丁元荐将宋焘与顾宪成、邹元标、赵南星、高攀龙等并视为"君子"，②李邦华把宋焘与邹元标、顾宪成等并列，看作是"正人"的代表，③评价可以说是相当高。丁元荐是东林与浙党进行激烈交锋时，被浙党分子最为忌恨的东林成员之一。"当东林、浙党之分，浙党所弹射东林者，李三才之次则元荐与于玉立。"④李邦华乃"宵人所目'东林五鬼'之一"。⑤他们二人都是有影响力的东林人物，能得到他们的这种评价，足见宋焘在东林群体心目中的地位。

万历四十二年（1614）宋焘去世。逝后，东林人士积极地为之请官赠恤。熹宗御极，遵从先帝遗愿恤录先朝遗忠，率先为宋焘请求恩恤的是王允成。王允成是天启初年东林势盛时期的重要人物，"当天启初，东林方盛。其主张联络者，率在言路。允成居南，与北相应和，时贵多畏其锋"。⑥宋焘在申救姜士昌时触犯权辅被贬职。他的这种不畏强权、敢

---

① 民国《重修泰安县志》卷12王楫《宋绎田先生传》，《中国地方志集成·山东府县志辑》第64册，凤凰出版社·上海书店·巴蜀书社2004年版，第632—633页。
② 周念祖辑：《万历辛亥京察记事始末》卷2丁元荐《宪臣持议当坚疏》，《续修四库全书》史部第435册，上海古籍出版社1999年版，第286页。
③ 李邦华：《文水李忠肃先生集》卷1《分别邪正疏》，《明别集丛刊》第5辑第15册，黄山书社2015年版，第262页。
④ 《明史》卷236《丁元荐传》，中华书局1974年版，第6157页。
⑤ 顾与沐记略，顾枢初编，顾贞观订补：《顾端文公年谱》卷下，《续修四库全书》史部第553册，第405页。
⑥ 《明史》卷246《王允成传》，第6383页。

于亮言的风节得到了王允成的敬佩。天启元年（1621）五月，时任南京广东道御史的他上疏"请恤录废死诸臣"，在奏疏中他将宋焘视为是"忠而忤相"的代表，认为敢谏之忠，让其虽死犹生。[①] 王氏自己也是以身垂范，"谔谔敢言，屡犯近幸"，对魏忠贤和客氏进行了猛烈的弹劾，锋芒毕露，让阉党分子既切齿又忌惮。[②]

宋焘不避强御、敢批重臣的这一品格，还得到了东林骨干成员邹元标的肯定。邹元标官拜左都御史后，于天启二年（1622）也上疏朝廷请求对宋焘予以赠恤。在奏疏中，邹元标将宋焘与东林君子刘元珍、安希范、姜士昌等并列为"论阁臣而谪者"的典型，认为他们怀忠不二，朝廷应通过赠恤，昭彰他们的光辉事迹，"不当使湮没无闻，偏抱幽贞于冥冥"。[③] 邹元标与宋焘二人"虽同事一朝，初未识面"。[④] 邹元标为宋焘请赠，很显然不是出于个人交谊这种狭隘的私心，而是基于他不畏强权、刚正不阿的品节。从中也能看出这位东林巨擘对宋焘本人发自肺腑的认同。

在王允成、邹元标两位东林人士的不懈努力和推动下，天启二年六月，吏部"以建言国本降斥遐荒及诖误下狱为民永锢没身者"的身份，追赠宋焘为光禄少卿。[⑤] 虽然仕途的后半程遭遇不公对待，但宦旅生涯终究得到了朝廷公允的评价，也算是对不屈权威、抗疏直言的宋焘的一种回报。而荣誉的获得，有赖于东林人士的积极争取，更是东林对他的光辉生涯的肯定。

总之，宋焘与东林有着紧密的情缘，他心系东林，一以贯之，身体力行；东林也赏识宋焘，为他争得了应有的荣誉，两者心心相印，留下了源远流长的佳话故事。天启年间魏忠贤庙堂肆虐之际，宋焘被列名东

[①] 《明熹宗实录》卷10，天启元年五月乙巳，台北"中研院"历史语言研究所，1962年，第492页。
[②] 《明史》卷246《王允成传》，第6383页。
[③] 见刘宗周为邹元标代写的《请恤罪废诸臣疏》（《刘宗周全集》第3册），第31—33页。
[④] 民国《重修泰安县志》卷12王楫《宋绎田先生传》，第632页。
[⑤] 《明熹宗实录》卷23，天启二年六月甲申，第1142—1145页。

林党籍，了解东林事迹的主要史籍陈鼎的《东林列传》直接将其视为东林人士，均是考虑到了他的这种深厚的东林背景。与东林具体渊源关系的揭示，对于更加完整地展现宋焘本人多姿多彩、绚丽灿烂的一生事迹，可提供相应的参考。另外，从东林人士推重并积极为之表彰请赠这个切面，我们也能充分地感受到这位名贤实至名归的身份地位。

  本文使用了泰山研究院周郢教授提供的部分资料，在此感谢！

清代民国时期敦煌的民间葬俗

泰山学院　公维章

清代民国时期的敦煌是一个移民社会，民间葬俗如同内地，为中国传统的儒家葬俗糅合佛道及民间宗教而成。晚清民国时期到敦煌游历的考古学家记录了他们看到的敦煌民间葬俗细节，保存了清代民国时期敦煌民间糅合儒、释、道三教之葬俗的丰富史料。

吉川小一郎《敦煌见闻》载其明治四十四年（1911）11月26日晚上看到的葬礼："昨晚看了道教送葬之后的吊唁仪式。是晚上9点在马路中间进行的。其摆设非常奇怪。首先把像日本的大八车似的车子倒立过来，其前面拉着幕。幕的前面搭了两座假桥。所谓桥，是用桌子、椅子等搭起来的，上面蒙上白布、蓝布，做成像桥的样子，其前面是死者家属的位置。开始打起有柄的单面鼓，然后是鼓。一名相当于丧仪主持人的僧人，右手拿着金属的象扇子一样的东西，左手拿着铃，站在那里。接着丧主和三四名子女排成一队，一边齐声打响各种乐器，一边跌跌撞撞地绕场一周。然后念经，接着让一名类似苦力的人拿着原来由丧主拿着的牌位走上桥去。走完之后，移动白布、蓝布蒙的桥，再次让牌位过桥，期间死者家属跪在地上烧纸钱。这个仪式简直像是游戏，一点也不觉得哀伤和肃穆。"[①]

夏鼐《敦煌考古漫记》记其在1944年于敦煌看到的葬礼："敦煌糅合释、道二者的邪教特别多，有龙华会（皇极会）、白蜡会（即玉成会）、

[①]〔日〕大谷光瑞等：《丝路探险记》，章莹译，新疆人民出版社1998年版，第276—277页。

大成会等。我们曾经去过几次观光他们作佛事。9月24日晚上我们曾到工作站的刘姓家中去瞧热闹,看龙华会为亡故者超度,这家近两月以来一连死亡了四个人,都是由伤寒病而死的。他们延请龙华会友五人来,上房供养《法华经》、《法华忏》等经典。在中庭设一香案供养着佛教的五方天王(四天王外,加上中央大梵天),和道教的五方天帝(赤、黄、青、白、黑)。前面另摆一桌,供着地藏菩萨神位。五位龙华会友围坐着诵念'佛说菩提药师如来放赦忏'。坐在中央的会友是主唱者,手持念珠和铜铃。两旁分坐者的四位会友击铜钵和木鱼。桌前以板凳搭成二桥,盖着白布的是银桥,盖着青布的是金桥,桥上放置十几盏油灯。桥前是刘家的三代亡灵的神位。几个妇孺跪在神位前叩拜。过了几天,我们听说附近的谭家延请白蜡会念经。晚上我们偷闲去参观。这也是糅合佛、道二教而成的。听说是白莲教的一派,供奉青空无生老母,用"天运"纪年;作法事用符箓,有斩妖剑。谭家这次念经三天。我们去的那晚是第一天。会友十余人,上房供养经典和宝剑;中庭放置一小佛龛,张挂一张神像,中立者首戴五莲瓣的僧帽,两侧右立红发金刚,左立蓝袍判官。糅合佛、道两教,而以道教气息较浓厚。"①

敦煌学的研究主要集中于汉代至元代,明清时期的敦煌研究则较为薄弱,未见学者讨论清代民国时期的敦煌丧葬风俗,笔者主要依据以上考古学家的现场记录及地方志资料,对清代民国时期的敦煌葬俗作集中考察,不当之处,敬祈教正。

一、葬俗中的过金银桥

以上两位考古学家记录的葬俗,都有亡者过金银桥的细节。明清时期的葬俗中,金银桥是坦途,奈河桥为险境。据《西游记》第10回:

---

① 夏鼐:《敦煌考古漫记》,百花文艺出版社2002年版,第82页。

太宗听说，心中惊惨。进前又走不多时，见一伙鬼卒，各执幢幡，路旁跪下道："桥梁使者来接。"判官喝令起去，上前引着太宗，从金桥而过。太宗又见那一边有一座银桥，桥上行几个忠孝贤良之辈，公平正大之人，亦有幢幡接引。那壁厢又有一桥，寒风滚滚，血浪滔滔，号泣之声不绝。太宗问道："那座桥是何名色？"判官道："陛下，那叫做奈河桥。若到阳间，切须传记。那桥下都是些：

奔流浩浩之水，险峻窄窄之路。俨如匹练搭长江，却似火坑浮上界。阴气逼人寒透骨，腥风扑鼻味钻心。波翻浪滚，往来并没渡人船；赤脚蓬头，出入尽皆作业鬼。桥长数里，阔只三靶。高有百尺，深却千重。上无扶手栏杆，下有抢人恶怪。枷杻缠身，打上奈河险路。你看那桥边神将甚凶顽，河内孽魂真苦恼。柂权树上，挂的是青红黄紫色丝衣；壁斗崖前，蹲的是毁骂公婆淫泼妇。铜蛇铁狗任争餐，永堕奈河无出路。"

诗曰：

时闻鬼哭与神号，血水浑波万丈高。无数牛头并马面，狰狞把守奈河桥。

正说间，那几个桥梁使者，早已回去了。太宗心又惊惶，点头暗叹，默默悲伤，相随着判官、太尉，早过了奈河恶水，血盆苦界。

明抄本《佛说地狱还报经》中也有在"奈河上为念经行善之人所准备之金桥"的记载。①

因此，亡者家人为亡人举行葬礼时，要为亡人设金银桥，以便顺利渡过地狱之河——奈河，逃此一劫。奈河极为恐怖，据《太平广记》卷346"董观"条载，唐宝历年间，董观与僧灵习神游地狱，"行十余里，一水广不数尺，流而西南。观问习，习曰：此俗所谓奈河。其源出于地

---

① 周绍良：《绍良书话》，中华书局2009年版，第161页。

府耶。观即视其水，皆血，而腥秽不可近。又见岸上有冠带袴襦凡数百。习曰：此逝者之衣，由此趣冥道耳"①。

《佛说大乘庄严宝王经》记载：

> 由是颠倒命终之后，见大奈河脓血盈流。②

《大目乾连冥间救母变文并图》卷1：

> 目连闻语便辞大王，即出，行经数步，即至奈河之上，见无数罪人脱衣挂在树上，大哭数声，欲过不过，回回惶惶，五五三三，抱头啼哭。目连问其事由之处，奈河之水西流急，碎石谗岩行路涩。衣裳脱挂树枝傍，被趁不交时向立。河畔问他点名字，胸前不觉沾衣湿。今日方知身死来，双双傍树长悲泣。生时我舍事吾珍，今轩驷马驾珠伦。为言万古无千改，谁知早简化惟尘。呜呼哀哉心里痛，徒埋白骨为高冢。南槽龙马子孙乘，北牖香车妻妾雨。异口咸言不可论，长嘘叹息更何怨。造罪诸人落地狱，作善之者必生天。如今各自随缘业，定是相逢回难□。握手丁宁须努力，回头拭泪饱相看。耳里惟闻唱道急，万众千群驱向前。牛头把棒河南岸，狱卒擎叉水北边。水里之人眼盼盼，岸头之者泪涓涓。早知别后艰辛地，悔不生时作福田。目连问言奈河树，下人曰：天堂地狱乃非虚。③

五代流行的敦煌文献P2003《阎罗王预修生七往生净土经》载：

> 第一七日过秦广王：

---

① 李昉等编：《太平广记》，中华书局1961年版，第2743页。
② 《大正藏》第20册，第53页中。
③ 《大正藏》第85册，第1309页上。

赞曰：一七亡人中阴身，羊队队数如尘。且向初王斋点检，由来未渡奈河津。

第二七日过初江王：

赞曰：二七亡人渡奈河，千群万队涉江波。引路牛头肩挟棒，催行鬼卒手擎叉。

蒲松龄《聊斋志异》之《王十》篇：

鬼引（王）十去，至奈河边，见河内人夫，缧续如蚁。又视河水浑赤，臭不可闻。淘河者皆赤体持畚锸，出没其中。朽骨腐尸，盈筐负舁而出；深处则灭顶求之。惰者辄以骨朵攻背股。同监者以香绵丸如巨菽，使含口中，乃近岸。见高苑肆商亦在其中，十独苛遇之，入河楚背，上岸敲股。商惧，常没身水中，十乃已。经三昼夜，河夫半死，河工亦竣。

泰山为中土的地狱，早在先秦时期，即已有"魂归泰山"之说；秦汉时期，泰山鬼神文化影响进一步扩大，汉魏两晋时期的佛经翻译中，已用"泰山"替代佛经中的"地狱"一词，彰显了泰山鬼神文化的强大渗透力；南北朝隋唐时期，由于佛、道的渗透与文化交流，泰山鬼神文化成为中国民间信仰的特色之一，尤其表现在泰山府君的诸种传说及地狱十王信仰。早在五代时期，泰城的奈河即建有奈河将军堂，据五代天福六年泰安《奈河将军堂记》载，五代天福元年，新澶州岳社社头郭肇组织当地社众四十户来泰安建庙以求功德，见宫宇繁多，圣像列侍："唯奈河□，元非灵庙，是以历览林薮，履蹈河壖，东望则天之坛，西临鬼仙之洞，垒障重岩倚其后，飞云流水枕其前，得此一方，实为殊胜"，因此决定在此为奈河将军建庙，天福三年五月十日"建就堂一所三间，四下椽。周回行墙二十四堵，门楼一所"，并装饰一新，又于天福五年三月九日,"迎入将军、夫人真形两座,厮儿妮子两人,夜叉一对",最后之铭文曰:"瞻彼奈河,泉流清清。噫彼逝人,魂飞冥冥。善恶斯作,祸福随情。应业受兮,靡迹厥灵。将军英灵,祠堂□□。一气散化,万神应□。事有克彰,物无不照。辅赞天孙,□室岩峭。□□□□,优游高士。放旷清人,预构阴德。思振芳尘,物景代谢,事迹相仍,成此庙貌,永司其津。"

清代阮元加按语曰:

> 奈河,今作溔河,在泰安城西南二里。《县志》载,灵派侯庙,在迎旭观西,其神旧称奈河将军。宋真宗东封,赐封灵派侯。庙创于后晋天福六年,即此碑所记也。顾亭林《山东考古录》云:溔河水,在高里山之左,有桥跨之,曰溔河桥。世传人死,魂不得过,而曰溔河。①

清代聂剑光《泰山道里记》载:

> 城西门外南折为灵芝街,……街南为灵派侯庙,后晋天福六年建,其神旧称(奈)河将军,又曰通泉侯。宋真宗东封,泉水方涸,俄有清流涌出,赐封灵派侯,有元丰王或撰《重修木桄记》,元至元王正撰《重修庙记》,碑具在。西有金星泉,水南流,明人建金银桥,引城濠水入(奈)河。今僧道作法事,有金银桥、(奈)河桥,以诳世取财,盖借此附会耳。

从以上关于地狱之河——奈河的险象来看,亡人家属希望亡人能顺

---

① 阮元:《山左金石志》,载中国东方文化研究会历史文化分会编:《历代碑志丛书》第15册,江苏古籍出版社1998年版,第72—73页。

利通过奈河，故在丧礼上为亡人搭建金银桥，使其顺利通过奈河。

以上所举葬礼中的过金银桥习俗也影响了清代敦煌周边地区的蒙古人，这可从内蒙古图书馆特藏部收藏的蒙文《西游记》小册子《唐皇发愿西天取真经，金山寺唐僧奉旨赶来》抄本中的片段看出。相关部分汉译文为：

> 却说已经到了乌哲斯古楞·莲花的魂灵，被两个仙童从土地庙里带走的时候了。"（阎王）吩咐在先，若耽误了，将被责怪。"阎王所在地，漫天云雾，寸步难行，可怕的是，看不见亲戚、爱人和朋友们了。乌哲斯古楞·莲花已经从人间消失了，两个仙童点着佛灯走在两旁，（还）举着黄伞和各种幢幡，朝着桥那边走，乌哲斯古楞·莲花问道"前面是什么地方？"两个仙童回答道："这就是金桥呀！"乌哲斯古楞·莲花看到一座漂亮的。在那座桥的前面聚集了无数的饿死鬼，哎呀，为什么如此恐怖？凉风一阵阵的吹来，那些守桥的鬼使愤怒起来，让那些有福气的人从桥上走过去，又喊道："把那些作孽的人抛入污秽的海里淹死！"乌哲斯古楞·莲花走上金桥，远眺四方，桥下聚集了无数个作孽的死鬼。（其中有）吃老虎（肉）的、吃狼（肉）的、跳河的死鬼、上吊的死鬼们正在等待他们的替身。杀人的死鬼、骗人的死鬼、妄想得到不义之财的死鬼、好色的死鬼等，都以牲畜的模样出现。此时两个仙童看到，有人引导着乌哲斯古楞·莲花走下桥，告诉她："前面就是污秽河（海）！"乌哲斯古楞·莲花下了桥，看到，手举黄伞的两个仙童走在两边，讨论着造福与作孽的问题。守桥的鬼使站了起来，用铁叉将那些十恶不赦的孽鬼抛入河里。佛祖啊，那条河的确不好渡过，数不清的江河，（守桥的鬼使们）站在两旁进行盘查。地狱里特别敬重造福的人，只对那些在世间杀人、纵火、屠宰生灵和步入罪恶之路的人，进行严厉的惩罚。天下太平，一、二、

三、四、五，请您听这首诗：污秽之（江）河难以渡过，江（河）之波浪犹如烧开的油脂，苦海又掀起了万（千）重浪。如果你们都明白了这样的苦难，就应该抬头念诵玛尼经。乌哲斯古楞·莲花边走边想："据说在地狱里，是教育所有的人和其他生灵的。自己造福，自己德济，自己有马，自己骑。造福者不分（富贵）和贫穷。今世造福，来世得济，名誉、富贵与好本源都在后头，今生今世难以看到。不要责怪世间的乞丐、贫贱的奴仆、傻子和哑巴，那是（他们）前世没有造福的缘故。"乌哲斯古楞·莲花（继续）往前走着，又看到了佛灯和香火的光焰。于是问仙童："前面是什么？"仙童说："前面就是银桥。"乌哲斯古楞·莲花看到了一座漂亮的桥。请听这首诗：乌哲斯古楞·莲花目睹而兴奋不已，歌声、笛声格外悦耳。金童玉童引路在前，迎接那有福气的人，请（她）走上了银桥。乌哲斯古楞·莲花（往前）走，上了银桥就看到，守桥的阎王（鬼使）长相丑陋，如同可怕的巨蟒，污秽之河难以渡过。乌哲斯古楞·莲花在桥上看到，那桥上（拥挤）的千万人都不能通过，只是等待大量造福的人前往。这座银桥高万丈，云雾漫天。那座桥上有银狮子和银孔雀在跳跃，发出光彩，犹如银子上雕刻了花卉和飞禽。乌哲斯古楞·莲花走在后面，顺着视线远眺，两个仙童在（她）两边走，守桥的阎王（鬼使）跑过来行了礼。那马头（鬼使）、牛头（鬼使）并排站着，一个在迎接，另一个在送行。都说好人没好报，可谁想到（事情）能变成这样呢！让造福的人通过银桥，而把作孽者打入污秽（江）河里。两个仙童边走边笑，乌哲斯古楞·莲花看到那条污垢（江）河，有一条丑陋的铁狗在咬（那些死鬼），河水浑浊，掀起了红浪。那些死鬼，大的在喊叫，小的在哭泣。河水的波浪很大，不可渡过，（掉进河里的死鬼）瞪着眼睛，张着嘴，漂浮在水面。乌哲斯古楞·莲花看在眼里，（心想）啊，观音菩萨（祖师），如果在人间不造福的话，就要在此地变成这个样呀！（她）走下银桥便问道："前面是什么地方？"两个仙童说："这就是遥望家乡的高台啊！……"①

根据此抄本的纸张质地以及文字书写特征推断，很可能是"19世纪末的民间转抄本"，遗憾的是这件抄本是残本，"无法看出作者或抄写者姓名以及抄本形成的确切时间和地点"②。蒙文《西游记》流传最广泛的是阿日那翻译的蒙古文《西游记》抄本，"康熙末年，蒙古准噶尔汗国策旺阿喇部坦袭击哈密，进军西藏，成为清廷的主要对抗力量，于是康熙皇帝选派富宁安、阿日那等率兵驻防于新疆吐鲁番地区"，驻防于新疆巴里坤地区的乌弥氏阿日那于1721年把《西游记》翻译成蒙古文。③阿日那蒙文《西游记》翻译底本为明版《李卓吾批评西游记》，也参考使用了明世德堂本《西游记》。④不论明版《李卓吾批评西游记》，还是世德堂本《西游记》，都有唐太宗入冥过奈河、金银桥的片段，前文已述，兹不赘。

《西游记》对刘全进瓜的情节描述简单，而以上所举内蒙古图书馆特藏部收藏的蒙文《西游记》小册子《唐皇发愿西天取真经，金山寺唐僧奉旨赶来》抄本却将《西游记》中的刘全改成蒙古人名"白音特古斯"，将刘全之妻李翠莲改成蒙古人名"乌哲斯古楞·莲花"，敷衍了乌哲斯古楞·莲花将金钗施与唐僧，被其夫白音特古斯怀疑并遭毒打，乌哲斯古楞·莲花哭离其子而自缢，其子哭祭母亲，白音特古斯安葬其妻，乌哲斯古楞·莲花入冥诉冤，游历十五道地狱等情节，此抄本后残缺，后面的内容应为乌哲斯古楞·莲花游历十六、十七、十八道地狱，还魂重生。说明蒙文《西游记》小册子《唐皇发愿西天取真经，金山寺唐僧奉旨赶来》抄本的创作者为生活于汉族地区的蒙古人或受汉文化影响很深的蒙

---

① 巴雅尔图、玉海转写、译注：《蒙文〈西游记〉抄本拾零》，民族出版社2007年版，第36—43页。
② 巴雅尔图：《蒙古文〈西游记〉研究》，方志出版社2009年版，第72页。
③ 巴雅尔图：《蒙古文〈西游记〉研究》，第4页。
④ 巴雅尔图、玉海转写、译注：《蒙文〈西游记〉抄本拾零》，第3页。

古人，极为熟悉《西游记》的内容，并对汉人的葬俗了如指掌。唐僧取经故事在蒙古人中间流传时间很早，早在14世纪70年代即在内蒙古额济纳旗黑水城流传一种木刻本蒙文《唐僧取经故事》（附带精美插图）[①]，清代阿日那《西游记》译本在清代敦煌周边地区的蒙古人中也应该流传广泛，因为此蒙文本《西游记》的翻译地为新疆巴里坤，离敦煌并不远，而清代敦煌的汉人人口数量不少，蒙古人与汉人的交往也比较频繁，汉人的葬俗影响到蒙古人也极为可能。清代民国时期，《西游记》大行于敦煌[②]，对识字率较低的敦煌民众来说，《西游记》中葬俗"金银桥"的影响远比其他文本或实践来得更直接，更具体。

二、皇极会（龙华会）葬俗

夏鼐记录的民国时期敦煌的皇极会（龙华会）信徒的葬礼，是一种颇具民间宗教色彩的葬俗。清代民国时期，河西的皇极会传播广泛，该会属于大乘圆顿教，有不少信仰者。清代甘肃民间宗教皇极会（龙华会）的传播情况，由于文献缺载，难言其详。"从清政府于乾隆、嘉庆年间查办大乘圆顿教（文献中作'悄悄会'）案和道光年间查办的青莲教案的档案，及近年在漳县农村发现的一批当地龙华会三宝门使用的宝卷，可以了解到康熙以后民间宗教和宝卷在甘肃东部地区传播的一些情况。"[③]大乘圆顿教系明末号为"弓长"的人在河北地区所创，其后发展到了河南、江苏、湖北、四川，另一支则由山西向陕西、甘肃等省份发展，教名亦多有变化。该教在西北地区的传播路线，"先由陕西传入甘肃东部的灵台县，后传到凉州府平番县（今永登县）及兰州府的河州（今定西县）、狄道州

---

① 巴雅尔图：《蒙古文〈西游记〉研究》，第3页。
② 公维章：《清代敦煌地区的玄奘崇拜与〈西游记〉壁画》，载《瓜州锁阳城遗址与丝绸之路历史文化研究》，甘肃教育出版社2016年版。
③ 车锡伦：《明清民间宗教与甘肃的念卷和宝卷》，《敦煌研究》1999年第4期，第43页。

（今临洮县）、皋兰县等"[1]。其名称在陕西、甘肃一带又时称为悄悄会或红单教，而时隐圆顿教之名。清代甘肃发生了几次大乘圆顿教教案：

乾隆四十二年（1777）十一月四日，甘肃狄道州沙泥站红济桥人王伏林自称"弥勒佛下世"，在河州白塔寺王家坡教徒王丙信家树幡念经，并勒令居民供应粮食。至十一月初九日，四方信徒已聚集二千余人，并谋攻打河州、兰州。陕甘总督勒尔谨得到河州当局禀报，当即派副将西德布分两路带兵五百名前往王家坡"剿除"。十三日，清军到达王家坡进行"围剿"，杀毙444人，捕获522名。

嘉庆六年（1801）三月初，陕甘交界宝鸡、灵台等六县悄悄会聚众谋起事，三月初七日，陕甘总督觉罗长麟委派副将肖福禄带兵镇压，杀死会众2000多人。

嘉庆十年（1805）春，甘肃兰州府红水县、皋兰县地方当局发现当地悄悄会聚众念经活动，遂拿获红水县首犯王化周，又在皋兰县地方续获"伙犯"祁全必等三十四名，并查获经卷《皇极还乡》（即《皇极金丹九莲正信还乡宝卷》）、《龙华经》（即《古佛天真考证龙华宝经》）、《合同经》等。又究出狄道州沙泥站地方总师傅石慈及同会张天佐等数人。王化周系石忠信之徒，石忠信是乾隆四十二年河州教案中悄悄会头目，当时即被凌迟处死。石慈之师"已故杜养杰系王伏林之徒"。石慈等人借修炼内丹"传丹"之名，奸污妇女。此案共拿获在教者137名，分别斩、绞、流、徒。

嘉庆十一年（1806）二月初，安定、皋兰两县地方当局查获悄悄会，逮捕42名教徒。这次教案查出了大量的经卷和宝卷，计有：《九莲正信宝卷》（即《皇极金丹九莲正信归家还乡宝卷》）、《皇极收圆宝卷》（又名《皇极收圆出细宝卷》）、《灵感出细宝卷》、《地狱钥匙通天宝卷》等。

自乾隆四十二年起，经过近三十年的镇压，圆顿教（悄悄会）的活

---

[1] 车锡伦：《明清民间宗教与甘肃的念卷和宝卷》，《敦煌研究》1999年第4期，第43页。

动被压制下去了，但是三十年后青莲教又传入甘肃。青莲教源于清初黄德辉所创先天道（又称金丹道），道光初年改名为青莲教。它以湖北武昌为中心，向全国各地传播。其道首之一李一沅负责四川、陕西、甘肃教区。道光二十四年（1844）李派夏长春、毛智源携带《斗女宫普度规条》、《灵犀玉玑璇经》等赴甘肃传道。道光二十五年（1845）正月，甘肃皋兰县当局查获夏长春、毛智源及他们发展的会众多人，及《金丹口诀》、《斗女宫普度规条》等经卷。这一民间教派虽不断遭到清政府镇压，但在同治、光绪间已流向全国，继之而起的一贯道等承其道统。

1992年7月、11月分别在甘肃漳县遮阳山的一个山洞和漳、岷县交界的山村中发现了一批宝卷，发现者介绍，这是当地一个叫"龙华会三宝门"的教派所用的宝卷，这个教派直到五十年代初期仍有活动。发现的这批宝卷中，有六种属于大乘圆顿教的宝卷，估计这个龙华会三宝门和清政府查办的悄悄会同属大乘圆顿教派下的教派，它们活动的地区相近。

以上材料说明，在甘肃东部地区自清初直到现在都有民间宗教皇极会的活动，它们都以宣卷为布道活动。清政府的残酷镇压，只能使民间宗教的活动转入隐蔽，或转到河西地区去找避风港。所以，光绪三年（1877）陕甘总督左宗棠发布《严禁邪教告示》说："……为出示晓谕严禁事、照得边民生长遐荒，鲜明义理，易为邪教迷惑。一被匪徒煽诱，告以结会念经，可求福销罪，则为其歆动，相率归依。""告示"中还列出"大清律例"有关条文作严惩的警告。[①]

清末民初，在甘肃等西北省份，圆顿教的后代流裔一贯道等教派大畅于世，其他教派亦如风如火，遍及底层社会。显而易见，由于底层社会极度的物质与精神贫乏，人们要改变自身的命运，只能乞求有着深厚传统的民间宗教和民间信仰，如久旱之盼云霓，裂土之仰甘霖，哪怕这

---

① 车锡伦：《明清民间宗教与甘肃的念卷和宝卷》，《敦煌研究》1999年第4期，第43—44页。

种信仰是虚幻的海市蜃楼。①

据皇极会的重要宝卷《皇极收圆宝卷》记载，在混元一气鸿蒙未判之前，混沌未分之际，便由原身古佛派定三极同生、三阳同转、三佛掌教。具体说，即"无极生太极，太极炼皇极，皇极炼无极，三极轮转"。"无极会燃灯佛掌青阳教，立玄炉，曾在皇极会摄顶光而锻炼成三叶金莲，转九劫贤圣，以前过去了；太极会释迦佛掌红阳教，曾在无极会内摄身光而入玄炉，锻炼五叶金莲，转十八劫人缘；止（只）有皇极会是弥勒佛掌白阳教，要治那八十一劫贤圣，立玄炉，摄内光而锻炼那九叶金莲。"并且，"三佛都有三灾，三极都有八难"。在该卷"中里参见五阎王分由申报品第十九"中说：

中里向前从头诉，诉说教像洪法门；
教是三极同生教，万类同归是总门；
三阳同转一生像，出世金莲法正门。
道是一步皇天道，万象同归总路程。
暗天掌着《收圆卷》，明天指路又调人。

"三极同生"、"三阳同转"是这个教派的宗教宇宙观和社会观。"三极"指无极、太极、皇极，"三阳"指青阳、红阳、白阳。②敦煌莫高窟第16窟前室门北皇极会会众题记"□来白阳主，一笔判三阳。迹等丹书到，□经缘玖传。四月初八日皇极会提"中的"一笔判三阳"即为青阳、红阳、白阳。皇极会为清代甘肃一种极为活跃的民间宗教，在河西地区广为流行。并且以上夏鼐所记其看到的葬礼中"延请龙华会友五人来"，说明清代甘肃乃至敦煌的皇极会虽不时遭到政府的镇压，但底层社会多

---

① 马西沙、韩秉方：《中国民间宗教史》，中国社会科学出版社2004年版，第678页。
② 车锡伦：《中国宝卷漫录四种》，《文献》1998年第2期，第165—166页。

有信仰者，并不时地展开活动，显示了皇极会极强的影响力。

敦煌"延请龙华会友"为亡故者超度，与内地极为一致，据乾隆四十年（1775）二月二十一日，直隶总督周元理奏报在承德、朝阳一带查获弘阳教李潮案中载："京东一带，向有弘阳教为人治病及民间丧葬念经发送。……李潮等十六人，一同念经做会，一年三次。……唯三十六年有胡广太患病，曾邀宋成相、李潮至家念经二次。嗣后，偶有丧葬之家，无力延请僧道，邀李潮等念经发送。即偕挑担之崔富，写梳之王芝林前往相帮，听便酌送钱米。其有力之家，仍另延僧道，是以邀往者寥寥。"[1] 弘阳教为河北广平府曲周县人韩太湖于明万历二十二年（1594）正式创立，该教明确提出：过去是青阳之世，燃灯佛掌教；现在是弘阳之世，释迦牟尼佛掌教；未来是白阳之世，弥勒佛掌教。即所谓三世、三阳、三佛说，简称之"三阳劫变"。[2] 弘阳教与上述莫高窟第16窟题记"一笔判三阳"一致，说明晚清民国时期的敦煌亦受弘阳教的影响，弘阳教与皇极会（龙华会）相互融通，彼此一致，或为一体两翼，彼此不分。弘阳教之教名，直接源于明嘉靖二十二年（1543）"大明德妃张氏同五公主"捐资刊版的《药师本愿功德宝卷》，该宝卷明白唱出"红阳法"一语："世事忙忙无尽期，火宅恓惶苦不知，若能得遇红阳法，多劫灵光证无为。五蕴皆空早受持，法船往来渡群迷。"并且申明"此卷是诸卷之骨髓，古佛之正宗，众生之路径"[3]。此教极为重视《药师本愿功德宝卷》，晚清及民国时期的敦煌龙华会葬俗中"五位龙华会友围坐着诵念'佛说菩提药师如来放赦忏'"或与此有关。另外，该宝卷中的"火宅恓惶苦不知"源出《法华经》，敦煌龙华会葬俗中"上房供养《法华经》、《法华忏》等经典"亦或与此宝卷在龙华会的重要影响有关。

---

[1] 马西沙、韩秉方：《中国民间宗教史》，第390页。
[2] 马西沙、韩秉方：《中国民间宗教史》，第386页。
[3] 马西沙、韩秉方：《中国民间宗教史》，第373页。

三、白蜡会（即玉成会）葬俗

夏鼐看到的民国时期敦煌的白蜡会（即玉成会）信徒的葬礼，亦是一种民间宗教色彩颇浓的葬俗。夏鼐所言，此会"听说是白莲教的一派"，恐不确。中外学术界似乎已形成了一种相当普遍的看法，即认为罗教以及其后蜂拥而起的民间教派，都是白莲教的支脉流裔。早在20世纪30年代，向达先生在《明清之际宝卷文学与白莲教》一文中最早提出这一见解，1986年出版的《中国文化研究集刊》第二辑《破邪详辩浅析》一文，更明确提出，明清"各个教派可以通称为白莲教，各个教派的经卷，可以通称为白莲教经卷"，马西沙、韩秉方则认为，罗教与白莲教迥然有别，并非其流裔。① 夏鼐所记敦煌白蜡会信徒的葬礼"中庭放置一小佛龛，张挂一张神像，中立者首戴五莲瓣的僧帽"，"首戴五莲瓣的僧帽"应为地藏菩萨，与同时所记龙华会葬俗"前面另摆一桌，供着地藏菩萨神位"如出一辙，其功用乃保佑亡者免坠地狱，往生净土。从敦煌白蜡会（即玉成会）葬俗中"供奉青空无生老母"，用"天运"纪年来看，白蜡会应为罗教的流裔，或为受罗教及天地会影响较大的民间教派。"无生老母"为明清时期众多民间教派崇拜的最高女神，起源于明代的罗教，罗教四祖孙真空撰《销释真空扫心宝卷》明确推出"无生老母"这位女神，到七祖明空更进一步把"无生老母"描绘成慈祥可亲的老婆婆，并杜撰出完整的老母创世造人的神话故事。② 清代罗教大行于西北，甚至经青帮改造，将罗教创始人罗祖家乡籍贯错误地搬到大西北，《临济三庵史》"罗祖单字清，号爱泉，甘肃秀宁人"；《安亲系统论》"罗祖名宝。又说名清，道号净卿，乃甘肃渭源人"；《三庵全集》"罗祖名正清，字爱泉，甘肃省东乡罗家庄人"；《家理三庵宝鉴》"罗祖，单字清，号静觉

---

① 参见马西沙、韩秉方：《中国民间宗教史》，第185页。
② 参见马西沙、韩秉方：《中国民间宗教史》，第168页。

爱泉禅师，系甘肃省清德府秀宁县城东十五里罗家庄人"。① 同为罗教支裔的龙华会亦在甘肃广泛传播，已见上述，诸种民间教派互为影响，很难具体分清信众所属教派，交融混杂应为实态。青帮的三位创教祖师为翁岩、钱坚、潘清。翁岩，字福明，道号德慧，江苏常熟人，原籍山东东昌府聊城县鼓楼街，秀才出身，后弃文习武，在河南少林寺习艺，雍正二年加入天地会；钱坚，字福斋，道号德正，原籍山东东昌府聊城县，迁居河南，经商，雍正二年随翁祖加入天地会；潘清，字宣亭，道号德林，浙江杭州武林门外哑叭桥人。此三位青帮的祖师爷，均受教于罗祖教下，青帮有明显的罗教印记。据甘肃张掖马蹄寺发现的墨书题记可知，早在明代万历二十八年，河西走廊已有天地会结社兴修佛像的活动，且会众有二十名，明代天地会在河西应有较大影响。② 清代民国时期的敦煌为一移民社会，各自将原地所信奉的民间宗教带入敦煌，其杂糅性更加明显，体现在葬俗上亦是如此。

四、方志所载清代及民国时期敦煌的葬俗

1644年明亡，清定都北京。康熙五十四年（1715）出师征讨叛乱的阿酋，开始重视河西的重要战略地位，对嘉峪关以西地区进行认真治理，并开始逐步进行屯田和移民。嘉峪关外渐次修复，并在关外设置了赤金、靖逆二卫。从此处于涣散状态的西北边陲又被重振，敦煌此时亦被清政府从吐鲁番控制下夺回。雍正三年（1725），清朝在敦煌设置了沙州所，属安西同知。后升为沙州卫，迁内地2400余户来此屯田，"他们是甘肃各县抽调来的，依照从前的县籍，聚居一处；即以原来的县名叫村子为某某坊。他们抵达敦煌时，所见到的，除了一座新建的城垣外，大概是

---

① 参见马西沙、韩秉方：《中国民间宗教史》，第249页。
② 马世长：《明代天地会资料的新发现》，《文物》1996年第8期。

一片荒凉的废墟。没有一个土著的汉人，可以告诉他们以当地父老口说流传的故事"①。1933年，某官员去敦煌，记录了敦煌的农坊制和区村制，"宋元以还，几成为各族杂居的地方。直到清朝初年，始由甘肃各县抽调户口移植到敦煌来。他们依照从前的县籍，各自聚居在敦煌某一地段，而且以原有的县名其地为某某坊。这种遗迹，到现在还历历可考——例如城南一二里地的皋兰坊，城东五里地的灵台坊。有些繁殖的村坊，还要分出新、旧、大、小、上、中、下、东、西、南、北的支派来。他们每一个集团有一个土堡，有一个神庙，以至于各有其语言习惯"。据该官员考察，敦煌旧有村坊有靖远、西和、渭源、徽州、崇信、灵台、隆德、两当、镇原、狄道、平凉、泾川、会宁、林台、安定、兰州、兰厅、正宁、礼县、金县、岷州、洮州、安化、巴彦布剌、平蕃、高台、肃州、河州、张掖、永昌、镇番、西宁、碾伯、武威、山丹、古浪、漳县、秦州、宁远、固原、盐茶、静宁、成县、伏羌、陇西、清水、庄浪、秦安、陇州等。②清代敦煌的移民来自西北地区的甘宁青等省份，这些移民应该多秉承其原籍的风俗，其中葬俗也不例外，据宣统《甘肃全省新通志》卷11《风俗》之《丧礼》，比较集中地登录了甘肃某些地区的葬俗③，兹列表如下表：

甘肃部分地区葬俗

地方	葬俗	出处
海城	丧葬不作佛事。	《海城县志》
陇西	行礼用乐，不用浮屠。	《陇西分县志》
岷州	惟自首虞至七虞，自小祥及即吉，无论智愚，以多作佛事为孝，否则以为薄于其亲。	《岷州志》
秦安	丧用朱子家礼，不作佛事。	《秦安采访》

---

① 夏鼐：《敦煌考古漫记》，百花文艺出版社2002年版，第38页。
② 《河西见闻记》，载吴坚主编：《中国西北文献丛书》第125册，兰州古籍书店1990年版。
③ 吴坚主编：《中国西北文献丛书》第23册，兰州古籍书店1990年版，第618—619页。

续表

地方	葬俗	出处
礼县	不作佛事。	《礼县志》
成县	作佛事。	《成县志》
庆阳	不作佛事。	《庆阳府志》
西宁	士大夫家丧尊家礼。惟习俗移人，奢靡是竞，多有盛作佛事者，却不惑阴阳家言，致停柩不葬。	《西宁新采访》
武威	父母初终，披麻卧草，三日小敛，七日大敛，殡期不出七七。富家不论亲疏，通送孝布，送丧用彩楼。秧歌小唱前导，虽云不俭其亲，非圣人与易宁戚之意。	《武威县志》
镇番	惟斋七作佛事，士大夫家亦未尽免。	《镇番县志》
永昌	士大夫家丧尊家礼。时俗多延僧修荐，或一日，或三日，至若鼓吹宴客，无服袒孝，俗已革矣。	《永昌县志》
甘州	奠间作佛事，殡之日……用僧道鼓吹，亲友送至墓所。	《甘州府志》
山丹	惟风尚佞佛，多延黄冠淄流，鼓吹诵经，名曰超度亡魂。	《山丹县新志》
肃州王子庄	丧不事浮屠，略循家礼。俗不停柩，坟无庐舍，间有坊表碑志。	《肃州王子庄志》
敦煌	丧礼简约，绅衿延宾，祭典讽经，宴客称家有无。	《敦煌县新采访》

另《道光山丹县志》卷9《风俗》之《丧葬》载："殡前三日，乡党亲友来赙，奠间作佛事。葬三日，亲友赴茔祭奠攒山。"[1]

《道光镇番县志》卷1《风俗》之《丧礼》载："初卒，男女皆披发即柩，次铺草，朝夕寝处，三日敛以时服，非古人大敛小敛之制。既成服，朝夕奠七日，行祭礼，或三七或五六七至七七止殡，不拘时。其治椁告庙，设铭旌，造冥器，或备或不备，一视家之有无。惟作佛事一节，士大夫虽不必尽沿，而亦未能尽革也。"[2]

《民国东乐县志》卷4《风俗》之《丧葬》载："凡丧葬，附身衣衾，或丝或布，俱用新料。无冬夏必絮品物，各称其家。三日成服，开吊服用粗白布，无论轻重，均下际不辑。亲友送帛，首七设斋，延宾赞礼，……殡前三日，乡党亲友待奠作佛事。殡之日以方向问路，丧主执绋引于肩，

---

[1] 吴坚主编：《中国西北文献丛书》第48册，兰州古籍书店1990年版，第586页。
[2] 吴坚主编：《中国西北文献丛书》第48册，第24—25页。

子孙以次出行，前列功布、灵牌、铭旌、冥器并纸作鹿、马、狮、吼、车旗、仆从等类多用鼓吹，僧道随亲友护送葬所，迎柩下圹，置铭旌于棺上，合圹封土毕，焚香。"①

这些丧俗应该会影响到移民到敦煌的社会风俗，从以上所举各地葬俗来看，多实行佛道及民间色彩极浓的葬俗，为亡者作七七斋者极为普遍。以上所列表中的敦煌葬俗"丧礼简约，绅衿延宾，祭典讽经，宴客称家有无"，请僧道诵经，是大多数敦煌民众的丧礼形式。

---

① 吴坚主编：《中国西北文献丛书》第48册，第466页。

政治文化视野下"钦差"语词的源流与用法演变*

北京中医药大学　张艺维

"钦差"是元明清时期一个极具张力的政治词语。《辞源》中对钦差的解释为,"由皇帝临时派遣出外办理重大事件的官员"[①]。可见其作用之重要。学界对于明代一些重要的钦差群体,如总督、巡抚,或清代声名显赫的钦差大臣曾国藩、李鸿章等已有不少研究,但围绕"钦差"语词本身却论说无多。赵秀玲较早专文研究钦差,指出钦差在明代成为正式官名。[②]张纪伟进一步从语词使用的实例出发,追溯"钦差"称谓在元代即已出现。[③]杨春君注意到钦差一词在明代官方有一个从不常见到普遍使用的过程。[④]既有研究基本厘清了钦差称谓从元代产生到明代进入官方用法的历史过程,但较少对"钦差"语词在清代的使用进行研探。更重要的是,现有研究对"钦差"语词的政治历史含义挖掘不够,正如米格尔·卡夫雷拉在《后社会史初探》一书中所言,"话语不是传递有关实在意义的一种手段,而是构成意义的积极要素"[⑤]。若细加推敲,钦差不仅是

---

* 基金项目：北京中医药大学新教师启动基金（中央高校基本科研业务费专项资金资助）项目"近代初期中国社会危机与钦差审理京控案制度研究"（2020-JYB-XJSJJ-033）。
① 商务印书馆编辑部编：《辞源》第 2 册,商务印书馆 1980 年版,第 1656 页。
② 赵秀玲：《中国古代"钦差"研究》,《中国社会科学院研究生院学报》1996 年第 3 期,第 74 页。
③ 张纪伟：《明代钦差考》,《安徽史学》2015 年第 3 期,第 59 页。
④ 杨春君：《钦差与清代政治变迁（1644—1850）》,南开大学 2014 年博士学位论文,第 12—13 页。
⑤ 〔西〕米格尔·卡夫雷拉：《后社会史初探》,〔美〕玛丽·麦克马洪英译,李康中译,北京大学出版社 2008 年版,第 30 页。

对官员身份的称呼，其语词还形塑了社会历史记忆，参与统治秩序的构建，对认识元明清政治文化或有所补益。本文拟在学者此前研究基础之上，梳理钦差用法，进一步剖析钦差语词的含义，阐明其概念蕴含的意义张力，呈现由"钦差"一词所联结起的丰富历史图景。

一、元代"钦差"一词在民间的出现

《辞源》中将钦差解释为"由皇帝临时派遣出外办理重大事件的官员"[①]，代表了对钦差一词的一般看法，即认为钦差由皇帝派遣，不是常任官职，具有临时性。此前研究虽已注意到钦差一词最早出现于元朝，但对其时"钦差"指代的官职性质与时代背景未做更深入探讨，尚有挖掘空间。[②] 审视元代对钦差语词的用法实例，会发现所指官职并非临时差遣。

元代存留的使用钦差一词的文献不多，主要集中在元曲之中。在关汉卿的著名杂剧《感天动地窦娥冤》中，窦娥之父窦天章本为京中参知政事，因操守廉洁，被皇帝任命为提刑肃政廉访使，负责审查两淮地区案件。窦天章走马上任后，窦娥的冤魂试图向其伸冤。然而窦天章并不知晓突然出现的鬼魂系枉死女儿的化身，于是为震慑鬼魂，他大声喝道，自己乃"朝廷钦差，带牌走马肃政廉访使"[③]。此处，身为肃政廉访使的窦天章自称钦差。在另一位元曲名家杨显之所撰《临江驿潇湘秋夜雨》中，一幕场景是，驿站驿丞估算提刑廉访使大人即将经过此地，自言自语道，"往来迎送不曾停，廪给行粮出驿丞。管待钦差犹自可，倒是亲随伴当没人情"[④]，表现出对迎接廉访使一行人的担忧，担心会被廉访使的随从刁

---

① 商务印书馆编辑部编:《辞源》第2册，第1656页。
② 杨春君:《钦差与清代政治变迁（1644—1850）》，南开大学2014年博士学位论文，第12页；张纪伟:《明代钦差考》,《安徽史学》2015年第3期，第59页。
③ 《感天动地窦娥冤》，马欣来辑校:《关汉卿集》，山西人民出版社1996年版，第22页。
④ 杨显之:《临江驿潇湘秋夜雨》，姜丽华整理:《元人杂剧选》，复旦大学出版社2013年版，第143页。

难。此处，驿丞也是将廉访使视为钦差。

此前学者在追溯钦差语词出现朝代时，已对两则材料有所利用，但较少对两处钦差所指官职进行细致分析。《感天动地窦娥冤》《临江驿潇湘秋夜雨》是关汉卿、杨显之基于现实进行的艺术创作。其中，提刑肃政廉访使、提刑廉访使糅合了元代历史上先后出现的两个地方官官名——提刑按察使、肃政廉访使。元朝初兴，元世祖忽必烈励精图治，注意强化地方监察体制，至元六年（1269），于地方设置提刑按察司，二十八年，改名肃政廉访司。[①]提刑按察司、肃政廉访司是元代地方政府系统中的重要组成部分。提刑按察使、肃政廉访使由元帝任命，担负有地方上"覆核重刑"、纠劾不法官吏等职责，是"元代地方监察网络中的基本网结"[②]。由此，两处元曲中的钦差义项变得明确起来，它们指的都是皇帝任命的常任官。显然，这与《辞源》中钦差为皇帝临时差遣的解释并不相同，《辞源》中义项所依据的是钦差一词在明清时期的主要用法（详下）。

元代"钦差"所蕴含的"皇帝任命的常任官"的义项与后世常见的"皇帝临时派遣办事官员"的义项之间并不是简单的替代关系，而是后者在义项结构中演变为核心义项，但前一种义项依然存在。比如，明成祖朱棣创设东厂，任命东厂首领太监为"钦差总督东厂官校办事太监"。

常任官、皇帝临时派遣的官员为何都可以使用"钦差"一词？钦差能指与所指之间是如何建立起关联的？这可从钦差一词的词语构成进行分析。从词语结构看，钦差属合成词，其词义由"钦"与"差"二字分别的字意组合而成。所谓"钦"，《说文解字注》中谓"钦，敬也"[③]，以"钦"来敬称有关皇帝的言行等。所谓"差"，为"差遣"之意。"差"字字意经过了一个相对漫长的历史演变过程。在汉代《说文解字》中解释

[①] 李治安：《元代政治制度研究》，人民出版社2003年版，第283、287页。
[②] 参见李治安：《元代政治制度研究》，第282—289页。
[③] 许慎撰，段玉裁注：《说文解字注》，中州古籍出版社2006年影印本，第410页。

为"不相值",即舛错之意。①至迟在唐代,差字出现差遣、派遣之意。②也即钦差中差字的字意。到宋代,官员的品位与实际从事的工作即"差遣"分离,构成了宋代任官制度的一个重要特点③,也使得人们对差字作差遣、派遣之意的用法更习以为常。这为元代钦、差二字的组合奠定了基础。钦差,字面意义就是皇帝派遣(的官员),皇帝临时派遣的官员自然是"钦差",元代的提刑按察使、肃政廉访使,明代的东厂首领太监等由皇帝任命的常任官,也是为皇帝所派遣,同样符合"钦差"之意。

钦差一词在元代民间的出现,是"钦""差"二字在历史演进中自然结合的产物,同时,关汉卿、杨显之在元曲中不约而同地将提刑按察使(肃政廉访使)称为钦差,值得注意,反映出钦差词语的出现亦与元代的时代背景之间不无关联。在经历了宋辽金时期长期战乱、动荡不安之后,中国再一次迎来了大一统王朝——元朝。元世祖忽必烈大刀阔斧改革政治制度,特别是元朝初年行省制的创设是中国古代中央—地方关系的重要变革,影响深远。从名称行中书省,就可以看出地方权力受中央集权控制的意味,此为"秦汉以来郡县制中央集权模式的较高级演化形态"④。在行省制下,元廷"将昔日'州司'的发号施令和庶务决策等主要权力,统统收归中央"⑤。中央牢牢掌握对行省的控制权,皇权向地方的渗透力增强。提刑按察使(肃政廉访使)作为掌握地方司法权的大吏,虽负责审理辖区内案件推鞫、审谳,但其不仅由皇帝亲自选派,且司法权受到朝廷较为严密的控制。提刑按察使(肃政廉访使)用"钦差"指代,恰反映了其上承皇帝意旨行事的浓厚色彩。"钦差"概念在民间的自发使用,折射出政治制度变革对大众观念的潜在影响。

---

① 许慎:《说文解字附音序笔画检字》,中华书局2013年版,第94页。
② 陈廷敬、张玉书等编撰:《寅集中·工部》;王宏源新勘:《康熙字典》,社会科学文献出版社2008年版,第327页。
③ 脱脱等撰:《职官一》,《宋史》第12册,中华书局1977年版,第3768页。
④ 李治安:《元代行省制的特点与历史作用》,《历史研究》1997年第5期,第98页。
⑤ 李治安:《元代行省制的特点与历史作用》,《历史研究》1997年第5期,第91—92页。

曲在元代社会中地位不高，是世俗文化的代表。曲的创作者、表演者与观看者大多处于社会底层，尤其是表演者、观看者们的文学素养、知识水平有限，使得元曲中的词语需要贴近普罗大众生活。透过剧中角色自然而然地使用"钦差"一词可以看出，该词汇在当时社会大众中已有一定的认知度。不过元朝时，钦差一词尚未进入官方话语体系。[①]直至明朝建立，它才在更大的历史舞台上扮演起更为重要的角色。

二、明代"钦差"进入官方话语

明朝建立后，伴随着专制主义中央集权的进一步强化，"钦差"这样一个可凸显皇权的概念也开始进入官方话语体系。明太祖朱元璋加强对地方官员的监察力度，采用派遣御史查办赴京上控案件的手段，以避免地方官官官相护，及时纠正冤假错案。从朝廷中央派出御史到地方查办案件并不鲜见，唐代，遇有官民赴都城上呈控词，御史台接收后，御史台长官可直接派遣御史往地方审理案件。因御史由御史台派遣，故被称为"台使"。[②]但洪武二十六年（1393）规定，"凡在外军民人等赴京，或击登闻鼓，或通政司投状，陈告一应不公冤枉等事，钦差监察御史出巡追问"[③]，此处，朱元璋用"钦差"一词强调由京派出的御史为其亲自派遣，足见对该事务的重视，也可见与中古时期相比，皇权对司法监察的干预程度加深。

诏谕传递的不仅是内容讯息，在颁布、传播与阅读的过程中，文字本身亦参与到政治权力的形塑中。词语在表意的同时，常常潜在蕴含并传递着某种权力关系与政治含义。对词语的垄断使用是构建皇权神圣性

[①] 张纪伟：《明代钦差考》，《安徽史学》2015年第3期，第59页。
[②] 陈玺：《唐代诉讼制度研究》，商务印书馆2012年版，第174页。
[③] 申时行等纂修：《都察院三·追问公事》，《明会典万历朝重修本》第211卷，中华书局1989年版，第1055页。

的重要途径。钦差在此处作为动词，指代皇帝遣使行为，官员可以"差"下属做某事，却不能用"钦差"，钦差一词鲜明地体现出皇权高于其他权力的特性。

明成祖朱棣经"靖难之役"夺取政权后，继续推行朱元璋加强皇权的政策。除削除藩王势力外，朱棣还设立东厂，将之作为特殊的监察机构和秘密警察机关，以强化对官民的控制。东厂由宦官组成，独立于既有官僚体制之外，直接听命于皇帝。明成祖不仅赋予东厂以重权，还在命名上凸显东厂与皇权的紧密联系。东厂首领太监的官职名称为"钦差总督东厂官校办事太监"。据明人沈德符解释，钦差二字的用意即是"以示威重"[①]。

在强化专制主义中央集权的过程中，钦差一词为统治者所青睐。为控驭地方，明廷常派遣官员进行巡察或代表朝廷管理军务等。"钦差"也由此被越来越广泛地使用，出现了林林总总含有钦差字样的职衔，比如"钦差总督""钦差巡抚"，这些钦差官员绝大部分属于与常任官相区别的差遣性质，包括临时差遣，或周期性差遣。[②]临时差遣易于理解，周期性差遣指的是有一定任期的差遣官，比如一些御史被派往地方巡盐、巡茶，他们虽然在地方的时间相对较长，但有任职期限，且官职身份还是属于中央官，与地方官不同。

由皇帝派遣处理事务的官员，在元明之前早已有之。如西汉时势焰极盛的"绣衣使者"，唐代的巡察使、安抚使，元代的奉使宣抚等。清人梁章钜在《称谓录》中记载了历史上出现的十余种被皇帝派遣赴地方办理事件的官员的称谓，包括天使、中使、星使、信使、下使、天子使、輶轩使、玉节郎、星轺等。[③]可以看出，这些由皇帝派出的官员多被称为"使"。

既已有"使"字，为何在明代官方的政治话语中要引入新的词

---

① 沈德符：《东厂印》，《万历野获编》上册，中华书局1959年版，第154—155页。
② 张纪伟：《明代钦差考》，《安徽史学》2015年第3期，第58—62页。
③ 梁章钜撰，李延沛整理：《称谓录》，黑龙江人民出版社1990年版，第428—429页。

语——钦差来指代由皇帝钦派出差的官员？结合历史背景考察可发现，随着时代变迁，含有使字的官职中有许多成为常设的地方官，如唐代的节度使、宋代的转运使、元代的肃政廉访使等。明代，朱元璋废除行中书省，地方分设三司，左右承宣布政使、提刑按察使、都指挥使为主官。这些地方重要官职中都有"使"字。所以"使"不易与常设地方官相区分。不仅如此，"使"也非皇权所独享，比如唐代御史台也可派出"台使"。单单一个使字不足以体现皇权之神圣，以至于在钦差一词未出现前，还有"天使""天子使"等词语来强调官员是由皇帝派遣。①除了彰显皇权，"钦差"一词的广泛使用也是明廷中央在调整中央—地方关系时，为这些由京派出官员增加政治资本的方式。明人敖英在《东谷赘言》中就揭示出职衔中加入"钦差"一词的这番用意：

  国初设官分职，咸有定额。往莅职掌者领部檄焉，皆不领敕，不称"钦差"。其后因事繁难，添设职掌，按察司如提学、屯田、兵备、边备、巡海、抚民之类，察院如清军、巡茶、巡盐、巡关之类，都察院如巡抚、巡视、总督河道、总督漕运、提督总制军务之类，皆领专敕，各于职衔上加"钦差"二字。于此以见前项职司俱出自朝廷处分，非吏部专擅也。②

敖英曾在朝为官，后在地方任四川布政使，对朝廷与地方情形了解当较为准确。他列出带有钦差职衔的官职包括了巡抚、总督等官，皆关乎明代地方政治体制的重大变革，并对清代产生了深远影响。督抚以及监察官员进入地方，势必要对地方官员权力有所制约甚至侵夺，钦差一词成为这些钦差官员证明权力来源的方式。"钦差"的优势和特殊性在

---

① 如辽代的"银牌天使"，由辽帝派遣到女真地方索要物产，了解当地兵马情况等（赵永春：《辽朝的"银牌天使"》，《历史教学》1982年第1期，第56页）。
② 敖英：《东谷赘言》，中华书局1985年版，第24页。

于，其不仅具有字面上所表示的由皇帝派遣的含义，还有借重皇权威势的色彩。这就使得"钦差"一词不仅被统治者所看重，也为官员所追逐。

由于钦差一词意义明确、表达简洁，民间甚至将钦差头衔指代明清之前的官员。《唐朝开国演义》第二回回目"唐高祖郊天颁大赦，王世充毁诏杀钦差"①，作者以钦差来称呼唐代被皇帝派出宣读诏书的官员。《残唐五代史演义传》中，朱温的官名被写作"钦差镇守汴梁城节度使"②，节度使是唐代重要的地方军事长官，其官名实际并无钦差二字。演义小说作为通俗文学，面向普通大众，反映的是大众的一般认知。小说作者们将宣读诏书的官员称为钦差、在节度使之名前添加钦差二字，虽是历史史实的舛错，但无心之举却恰说明钦差一词的深入人心。特别是节度使前加"钦差"这一颇为"画蛇添足"的举动流露出作者的潜在观念，认为节度使这样在历史上占据举足轻重地位的官职应是"钦差"，可知"钦差"一词所传递出的权势色彩同"钦差"词语一道被人们所熟知。真实历史与历史书写之间相互交错，人们在用钦差构建历史记忆的过程中，又进一步强化了钦差颇具权势的印象。

三、清代君臣对"钦差"一词的利用

在清代，钦差一词继续活跃在政治舞台上。但是，与明代官方将"钦差"泛化使用不同，清帝对钦差一词有较为严格的管控。周期性的钦差官在统称时会以钦差称之，但职衔中却一般不含钦差二字。杨春君已注意到这一现象，并在查阅满文档案后指出，周期性的钦差官员在满文折件中书写官名时一般也不会出现钦差字样。③

---

① 诸圣邻著，赵建民、刘月娥校点：《唐朝开国演义》，三秦出版社1996年版，第12页。
② 罗贯中编著，廖东校注：《残唐五代史演义传》，中州古籍出版社1997年版，第79页。
③ 杨春君：《钦差与清代政治变迁（1644—1850）》，南开大学2014年博士学位论文，第23—24页。

清廷上述举动的用意尚需更多史料予以解释，但其弱化周期性钦差官的钦差色彩却是比较明确的。这可从雍正帝、乾隆帝的上谕中得到明显体现。江宁织造是清代负责皇家织品供应及物品采买的钦差官之一。雍正十年，雍正帝借惩办前任江宁织造绥赫德及其属员司库、笔帖式之机，针对织造及其属官扰乱地方官场秩序，以钦差身份睥睨地方大员的行径，特降谕旨予以禁止：

> 织造本非大员，而在外体统，任意僭越，至于司库、笔帖式，官职尤卑，乃以钦差为名，妄自尊大，与督抚拜帖称呼，俱用平行礼，妄诞已极。嗣后著严行禁止，倘有以片纸只字干谒地方官及不按品级规矩僭越妄行者，定行从重治罪。①

由该上谕可知，"钦差"一词在官方话语中的流行，带来了官员政治观念的变化，让他们在既有的以品级为秩序的官场规范之外，有了是否为"钦差"的参照标准。但在雍正帝看来，即使像织造这样的钦差官员，其与属官在地方官场中也应"按品级规矩"行事，否则就是"妄自尊大""妄诞已极"。雍正帝通过不屑一顾的态度与"从重治罪"的警告打压了这些官员因"钦差"身份所享有的特殊地位，将官场秩序规范重新拉回到以品级为准则的轨道上来。

乾隆帝更是在上谕中直接以周期性钦差官员"几与定额设官无异"来消解其特殊性，维护官员品级秩序。乾隆三十年，漕运总督杨锡绂与巡漕御史德成联衔奏事，德成名字列于杨锡绂之前，乾隆帝虽觉不妥，但以为或许旧例如此，因此未加质询。但紧接着，在河道总督与巡漕给事中的奏折中，巡漕给事中却列名在河道总督之后。乾隆帝由此意识到，

---

① 《清世宗实录》，雍正十年五月戊辰，《清实录》第8册，中华书局1987年影印本，第565页。

钦派的巡漕官员与地方官联衔奏事时列名先后并无定例。虽然向无成例，但乾隆帝心中显然已有判断标准，认为御史德成不应列名在漕运总督杨锡绂之前，理由是巡漕御史"每年一派，虽属轺车直指，亦几与定额设官无异"，而督抚却是"国家封疆大臣"。①乾隆帝剥离掉巡漕御史"钦差"语词笼罩的光环，消解其职权属性上的"钦差"色彩后，亦是以品级为标准，来评判官员列名先后的次序。

值得注意的是，清廷与明廷虽然表面上对"钦差"一词的态度差异明显，明廷将钦差广泛使用于官衔之中，清廷则对钦差一词的用法管控严格，但实质上，二者都是出于相同的目的，即维护专制主义中央集权。当将钦差引入官衔，有利于增强对地方的控制时，就因势利导地使用，当钦差官衔不利于官僚秩序的维护，有损于地方政治生态时，就严格控制钦差一词的使用。

不过，需要指出的是，"钦差"是与皇帝相联系的词语，若一味打压亦会有损于君权，故而清帝并不否认"钦差"的特殊性，只不过对其有较为严格的限定。在指出德成列名顺序不当后，乾隆帝对钦差与督抚列名进行明确规定，"三品以下奉差外省，非特旨有钦差字样者，概不准在督抚前列名"。可以看到，乾隆帝有意用"奉差"来回避使用"钦差"，把大部分实际亦是由皇帝派遣的、本来也符合钦差词义的官员排除在外；将"特旨有钦差字样"作为三品以下、但可以列名于督抚之前的"钦差"标识。如此，"钦差"的地位依然尊崇。

除了对钦差官员使用"钦差"头衔的巧妙把控外，清帝还利用"钦差"一词调动督抚的履职积极性。清代官民对案件司法处理结果不满意时可进京上控，简称京控。遇有疑窦甚多、案情重大者，皇帝会派遣钦差赴地方审理。道光朝时，京控案件层见叠出，派遣钦差审案的模式已

---

① 中国第一历史档案馆编：《乾隆朝上谕档》第 4 册，乾隆三十年正月十四日，广西师范大学出版社 2008 年影印本，第 570 页。

难以应对。不得已,道光帝只好一面将本应派遣钦差审理的京控案发交督抚审理,一面在上谕中劝勉督抚,"朕简用督抚,畀以封疆重任。凡遇特旨交审之案,即与钦差无异。其民间上控案件,亦应视案之轻重,提省亲审,不得一概假手属官,予以消弭地步"①。就制度设计而言,钦差审理京控案的可贵之处在于审理案件的钦差独立于地方司法体系之外,立场相对客观。道光帝令督抚审理京控案,实际又将案件审理转回地方,已失去了钦差审案模式的要义。但为了能自圆其说,道光帝遂以将督抚称为"钦差"的方式,表达对这些官员的期许。"钦差"成为了秉公无私、站在朝廷中央的角度行使职权的官员象征符号。

清帝运用钦差一词实现其意图的手段娴熟,官员在利用钦差一词时亦举动积极。一方面,他们暗自流传着"小钦差"的说法。清帝派遣钦差前往地方查办案件时,允许钦差选带六部司员协助办案,这些随同钦差出差的司员在官方文书中被称为"随带司员"。随员虽然品级不高,但在查办案件过程中起着重要作用,故而成为地方官试图笼络的对象。尽管嘉庆年间,嘉庆帝已觉察地方官员为吹捧随带司员,将之称为"小钦差"的现象,并为此专门降旨予以禁止。②然而,这样的禁令并未起到效果,晚清时期,地方官在私下仍将随带司员称为小钦差。③

另一方面,官员亦以"钦差"话语为武器,诘责政治对手。咸丰年间,曾国藩向咸丰帝上奏诉说办理团练之难,其中提到,自己曾镌刻写有"钦差兵部侍郎衔前礼部侍郎关防"的木质关防作为权力凭证,但却遭到一些人的指责。原来,咸丰帝命曾国藩援鄂援皖,都是通过廷寄发出,并未有明发谕旨,这成为被人抓住的把柄。有人借此攻击曾国藩,

---

① 中国第一历史档案馆编:《嘉庆道光两朝上谕档》第30册,道光五年九月十九日,第300页。
② 中国第一历史档案馆编:《嘉庆道光两朝上谕档》第13册,嘉庆十三年五月十九日,第246页。
③ 《致澄弟沅弟》(同治十年二月初七日),《湖湘文库》编辑出版委员会编:《曾国藩全集》第21册,岳麓书社2011年版,第553页。

"未奉明诏，不应称钦差"[①]。若按照词语本身的含义理解，对于钦差的判断标准，就是该官员是否由皇帝派遣。从这个意义上讲，曾国藩被咸丰帝派遣办理团练，自称钦差没有问题。但正如乾隆帝在上谕中对"钦差"一词的使用有"特旨有钦差字样"的标准，"钦差"一词的使用权又不是每位被皇帝派遣办事的官员所能享有的，从这个意义上讲，时人对曾国藩的诘责亦有所本。实际上，这些人指责曾国藩不应称钦差，并不是真的质疑曾国藩办团练不是咸丰帝派遣，而是借此打压曾国藩。而曾国藩诉说此事，也并非真的对此耿耿于怀，而是借以向咸丰帝表达自己的政治诉求。由此可见，钦差不仅是官职称谓，还直接参与到政治博弈中，成为人们竞相争夺的话语资源。

结语

陈寅恪先生曾说，"凡解释一字即是作一部文化史。"诚如斯言，"钦差"一词的出现、流行承载着元明清时期丰富的历史信息。"钦差"不仅是对官员职位的称呼，还关乎统治秩序的构建，反映了专制主义中央集权体制对社会观念的潜在影响。元代时，"钦差"一词在民间出现。与后世较为常见的，钦差指"由皇帝临时派遣出外办理重大事件的官员"不同，彼时钦差可以指常任官。钦差之所以既可指常任官，又可指皇帝临时派遣的官员，可从词语构成上得到解释。作为合成词，钦差词义由"钦"与"差"二字各自的字意组合而成，"钦"指代皇帝，"差"取差遣之意，不论是常任官抑或临时出差的官员，只要他们是为皇帝所派遣，就都符合钦差的词义。与此同时，钦差一词的出现，亦与元代政治制度变革对民众观念的影响不无关联。在经历了长时期动荡之后，元朝重新

[①] 《沥陈办事艰难仍吁恳在籍守制折》（咸丰七年六月初六日），《湖湘文库》编辑出版委员会编：《曾国藩全集》第2册，第223页。

建立起大一统王朝，统治者加强专制主义中央集权，地方官上承皇帝意旨行事的色彩浓厚，"钦差"一词凸显出官员与皇帝的紧密联系，正是制度变革的直观反映。

明朝时，钦差一词被纳入官方用语，以钦差命名的差遣官不胜枚举。在专制主义中央集权之下，历代君主为强化对地方的监管、贯彻旨意，往往会绕开常规官僚体制，直接派出官员。此前，这些因临时事务直接受命于皇帝的官员多被称为"使"。钦差一词在与"使"字的语义竞争关系中占得上风。随着钦差一词的深入人心，"钦差"甚至穿越历史，出现在大众对于元明清以前历史的书写中，参与到历史记忆的重构。"钦差"在彰显皇权的同时，又连带着赋予了受皇帝派遣的官员与至高无上的皇权相联系的特性，抬高了其在地方官场中的地位和权威性，也成为被官员追逐的称谓。

清朝君臣对"钦差"一词的使用更为复杂。清帝一方面十分警惕常规的周期性钦差官借"钦差"威势扰乱地方官场秩序，以周期性钦差官"几与定额设官无异"消解其钦差色彩，将官场规范重新拉回到以品级为标准的轨道上。另一方面，清帝又重视"钦差"一词所具有的"站在朝廷中央的角度行使职权"的象征意义，以"与钦差无异"的话语激励地方督抚秉公履职。官员也对"钦差"一词加以利用，用"小钦差"的称谓来吹捧钦差随带司员，以拉近与随员的关系，用质疑是否为钦差的手段诘责政治对手。可以说，"钦差"一词在明清政治舞台上扮演了重要角色，联结起丰富的历史图景。

从曲阜孔庙碑刻看清代尊孔崇儒

武汉大学　宫新越

儒家思想在古代中国的思想意识层面中具有举足轻重的地位，所以传统中国通常被认为是儒家思想主导中国，清朝亦是如此。清朝皇帝对孔子及儒学的赞扬和推崇可以说是中国古代历史上最为隆重的。前人统计出可考的曲阜清代碑刻总共约有3500块，除去两千余块墓碑，有研究价值的且现存位置明确清代碑刻约有260块，其中，御碑就有约57块，遣官致祭碑有24块，数量均为各朝代之首。

通过这些清代碑刻我们可以看出，清代统治者为了论证自身统治的合法性以及更好地利用儒家思想巩固自身统治，开展了大量的崇儒活动。因此，整理和研究这些碑刻具有重要的价值和意义。考证碑文的价值，阐明其中的儒学意蕴，有利于探讨特定历史时期的儒学特色以及整个历史进程中孔庙的变迁、儒学的升降沉浮以及孔子思想的命运等。因此，这些碑刻具有极其重要的学术价值，对研究孔子儒学与中国传统文化意义重大。

尽管现存清代碑刻数量众多，且碑文明晰，但对其整理与研究还不够深入。总体而言，人们的关注点仅仅局限于对碑文的辑录，少有分析和研究。因此，本文选择曲阜清代碑刻为研究对象，在前人研究的基础上，对碑文内容进行分类梳理，对部分极具代表性的碑刻加以分析，对清代儒家碑刻进行更深层次的研究。以期通过对这些碑刻材料进行系统梳理和研究，深入挖掘其现象背后的本质特征，弄清清代统治者与孔子及儒学之间的内在关联，进而能够对清代社会及清代儒学发展等方面都会有更深层次的理解。

一、祭告孔庙

随着尊孔崇儒活动的不断实施和深化，曲阜孔庙逐渐由孔子门生和儒生等奉祀的私庙转成官家祭祀的政府官庙，将祀孔之风从曲阜散布到全国，至清末全国已有孔庙一千五百六十多所[①]。然而，尽管"祀典自京师以达于天下郡邑，无处无之"[②]，曲阜孔庙的特殊地位和深刻的政治意义是不可忽视的。中国的祭礼之义在于不忘初心，敬畏本源，在这样的祭祀理念支配下，人们也免不了会格外关注曲阜孔庙。因而，对长期居住在曲阜的孔氏嫡系的重视程度，最能反映出清代帝王对于孔子和儒家思想的态度。

清代统治者入主中原后，初期清朝统治者在文化政策方面基本上是沿袭明代旧制的格局，为加强自身对中原地区的统治，无视汉族和其他少数民族民众的传统思想，选择的是较为强硬的民族高压政策，但随之而来的则是民众的反抗，随着对儒家思想的了解和认识的加深，清朝皇帝意识到要想进行有效的国家治理，只有依靠儒学。所以从顺治帝开始实行一系列尊孔崇儒活动，最初的表现便是加强对曲阜孔庙的祭告。

现屹立在孔庙十三碑亭院内的《顺治八年遣刘昌致祭碑》是顺治帝亲政当年遣官祭祀孔子的祭文碑。顺治是清朝入关后的首位皇帝，顺治朝战乱不断，无暇制定国家的文化政策，基本上是沿袭明代旧制的格局。顺治帝亲政后，随着经济的逐渐恢复，清政府统治也趋于稳固，随即就遣都察院右都御使、工部左侍郎刘昌致祭曲阜孔庙，向民众展露出对华

[①] 这一统计数字出自《中国孔庙发展史纲》，《南方文物》2002 年第 4 期。
[②] 骆承烈：《明宪宗御制重修孔子庙碑》，《石头上的儒家文献：曲阜碑文录》（上），齐鲁书社 2001 年版，第 403 页。

夏传统儒家文化的归属感和认同感。其实在多尔衮摄政时期,他就曾多次祭告过孔子,但每次祭告孔子的活动都是在北京孔庙里举行的,其从未遣官至曲阜。然而,顺治在自己亲政之后自然要表达自己对孔子的诚心与敬畏。

乾封元年(666),唐高宗追赠孔子为太师并且还对孔庙进行修缮,遣官至曲阜进行祭告,开创了皇帝祭告孔子之先河。至元代,皇帝祭告孔庙的内容便不只是有关孔子或孔子后裔的事情了,开始祭告皇帝登基这种国之重事。但在清朝之前,遣官祭告并不是一种制度,做不到历朝历代都严格执行这样的祭告活动。清代则将祭告孔庙定为一种制度,一切军国大事都会祭告孔庙,例如新帝即位、册立皇后、为太后上尊号等皇帝"家事"以及在外平定边疆叛乱等国家军事。祭告曲阜孔庙在康熙时期逐步常态化制度化,这使得孔庙中存留了大量的遣官致祭碑。但是顺治皇帝亲政之后的这次祭告为之后的制度化打下了基础。

顺治十八年(1661)正月,顺治皇帝因病突然驾崩,康熙帝随即即位,那时康熙帝年仅八岁。顺治帝在临终前为其指定了鳌拜等四位辅政大臣。这是政治体制上的一次重要变更,四位大臣只是"辅政"而不"摄政",然而这种新创的辅政机制,是很不完善的,职责和权限既无法约束,又无先例可循。四位辅政大臣彼此不同心协力,这也就给野心家以可乘之机。鳌拜权势欲望极强,不甘居于辅臣末位,自恃功高,专横跋扈,结党营私,并且逐步把持朝政,朝政大事实际上都由鳌拜一人决定,四大辅臣体制,早已蜕变为鳌拜个人专权。如此擅作威福,专权自恣,是少年天子康熙帝所不能忍受的,而神圣的皇权也不允许受到侵犯。康熙六年(1667)七月,年14岁的康熙帝举行了亲政大典,康熙帝不想再遭到轻蔑,也深知鳌拜此人不可留,所以开始逐渐收回自己的权力,使之能与老谋深算的鳌拜抗衡。

在其亲政的第二年,即康熙七年(1668),康熙帝便派官祭告先圣孔子,不过这次祭告的内容并不是康熙帝亲政的事情,而是其祖母上太皇太后徽号、母上皇太后徽号的事情。《康熙七年遣光禄寺正卿杨永宁致祭碑》就记载了祭文。不过，在致祭文中，康熙这样说道：

> 朕惟治统缘道统而益隆，作君与作师而并重。先师孔子无其位而有其德，开来继往，历代帝王，未有不率由之而能治安天下者也。朕奉天明命，绍缵丕基，高山景行，每思彰明师道，以光敷至敬，而祀典未修，曷以表敬事之诚，登嘉平之理。①

康熙帝"历代帝王，未有不率由之而能治安天下者也"主要是想表明自己虽是刚亲政，但是也会效仿自古帝王尊孔崇儒，以此治安天下。康熙在未擒住鳌拜之前，就说出此话，有可能是想表示自己势必夺回大权的信心和决心，但更重要的是要把自己将效仿先贤，以儒家思想治理国家，让百姓安居乐业的理念昭告天下。

此后，为表示自己对孔子的尊崇，康熙帝又三次遣官致祭孔庙。《康熙十五年马汝骥致祭碑》记载的是康熙帝第一次立太子之后，遣宗人府府丞马汝骥到孔庙祭告孔子，"懋建元储，以崇国本"②；《康熙二十一年宋文运致祭碑》祭文则是记载了平定三藩的事情；《康熙五十八年张廷玉祀孔碑》则是记载"皇妣孝惠章皇后神主升祔太庙礼成"③的事情。这些遣官致祭碑皆是祭祀后留下的祭文碑。虽然每次祭告孔庙的事情都不一样，但是每篇祭文都表露出康熙帝对孔子的尊崇，仰慕先师孔子高山景行，而其在康熙二十三年（1684）亲至阙里祭孔的行为，通常被解读为其尊孔崇儒的最为真诚的敬意。

---

① 骆承烈：《康熙七年遣光禄寺正卿杨永宁致祭碑》，《石头上的儒家文献：曲阜碑文录》（下），第771页。
② 骆承烈：《康熙十五年马汝骥致祭碑》，《石头上的儒家文献：曲阜碑文录》（下），第782页。
③ 骆承烈：《康熙五十八年张廷玉祀孔碑》，《石头上的儒家文献：曲阜碑文录》（下），第845页。

康熙亲政后，清政府对全国的统治虽已确立，但部分地区一直未能置于有效控制之下。南方数省有三藩割据势力，台湾岛屿有反清集团，经过康熙帝十年的努力，于康熙二十二年（1683），终于平定三藩，收复台湾，完成了统一祖国的大业，也揭开了清朝历史新的一页。康熙此时决定进行南巡，为了能及时了解到各地的经济社会情况，体察民情，让百姓恢复生产，安居乐业。康熙二十三年（1684）十一月，康熙帝南巡返京途中经过曲阜，专程前往曲阜拜谒孔庙。在康熙之前，汉代以降共有十位帝王曾亲至阙里，但这些帝王们都是人至曲阜，派官员代表他们到孔庙孔林跪拜孔子，并不亲自向孔子行礼。在隆重的谒庙礼仪中，康熙帝不仅亲制祭文，在孔庙向孔子行三跪九叩之礼，随后，康熙帝又到孔林，在孔子墓前敬酒，然后又行三叩之礼。

康熙帝除了亲手书写"万世师表"四字匾悬额殿中，而且还与衍圣公孔毓圻、国子生孔尚任讲论儒学。康熙帝能够亲临曲阜，并对孔子行叩拜礼，这对孔氏宗族来说，是至高无上的殊荣。衍圣公孔毓圻见此情景，不由得感慨："我朝临雍典例，迎神送神俱二次跪六次叩头，尊师重道，已至于无可加。乃我皇上幸曲阜，一准临雍仪注，复亲定行三次跪九次叩头礼，而释奠之礼，于斯为极盛！"[①]康熙帝当年御制的《康熙二十三年阙里古桧赋碑》、《康熙二十三年御题万世师表刻石》等碑刻就记录下了康熙帝对于先圣先师孔子的景行仰止之情。康熙帝对孔子的尊崇，并不是简单地把孔子视为一个崇拜的偶像。其根本目的在于，用以孔子为代表的儒家思想去统一知识界的认识，确立维系封建统治的基本道德模范。

从顺治帝到康熙帝，清朝统治者的尊孔活动逐步升级，到了雍正帝则达到了新高度。《雍正元年通政使杨汝谷致祭碑》则是雍正元年（1723）正月遣官祭告孔子留下的碑刻：

[①] 孔毓圻、丛克敬等：《幸鲁盛典》卷三，文渊阁四库全书，第25b页。

> 仰惟先师，道冠百王，教垂万世。自生民而未有，集群圣之大成。朕自冲龄，即勤向往，念皇考亲承道统，既先圣后圣之同符。暨藐躬仰契心传，知作君作师之一致。兹当嗣位之始，宜隆享祀之仪。特遣官虔申昭告，惟冀时和岁稔，物阜民安，淳风遍洽乎寰区，文治永光夫前绪。①

祭文中雍正帝表示自己从幼时就深受康熙帝的教诲和影响，对于孔子神之向往，并且还表明自己希望国家民风淳朴，国泰民安的理政愿望。雍正帝深知，通过隆重的尊孔活动，受益最多的还是他自己，所以，从雍正元年（1723）开始，他便封孔子五世先人为王，后来又改"幸学"为"诣学"，以表皇帝对孔子的尊崇。立于雍正元年（1723）六月的《雍正元年册封至圣先师五代王碑》，则详细记载了此事。该碑正面碑文即是雍正帝颁布的册命诏书文，而碑阴是祭告孔子及其上数五世祖的两篇祭文。封五世先人为王的举动，可以说是前无古人，清代在追溯本族发展历史的时候，也只追尊了包括努尔哈赤在内的五代先世为皇帝而已。

雍正皇帝自信自己一生对孔子至诚至敬，追封孔子先世五代为王只是其"尊师重道"的举措之一。雍正帝对待孔子就像对待皇帝一样，制定了一套回避名讳的规定，如"丘"改为"邱"等。前朝帝王祭孔奠帛献爵时，都不行跪拜礼，雍正帝则认为如果站立在先师之前向其进献，是不够尊敬的，自己心有不安。雍正帝还将孔子的圣诞日定为每年的八月二十七日，庆贺规格同于皇帝，用大祀。雍正帝将圣人孔子摆到和自己一样的地位，甚至是高出自己的程度，这在帝王中实属罕见。

经过康熙雍正两代皇帝的励精为治，清朝步入到其鼎盛的乾隆时期。乾隆帝和雍正帝一样，从小接受的都是儒家经典教育，深受父辈们的影

---

① 骆承烈：《雍正元年通政史杨汝谷致祭碑》，《石头上的儒家文献：曲阜碑文录》（下），第853页。

响，所以乾隆帝对孔子的崇敬相较前代只增不减。乾隆帝曾八次亲临曲阜祭祀孔子，是历代帝王之最，孔庙祭祀礼仪在雍正帝时达到顶峰，而皇帝亲祀之风在乾隆帝这里达到巅峰。乾隆十三年（1748），乾隆帝首次躬诣阙里孔子庙庭，并拜谒孔林。此次曲阜朝圣时乾隆皇帝留下的御笔诗文刻石数量高达十块，这也是前所未有的。

表1　乾隆十三年御笔诗文刻石

乾隆十三年释奠礼成诗碑	乾隆十三年躬诣阙里孔子庙庭碑
乾隆十三年御书手植桧赞碑	乾隆年间御书礼器赞碑
乾隆十三年御书气备四时对联刻石	乾隆十三年赐孔昭焕诗碑（一）
乾隆十三年谒孔林酹酒诗碑	乾隆十三年御书谒元圣祠碑
乾隆十三年赐孔昭焕诗碑（二）	乾隆十三年御书复圣颜子赞碑

《乾隆十三年躬诣阙里孔子庙庭碑》完整地记载了乾隆帝此次来阙里祭祀孔子的心情：

> 朕自养德书斋，服膺圣教，高山景行之慕，寤寐弗释于怀。嗣统以来，仰荷天庥，海宇久安，用举时巡之典。道繇甸，历齐鲁，登夫子庙堂。躬亲盥献，瞻仰晬仪。展敬林墓，徘徊杏坛，巡抚古桧，穆然想见盛德之形容，忾乎若接夫闻圣人之风。①

从碑文中可以看出，第一次亲临曲阜祭拜圣人的乾隆帝难掩其喜悦，向圣人吐诉自己的心声，表达自己对圣人故里的喜爱，久久不能忘怀。正是因为如此，乾隆帝此后便频繁来到曲阜，既是拜祭圣人，同时也逛遍曲阜孔庙的各个角落，并在各处都留有题诗刻石，不得不说，乾隆帝

---

① 骆承烈：《乾隆十三年躬诣阙里孔子庙庭碑》，《石头上的儒家文献：曲阜碑文录》（下），第883页。

确实是个性情中人。

二、修缮林庙

对孔庙建筑的修缮,也是清朝统治者尊孔崇儒,注重曲阜孔子庙庭祭祀的表现。虽然曲阜孔庙平日有孔氏族人的修缮和保护,但是曲阜孔庙的形制规模宏大,外加遇到天灾情况,还会引起大规模的火灾或是其他灾害,修缮的费用不可小觑。曲阜孔庙的独特地位,修缮的工作也不可轻视,耗资巨大也就少不了清政府的补贴。清政府共对曲阜孔庙进行过十次大规模的重修,且都有碑文记载。

在这十次修缮中,有两次值得我们注意,一次是康熙三十二年(1693),还有一次是雍正八年(1730)。康熙三十二年(1693)的这次维修,在《康熙三十二年御制重修孔子庙碑》中明确记载了重修的原因:

> 往岁甲子,朕巡省东方,躬诣阙里,登圣人之堂,祗将祀事。睹其车服礼器、金石弦歌,盖徘徊久之不能去焉。顾圣庙多历年所,丹雘改色,榱桷渐欹,用是怃然于心。特发内帑,专官往董其役,鸠工庀材,重加葺治。①

通过上述内容,我们可以知道,这次维修的源起是康熙二十三年(1684)那次康熙帝亲临孔庙祭祀。康熙帝当时祭祀完孔子,在孔庙中游览,感受圣人的曾经生活过的气息。然而看到圣人曾经的衣服、器物,康熙帝很是踌躇,再看到曲阜孔庙的建筑的颜色因为年久失修而变得灰暗,还有一些坍塌之处,风采不再,康熙帝很是悲痛。自己如此重视的

---

① 骆承烈:《康熙三十二御制重修阙里孔子庙碑》,《石头上的儒家文献:曲阜碑文录》(下),第795—796页。

圣人孔子，他的庙宇竟然破败到这种程度，遂动用国库资金，让内务府的官员前来监工，势必要将曲阜孔庙大修一番。此次大型修缮工程历时一年多，共花费白银近9万余两。此次修缮工程结束以后，康熙帝不仅修碑祝文，还命两位皇子前往曲阜孔庙致祭，这一举动实属罕见，同时也获得了朝廷大臣们的好感。

雍正八年（1730）的那一次大型修缮工程，其缘由和康熙帝那一次有所区别。《雍正八年御制重建阙里圣庙碑》对这次修缮的原因进行了记载：

> 雍正二年阙里圣庙不戒于火。有司奏报，朕悚惕靡宁，诣庙致祭，旋发帑兴修，命大臣专厥役。殿庑规模，悉准宫阙。

雍正二年（1724），曲阜孔庙遭受火灾，建筑烧毁严重，雍正帝听到奏报时，惊恐万分，又满是自责。雍正帝马上拨款修缮曲阜孔庙，派大臣监工，并要求修缮曲阜孔庙一律按照皇宫的标准，作为孔庙主建筑的大成殿可以使用皇宫专用的黄色琉璃瓦，大成门也用黄色琉璃瓦剪边。历时整整六年，这次规模浩大的重建工程于雍正八年（1730）结束，共耗资近16万两白银，不论是规模还是耗资，亦或是修建的新殿，都可谓是清代修缮孔庙工程之最。

三、优礼圣裔

孔子创立的儒家学说，受到历代专制统治者的尊崇。随着儒学在政治上和思想上地位的逐渐提高，孔子及其后代子孙的地位也在不断地提高，到了明清两朝，曲阜孔家已成为拥有良田万顷，佃丁数万的封建贵族，尤以清朝为盛。

册封孔子后裔开始于汉高祖时期，孔子的第八世孙孔腾被封为奉祀官，孔子嫡系长子长孙自此便拥有可以承袭的世袭封号，宋仁宗于至和二年（1055）时改奉祀官为衍圣公，后来称号亦有变动，但最后还是改回了衍圣公这一称号，并一直沿用至近代1935年。历代帝王不仅加封孔子后裔爵位，还对孔家上下在科举考试、减免赋税等方面均有优渥。

顺治元年（1644），清兵进入山东。顺治帝为拉拢孔氏一族，得到他们的认可和帮助，保留前朝对衍圣公所给予的全部特权，入宫朝见时衍圣公的位列也在内阁大臣之上。顺治七年（1650）授时任衍圣公孔兴燮为太子少保。第二年又晋为太子太保兼太子少保。康熙七年（1668），六十七代衍圣公孔毓圻进京朝见，康熙帝特许年仅12岁的孔毓圻从皇宫中间的御道上退出。康熙十四年（1675）又晋升衍圣公为太子少师。雍正元年（1723），雍正帝追封孔子上五世先祖为王。乾隆帝对曲阜孔家的优渥和赏赐较之前代，更为隆重。乾隆帝每次到曲阜时，都会给孔家后裔留下题词或题诗的牌匾和刻石，大量的赏赐也是络绎不绝地送到孔府。

孔子后裔作为圣人之后，其代表的中国传统封建贵族，以及其在政治舞台上的独特地位是不容忽视的。历代统治者想要合理地文治天下，优待圣人后裔就是必须要做的。所以，只要孔氏后裔不抗于皇权，历朝历代的帝王都会极尽可能地优礼圣裔。清朝统治者就是清楚知道自己的统治离不开孔家的支持，所以从入关之初就选择尊孔的道路，并在之后的一百多年里对孔家荣宠不衰。

《顺治十五年巡方缪公题复乡试恩例记碑》记载了清统治者对孔、孟、颜、曾四家在科举考试中所给予的特权：

> 当崇祯丙子科被宗生分去一名额，止一名，至顺治乙酉，科场条例乃准中孔裔一人，而不及三氏，三氏子相顾错愕，经十有三年而不言者，因无叩阍之例，徒有向隅之泣也。①

---

① 骆承烈：《顺治十五年巡方缪公题复乡试恩例记碑》，《石头上的儒家文献：曲阜碑文录》（下），第759页。

明万历年间开始，科举考试便将孔、孟、颜、曾四家单独分出来，成为四氏学，并特赐乡试的恩典两名。即每次乡试四氏学的考生单独阅卷，从中选出优秀的两名。后来明宗室分去了一个名额，四氏学就剩下一个名额了，并一直延续到清初。通常情况下，这个名额都是属于孔家的，所以使得其他三家的考生没有公平竞争的机会了，也就引起其他三家的不满。后来清廷决定在明宗室去掉一个名额，并把它归还给四氏学考生，"不拘何姓，皆以文高者取中两名"[①]。雍正二年（1724），雍正皇帝又增四氏学举人中额一名。清代统治者在科举制度上对孔、孟、颜、曾四家可谓是极尽优待，所以民间也流传着"无孔不开榜"的说法。

除了在科举考试中授予特权，清政府还各种优渥提升衍圣公的地位，当然，并不是为了让衍圣公治理一方，而是为了让衍圣公更好地完成他的最主要的任务，那就是主持祭祀活动。随着孔子后裔获得优渥的增加，他们与政权之间的联系亦越来越密切。随之，衍圣公代替天子祭祀孔子，或者是主持国家祭祀孔子典礼的这种观念渐为人们所接受。魏晋南北朝以来，孔庙逐渐普遍化，曲阜孔庙逐渐由孔子门生和儒生等奉祀的私庙转成官家祭祀的政府官庙，而孔子祭祀也由家族性的祭拜演变成了国家的祭祀仪式。

然而，曲阜孔庙的祭祀规制繁琐，且一年中孔府举行祭孔典礼的次数高达五十多次，祭祀又分为"家祭"和"国祭"，衍圣公一方面作为孔子后裔要进行家祭，另一方面作为皇帝的"代言人"还要主持国家祭祀。为了表示自己对孔子祭祀的重视，也为了使孔氏家族祭孔活动的顺利进行有足够资金保证，历代帝王们通常会赏给孔府大量的田地，还会将穷人家作佃户赐给孔家当劳作力，让孔氏后人有充足的经济生活保障，衣食无忧。清入关之初，由于战乱、人口流动大等原因，孔府祭田经常出现数目

[①]《顺治十五年巡方缪公题复乡试恩例记碑》，骆承烈：《石头上的儒家文献：曲阜碑文录》（下），第761页。

对不上或者是存在丢失的情况，因为祭田的损失会影响祭祀活动的顺利进行，所以清政府总是想办法为其寻回或补足。当时载在会典、有据可依的祭田共有2150大顷50亩之多。不过到了乾隆中期，孔府祭田就只存约1256大顷了。嘉庆十四年（1809），经户部具奏，仁宗皇帝下旨让山东巡抚会同东河总督等人备查缺额、处理祭田失迷一事。此次清查共追回刁阳湖祀田八大顷，"为志一时之盛事"，衍圣公还特意立石记述事情原委，即嘉庆十九年（1814）的《复沛县祭田碑》。嘉庆之后，清统治者也曾力图为孔府恢复祭田原额，但已成衰势的清政府面对内忧外困，无法再抽出精力来落实此举了。衍圣公孔庆镕在《复沛县祭田碑》中"水落石出即在指顾间矣"的预测也就成了虚无的期待了。

清代承认前代赐给孔府的田地，也保留了孔府原有的钦拨庙户、佃户。孔府的庙户、佃户和孔氏族人一样，是被恩典可以免差徭的，但在实际情况中，他们却免不了被地方官欺压剥削。为了避免地方官的欺压和外派差事，嘉庆二十二年（1817）孔氏族长奉衍圣公之命重立免差徭碑，碑文重申"凡先圣先贤四氏后裔，以及庙佃两户，嗣后遵照旧例，遇有差徭，一体蠲免"①的特权，并表示要和地方官划清界限，如果以后再出现欺压佃户的情况，只要发现，就要严厉追究责任，绝不宽待。正是因为孔府背后有清朝统治者的宠爱与支持，所以孔氏族人才敢如此强硬地面对地方官府，毫不畏惧。

清代皇帝普遍文化修养较高，也乐于展现，所以清代皇帝频繁赐给孔氏家族墨宝，他们认为赏赐墨宝一方面表达对孔子后裔的重视与优渥，另一方面也是向百姓发出一种信号。

---

① 骆承烈：《嘉庆二十二年重立免差徭碑》，《石头上的儒家文献：曲阜碑文录》（下），第961页。

表2　清代皇帝题诗、赏赐碑

康熙二十三年御书过阙里诗碑（一、二）	康熙二十三年节并松筠碑
乾隆十三年赐孔昭焕诗碑（一）	乾隆十三年赐孔昭焕诗碑（二）
乾隆十六年赐孔昭焕诗碑	乾隆二十一年赐孔昭焕迎銮诗碑
道光二十三年御赐孔繁灏福寿碑	咸丰三年御赐孔繁灏诗碑
光绪二十年慈禧赐孔令贻寿字碑	光绪二十年慈禧绘松鹤图碑
光绪二十年慈禧赐彭氏寿字碑	光绪二十年慈禧绘云松图碑
光绪二十年慈禧赐孙氏寿字碑	

《康熙二十三年御书过阙里诗碑》（一、二）是康熙幸鲁回銮时赐给衍圣公的一首诗刻成的石碑，《康熙二十三年节并松筠碑》则是康熙御赐孔毓圻祖母陶氏的御笔之宝；乾隆皇帝八临曲阜，每次都会对孔氏家族特加恩典，光其赐给衍圣公的诗就有数十首之多，诸如《乾隆十三年赐孔昭焕诗碑（一）》、《乾隆十三年赐孔昭焕诗碑（二）》、《乾隆十六年赐孔昭焕诗碑》、《乾隆二十一年赐孔昭焕迎銮诗碑》等皆是其所赐诗勒成的石碑；《道光二十三年御赐孔繁灏福寿碑》是衍圣公孔繁灏不惑之寿时宣宗皇帝所赐的福寿二字刻成的石碑，而核对《清宣宗实录》，道光皇帝一般只在重臣亲王等六十岁以上的生辰时才会赐其御书福寿字，孔繁灏没有特别功绩却在四十岁时得到了如此殊荣，可见道光皇帝对孔家后人的重视和优待。

孔氏后裔作为封建贵族，又极受皇室宠爱，难免会有人恃宠而骄，骄横跋扈。但是，对于孔府的一些骄横违法行为，雍正帝却也是加以了限制。如从前规定曲阜世职知县都是由孔子后裔担任，弊端极多，雍正帝便规定，之后再有曲阜知县的缺口，令衍圣公会同山东巡抚于孔氏合族中，拣选才品优长堪任邑令者，拟定正陪二人，保题咨送引见补授。遇"大计"年份，一样进行考核，从而加强对孔府特权的限制，减轻当地百姓所受孔府的欺压。

综上所述，清朝统治者不仅从法律上给予孔氏家族种种特权，还常常在定例外通过各种方式表现出对孔氏家族的优渥，其对圣裔的优渥亦达到了历史上的新高度，但是既给予崇高的优礼，也进行必要的限制，这也是清政府所不同的地方。

四、小结

清朝作为中国最后一个封建王朝，其君主专制也达到了顶峰，清代统治者是满族入主中原，而清代统治者却被认为是道统所传，从清代曲阜碑刻中也能看出，最为重要的原因就是清代统治者儒学素养的提高。自清代入关后的首位帝王顺治开始，历朝帝王都秉持着儒教治国的理念，将道统放在首位。清代帝王相较于中国历代帝王更为符合人们心中的明君形象，这离不开他们一直以来对祭祀孔子的重视，对圣裔后代的优渥，还有对文化政策的宣扬。

儒学在清代得以推广弘扬，当然离不开统治者的宣扬和支持。清朝皇帝对孔子及儒学的赞扬和推崇可以说是中国古代历史上最为隆重的。且不说帝王在碑文中所表达的对孔子及儒学的崇拜，仅是从御碑的数量上就可以反映出皇帝对孔子的尊敬和对儒学的崇拜。因为有着深刻的政治背景和现实意义考量，所以，对孔子的尊崇并非出于清朝皇帝的个人偏好。他们从许多方面表达了对儒学的尊重，如隆重的孔庙祭祀、善待孔子的后代、宣扬儒家正统思想等。他们在巩固儒家学说在思想意识形态中主流地位的同时，最终目的是为了证明自身政治权力的合法性。

清代的统治者尊师重道的治国理念，在今天仍然值得我们借鉴。社会主义核心价值观与儒家思想一脉相承，体现出我们中国传统文化的优越性。在弘扬传统文化的过程中，我们要坚持文化自信，从儒学和传统文化中发现惊喜，充分挖掘中国传统文化的内在价值，将儒学中的精华，同时代特色相结合，从而为我们的社会主义现代化建设加入新鲜血液，争取实现现代儒学研究的新里程。总之,曲阜现存的清代碑刻对于研究儒学在清代的发展意义重大,这些珍贵的石刻文献资料饱含了大量的时代讯息,值得我们珍视。

近代无锡机制面粉业的兴起

福建师范大学　陈少卿

机制面粉是西方工业革命的产物，也是现代城市生活的必需品。机制面粉的普及过程就是城市化和现代化的过程。在西方世界，机制面粉业的中心往往在小麦主产区，如匈牙利的布达佩斯，美国的明尼阿波利斯、布法罗等，而近代中国机制面粉业的中心则不在主产小麦的河南、山东，而在主产水稻的上海、无锡。仅无锡荣氏的茂新—福新面粉公司的产量，就一度占到全国机制面粉产量的31.4%[1]，其"兵船"牌面粉甚至成为中国机制面粉上海交易所规定的标准品[2]。无锡机制面粉产业的"反常"兴起，是关系近代中国经济转型的大问题。关于近代无锡的机制面粉业的兴起原因及过程，学界的专题研究较为薄弱，仅在一些专著中有简单论述。中国科学院经济研究所编著的《中国机器面粉工业史》[3]中有关于江苏和上海面粉业的专门论述，认为无锡的面粉业一方面受到上海的压制，一方面是上海面粉业的补充，但没有论及无锡发展面粉业的内在禀赋。王赓唐、汤可可主编的《无锡近代经济史》[4]论述了无锡粮食加工业的兴起的三大优势禀赋：近代交通的发展、粮食商业和粮食仓储业等等，但没有论述无锡面粉业发展的外部条件，如外国和上海的影响，

---

[1] 中国科学院经济研究所等编：《旧中国机制面粉业统计资料》，科学出版社2018年版，第183页。
[2] 许宗仁主编：《中国近代粮食经济史》，中国商业出版社1996年版，第175页。
[3] 中国科学院经济研究所等编：《旧中国机制面粉业统计资料》，第183页。
[4] 王赓唐、汤可可主编：《无锡近代经济史》，学苑出版社1993年版，第86页。

市场需求的变化等。本文试图从市场需求、优势禀赋、历史过程和历史经验四个维度探讨近代无锡机制面粉业的兴起。

一、机制面粉：城市生活的标志

江南地区的人民虽以稻米为主粮，但小麦仍占有一席之地。东晋、南朝时期，小麦种植就在江南地区逐步推广。[①]宋代江南地区种麦不交租，农民乐于种麦，相沿成俗，所以江南土地向有一定的种麦比例。[②]清代中期后，小麦占到江南农民口粮的三分之一。[③]但是普通农民食麦的形式主要是麦饭，只有农村富裕人家以及城镇居民食麦才以面粉为主。[④]与稻米相比，面粉具有更强的可塑性，面点的种类大大多于稻米的加工品，所以面粉在生活水平较高的家庭和地区更受欢迎。苏州是江南最大城市，早在乾隆二十二年就建立了面业公所，[⑤]可见当时苏州面粉的消费已相当可观。生活水平与面粉消费呈正相关，生活水平越高的群体，面粉的消费量也越多。民国时期一项对成都市成年男子的饮食结构的调查（见表1）印证了这一点。无锡也不例外。无锡北门外是粮行、纱号、山地货、窑货的云集之地，也是无锡四乡班船的聚散之地。晚清民国之际，这里最著名的饭店就是拱北楼，主营的食品是汤面、饺面、小笼馒头。[⑥]荣德生回忆说："拱北楼老吃客，皆绅士。"[⑦]这正好印证了成都调查的结论的普

[①] 黎虎：《魏晋南北朝史论》，学苑出版社1999年版，第92—93页。
[②] 李伯重：《江南早期工业化》，社会科学文献出版社2000年版，第98页。
[③] 方行：《清代经济论稿》，天津古籍出版社2010年版，第135页。
[④] 李伯重：《江南早期工业化》，第99页。
[⑤] 《吴县布告保护面业公所碑》，王国平、唐力行主编：《明清以来苏州社会史碑刻集》，苏州大学出版社1998年版，第292页。
[⑥] 朱寿泉：《拱北楼面馆》，中国人民政治协商会议江苏省无锡市委员会文史资料委员会编：《无锡文史资料》第21辑，第174页。
[⑦] 上海大学、江南大学《乐农史料》整理研究小组编：《荣德生与企业经营管理》，上海古籍出版社2004年版，第209页。

适性。

表 1　成都市民面食消费统计

食物（市斤）	界别		
	劳动负贩界	商贾店主界	军政教育界
面粉	1.22	3.01	2.20
切面	2.81	6.11	10.65
酱油	2.43	8.73	8.91

资料来源：杨蔚：《成都市生活费之研究》，《民国时期社会调查丛编·一编·城市（劳工）生活卷》上册，福建教育出版社2014年版，第89页。

除直接食用外，面粉还有许多其它用途，例如制造酱油。酱油是中国人饮食中极为重要的调味料，其制作过程中需要加入大量面粉。酱园工人将黄豆洗净蒸熟后，拌上面粉，才能制曲、发酵。[1]近代上海、浙江一带的酱园所需的面粉都到无锡装运。此外，棉纱和丝的过糊，棉布上浆，以及酒曲的制作，都需要面粉。所以在机器面粉业兴起之前，无锡就有不少磨坊和面粉行，"其资本比米行还大"。无锡面粉主要销往外埠，"如果仅就无锡本地的面粉需求量来说，一天两百包就够了"[2]。可见无锡的商业性质的磨坊在机制面粉出现前已经有相当的规模，这里有机制面粉业成长的良好基础。

19世纪后期欧美的机器制面技术取得了重大突破。1874年匈牙利的面粉厂开始大规模使用钢制的辊式磨粉机，大大提升了机器制粉的效率和质量，引领了世界面粉业的发展。[3]1879年，美国明尼阿波利斯的沃什伯恩创建了第一座自动化的面粉厂，将筛组、钢磨、吸风机、清粉机等新设备合理组合，以发挥最高的生产效率。19世纪80年代，这种面粉

---

[1] 顾天敏：《南汇工业志》，方志出版社2013年版，第428页。
[2] 《钱钟汉访问录》，《荣德生与企业经营管理》上册，第208页。
[3] Peter Tracy Dondlinger, *The Book of Wheat*, New York: Routledge, 2018, p. 270.

厂逐步完善，其模式很快就在明尼阿波利斯及其他面粉制造中心推广开来。1882年到1890年，明尼阿波利斯的面粉年产量从300万蒲式耳增长到超过700万蒲式耳，开始大量出口。[①]

早在1864年，中国就开始从外国进口面粉，进口来源地主要是美国。这一年，中国通过上海口岸进口美国面粉10388关担，以满足外国商人及侨民食用机器精制面粉的需求。[②] 口感细腻的美国面粉很快也受到中国消费者的欢迎。随着美国面粉产量的激增，洋行开始在中国努力推销美国面粉。当时上海的民族面粉业还以土磨坊为主，产量低、质量差，无力与洋粉竞争。其结果就是中国面粉进口量的快速增加（见图1），1911年的进口量是1864年的27倍。

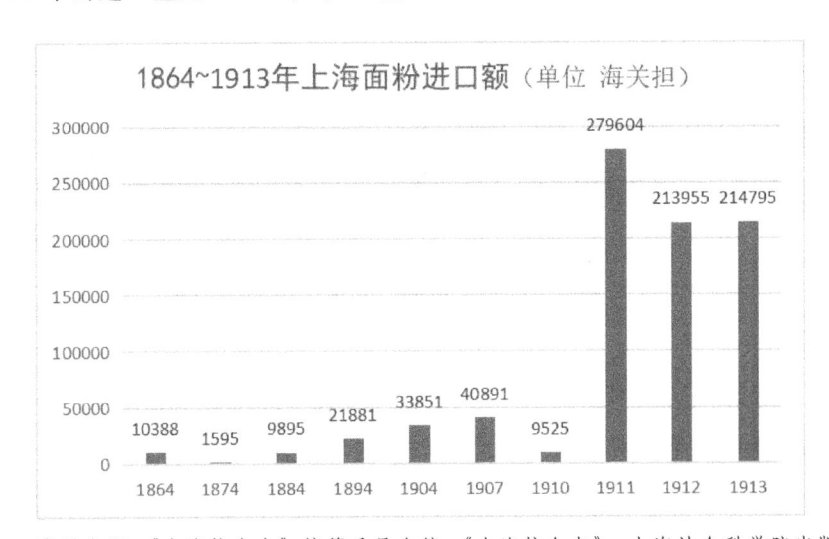

资料来源：《上海粮食志》编纂委员会编：《上海粮食志》，上海社会科学院出版社1995年版，第151页。

图1 上海面粉进口额

[①]〔美〕小艾尔弗雷德·D.钱德勒：《看得见的手》，重武译，商务印书馆2017年版，第324—325页。
[②]《上海粮食志》编纂委员会编：《上海粮食志》，上海社会科学院出版社1995年版，第151页。

上海开埠以来经济高速增长，不久就取代广州成为中国外贸、航运、金融业的中心，随之而来的是城市规模和人口数量的迅速膨胀。嘉庆年间，上海全县人口达54万，到1864年，仅今天上海市区范围内的人口已经多达69万，辛亥革命前又增长到129万；到1937年抗战爆发时已经达到惊人的385万。[①] 对照图1可以看出，上海的面粉消费与城市人口的增长呈正相关。不仅如此，上海还是全国富人最集中的地方，其人口的整体购买力超过了所有其他中国城市。以上海为龙头的江南地区是中国现代化起步最早、城市化水平最高的地区，所以也成为近代中国机制面粉的最大产销地。荣德生回忆自己从事面粉业的动机时说"民以食为天，每个人离不开"[②]，事实上离不开机制面粉的只是相对富裕的阶层而已。晚清的中国海关官员就说："外国面粉系富者乐用，贫者无需。"[③] 上海富裕阶层的饮食新风尚很快辐射到整个江南地区，美国面粉通过上海的口岸和江南的水路交通网络深入内陆市场。1907年，美商丰泰洋行运往无锡的面粉半路被劫[④]，就说明传统的面粉产销基地无锡早已被洋粉渗透。

二、无锡机制面粉业的优势禀赋

无锡的机制面粉业是受上海的影响兴起的，与上海的物资、人员、信息的畅通交流，是无锡机制面粉业兴起的一大关键。当然，无锡自身也有不可取代的独特优势——它是整个太湖流域水路网的中心。1948年的《无锡县志稿》中有这样一段话：

> 邑中河道，密如罟网，干支分布，脉络相贯，运河纵流，苏常

[①] 胡焕庸主编：《中国人口 上海分册》，中国财政经济出版社1987年版，第47页。
[②] 《荣家企业史料座谈会记录》，《荣德生与企业经营管理》上册，第197页。
[③] 中国第二历史档案馆等编：《中国旧海关史料》第38册，京华出版社2001年版，第16页。
[④] 《美商运往无锡之面粉被劫》，《时报》1907年10月18日第3版。

相接。东流达澄虞，西流通宜兴，截湖而过，直达湖州。四邻货物，航舶衔尾。无锡近顷造成京沪一带货品集散要埠，此其主因。①

便利的水路交通让无锡在明清时期成为粮食集散中心。1888年，清廷要求江苏各县漕粮集中在无锡交卸，浙江各县漕粮集中在上海交卸。于是江苏省就在无锡就近采办漕粮；浙江漕粮名义上是向上海的米行采购，而上海的米行又往往转委米栈到无锡采办。这样，无锡事实上成为江浙两省漕粮集散的中心。②这期间，无锡的米行、储栈业蓬勃发展起来。《储栈业公会改建议事室》碑文记载："无锡之有堆栈，远在明清之际，至乾、嘉而始盛，洪杨以后漕米多向无锡采办，于是皖、赣、湘、鄂之米云集无锡，而储栈业以因时需要遂益发展为全盛时代。"③

铁路与水路网优势叠加，强化了无锡的交通优势。1906年，沪宁铁路无锡至南翔段通车。④荣德生看到："无锡西门一带，气象大好，火车旅客，上下不断。"为了迎接铁路时代的到来，荣氏的茂新厂自备小火轮，"来去车站极快"⑤。1908年，沪宁铁路全线通车，无锡恰好处在这条交通要道中间位置，无锡城区设有无锡站，郊区设有周泾巷、南门、石塘湾、洛社站⑥，这样，无锡物流枢纽的位置大大加强，仓储业也上了一个新台阶。《无锡县志稿》记载：

> 无锡为江南米粮总集散市场，故蓉湖庄一带，堆栈独多，然所储货物，仅限米麦杂粮。自清季开辟铁路以来，各种新型储栈陆续建造。无论丝纱五洋，均可因类存储，辅佐商业发达，厥功甚伟。

---

① 钱基博：《钱基博集·方志汇编》，华中师范大学出版社2013年版，第52页。
② 王敏毅：《史志鉴探说》，陕西旅游出版社2002年版，第161页。
③ 无锡市北塘区地方志办公室编：《北塘区志》，1991年，第222页。
④ 张晓玲、周顺世主编：《江苏铁路发展史》，中国铁道出版社2015年版，第23页。
⑤ 荣德生：《乐农自订行年纪事》，《荣德生文集》，上海古籍出版社2002年版，第49页。
⑥ 无锡县志编纂委员会：《无锡县志》，上海社会科学院出版社1994年版，第399页。

储栈业之繁盛若是，实为其他各县所罕觏。①

强大的仓储和物流系统，为机制面粉业的发展提供了良好的基础。

交通的便利带来人员、信息交流的通畅。例如，咸丰年间，无锡荣巷的荣氏族人到上海经商者日增，族人、亲戚、同乡转相引掖，形成男人外出从事工商业，女人在家照管门户兼营蚕桑的局面。这样"信船"就应运而生。信船主要负责传递沪锡间的往来信件、款项以及其它物品，也可兼载乘客。航运周期为半个月一次。荣巷信船业务最盛时有船6艘。沪宁铁路通车和乡间有了邮局以后，乡人因其便利可靠，习惯上仍旧依靠"信船"作为重要的补充交通工具。直至解放前夕，荣巷地区仍有3艘"信船"定期往返两地。除信船外，苏南地区的载货为主的航班船、以载客为主的快船也甚为普遍。②除了这些传统的通信方式，无锡的邮政、电信、电话业务的出现也较早。1883年，苏州电报分局无锡电报子店正式对外开办电报业务。不久，江南官电局在无锡开办了转报局。1901年，无锡邮政支局成立。1911年，邑人杨翰西集资白银二万两创办无锡电话股份有限公司。③

无锡又是江南地区煤炭的集散地。发展近代机器工业，动力煤是一大关键。李伯重认为，明清时期江南的工业已达到了相当高的水平，但它是一种"超轻结构"的工业体系，其根本原因是能源与原材料的缺乏，制约了重工业的发展，而煤炭的缺乏又是一个最重要的因素。④近代以来，随着采煤业的发展和交通的进步，江南地区的能源与原材料缺乏的状况有所缓解。作为物流枢纽的无锡的煤号业蓬勃发展起来。例如无锡最大的煤号邵祥泰，经营的原煤品种极全，无烟煤有进口的海丰煤、马克煤、

---

① 钱基博：《钱基博集·方志汇编》，第52页。
② 束方昆主编：《江苏航运史 近代部分》，人民交通出版社1990年版，第76—78页。
③ 无锡县志编纂委员会：《无锡县志》，第429页。
④ 李伯重：《江南早期工业化》，第470—475页。

鸿基煤，国产的阳泉煤、焦作煤、柳江煤和贵池煤等；烟煤有进口的松浦块、红山屑、基隆屑等，国产的开滦煤、中兴煤、贾汪煤、淮南煤、长兴煤等。截止到1927年，无锡县城内有大煤铁行18家。无锡煤号除供应本地需求外，还销往常熟、青浦、嘉善、嘉兴、靖江等地，成为江南煤炭的集散地。由于无锡工业发达、交通便利，不少煤矿直接在无锡设经销处，淮南矿务局，华丰、大通、中兴、长兴等煤矿公司，以及上海义泰兴煤号等先后在无锡开设经销机构。外商控制的开滦煤矿和焦作煤矿也都在无锡火车站设办事处。[①]

发达的金融业为无锡的实业兴起提供了资金保障。光绪年间无锡成为采办漕粮的枢纽后，大量漕银流入无锡，催生了许多从事抵押业务的堆栈和从事漕银汇兑业务的钱庄。[②]无锡的堆栈不仅有普通的寄存、收储功能，还发展出类似当铺的以粮押款的业务，货主可将货物按市价的九折或八折抵押于堆栈，向堆栈借款。直到到新中国成立前夕，无锡的堆栈业一直十分兴旺。[③]与此同时，无锡钱庄业的发展也很迅速。许多无锡人在上海办的钱庄会在无锡开设分号。到1894年，无锡已有钱庄20多家，多数以信用放款为主，兼做汇总、票所交换等业务，于是无锡逐渐获得"钱码头"的称号。[④]当时的无锡人将到钱庄做学徒径称为"学业"[⑤]，而不说"学钱业"，可见无锡钱庄业从业者之多，已经使当地人默认"学业"即为学钱业了。荣宗敬、荣德生兄弟早年即经亲友介绍到上海的钱庄做学徒。有人评价说："荣氏昆仲苟未先从事金融，增长历练，其基础必不如是之踏实。"[⑥]1898年荣氏兄弟开办的广生钱庄即成为荣氏家族企业的起点。无锡也是中国最早出现现代金融业的城市之一。无锡人周舜卿等创办

[①] 江苏省无锡县物资局编：《无锡县物资志》，中国物资出版社1991年版，第46—47页。
[②] 无锡县志编纂委员会：《无锡县志》，第20页。
[③] 无锡市北塘区地方志办公室编：《北塘区志》，1991年，第222页。
[④] 郁有满：《锡商与无锡四大码头》，《档案与建设》2018年第3期，第60页。
[⑤] 《乐农自订行年纪事》，《荣德生文集》，第9页。
[⑥] 《广生钱庄》，《荣德生与企业管理》上，第211页。

的信成银行是中国第一家储蓄银行。信成银行总行设在上海，在无锡、南京、天津、北京设分行。① 发达的金融业带来充足的资金。辛亥革命前后，信成银行无锡分行的经理蔡兼三报告："无锡之地以米麦蚕丝为大宗，虽在内地，商业亦不为小，唯较上海远不及之，然钱庄林立，有资金过剩之状。"② 有充足的资金保证是开办实业的一大关键。

无锡不仅仅是粮船云集的"米码头"和钱庄林立的"钱码头"，还是著名的产生丝的"丝码头"和产布的"布码头"。无锡兴盛的商业、浓厚的经商风气，孕育了大量经营管理人才。后来大多数无锡近代实业家，都是从这四个行业的从业者中转型而来的。事实上，上述优势条件不仅有利于发展面粉工业，也有利于发展大部分轻工业。荣德生说：

> 洎夫辛亥鼎革以后，工商与交通益复猛进。就以商业论，除米、茧两项为锡邑大宗产销之区外，现有纱厂六家、丝厂十七家、米厂十三家、面粉厂六家、布厂二十六家，烟囱林立，可谓特盛。③

到1937年抗日战争前夕，无锡已经跻身中国六大工业城市（上海、天津、武汉、广州、无锡、青岛）之列，工厂数、资本额位居第五，总产值位居第三，工人数位居第二④，机制面粉业在其中占有重要地位。

三、无锡机制面粉业兴起的历史过程

无锡的面粉业最早、最大的企业是荣氏家族的茂新面粉厂。荣氏家族被毛泽东称为"中国民族资本家的首户"，面粉业是他们创办实业的

---

① 杨端六：《清代货币金融史稿》，武汉大学出版社2007年版，第353页。
② 李少军编译：《武昌起义前后在华日本人见闻集》，武汉大学出版社2011年版，第194页。
③ 《参与酝酿将无锡辟为商埠》，无锡市史志办公室编：《荣德生文论存稿类选》，古吴轩出版社2015年版，第467页。
④ 严克勤、汤可可：《无锡近代企业和企业家研究》，黑龙江人民出版社2003年版，第6页。

起点。荣德生早年在广东厘金局当差时就知道了进出口面粉免税的情况，认为面粉生意有利可图。① 原来，1853 年签订的中英《通商章程善后条约》规定："凡有金银、外国各等银钱、面粟、米粉、砂谷、米面饼……等物进出通商各口，皆准免税。"② 1901 年签订《辛丑条约》时，列强为保证清政府的还款能力，把大部分的货物的关税定为百分之五，但继续维持"外国运来之米及杂色粮面"的免税地位。③

中国第一家机器面粉厂是 1896 年在上海杨树浦成立的英商增裕面粉厂，所产面粉色白精细，获得市场认可，获利甚厚。④ 1898 年，安徽寿州孙多森、孙多鑫兄弟见增裕面粉厂有利可图，以 2.2 万美元购置美国制粉设备一套，仿照美国样式在上海建造厂房，成立阜丰面粉厂。1900 年阜丰面粉厂正式开业，生产"自行车"牌面粉。由于阜丰厂管理得法、出粉质量稳定，"自行车"牌面粉在市场上广受欢迎，被百姓亲切地称为"老车"。⑤ 孙氏兄弟的祖父孙家鼎上奏慈禧太后，为该厂争取到"减免厘税，通行全国"的待遇。后来一直到民国初年，中国的国产面粉都援引阜丰成例免征税厘。⑥ 阜丰的面粉很快打开了内地市场，成为洋粉的竞争者。然而美国面粉企业拥有更优质的小麦来源、更先进的技术和管理，再加上进入中国海关免征税厘，所以在中国市场上具有强大的竞争力。中国本土面粉最多做到与进口面粉"价目相仿"，⑦ 而没有取得明显优势。

1900 年，荣德生结束了广东厘金局的差事回到上海。当时八国联军

---

① 荣德生：《乐农自订行年纪事》，《荣德生文集》，第 33 页。
② 王铁崖：《中外旧约章汇编》第 1 册，生活·读书·新知三联书店 1957 年版，第 116 页。
③ 王铁崖：《中外旧约章汇编》第 1 册，第 1006 页。
④ 杨承祈：《上海面粉交易所概况》，中国人民政治协商会议上海市委员会文史资料委员会：《上海文史资料选辑 第 76 辑 旧上海的交易所》，上海人民出版社 1994 年版，第 180 页。
⑤ 《上海粮食志》编纂委员会编：《上海粮食志》，第 716 页。
⑥ 江苏省商业厅、中国第二历史档案馆编：《中华民国商业档案资料汇编 第 1 卷 1912—1928》下，中国商业出版社 1991 年版，第 788 页。
⑦ 《茶食点心铺改用中国面粉》，《时报》1905 年 7 月 5 日第 3 版。

占领天津、北京，北方粮价暴涨。荣德生看到，上海人心惶惶，地价、物价大跌，而"惟小麦装北洋颇好，内地到申不少……各业均平淡，惟面粉厂增裕、阜丰反好。"①于是荣德生产生了做面粉生意的念头。他专程到增裕实地参观，感到面粉不仅销路畅通，而且"原料今天进厂，明天就有成品出来"，②这种周转迅速的特点对于初创企业的成长非常有利。不久，荣氏兄弟下定决心，说服他们父亲的老上司朱仲甫入股，向洋行订购机器，创办了无锡保兴面粉厂（1903年改名"茂新面粉厂"），无锡的机制面粉工业就此起步。

保兴面粉厂最初的几年没有赢利，只能勉强维持经营，直到1905年才迎来转机。先是前一年日俄战争爆发，粮食价格上涨。日军攻陷旅顺后，面粉需求激增，东亚各国争相向美国订购面粉，美国"几有应接不暇之势"。③同年5月，上海工商界为抗议美国单方面延长歧视、苛待中国劳工的《中美会订华工条约》，集会倡议抵制美货，获得全国响应。④于是上海进口面粉数量锐减，从1904年的33851海关担减少到1905年的27656海关担。⑤内地商铺也都纷纷抵制美国面粉，例如扬州的茶食点心铺所用面粉"向以美货为大宗"，自此改用国产阜丰面粉。⑥无锡工商业者和普通群众也纷纷加入到抵制美货的行列中。⑦日俄战争和抵制美货两股潮流叠加，为稚嫩的民族机制面粉业打开了难得的市场空间，中国民族面粉企业的第一波"进口替代"浪潮就此到来。茂新面粉厂乘势扩张，获得厚利。在茂新面粉厂的带动下，截止到1911年，无锡又出现了九丰、泰隆、惠元、宝新四家面粉厂。⑧

---

① 荣德生：《乐农自订行年纪事》，《荣德生文集》，第32页。
② 《荣家企业史料座谈会记录》，《荣德生与企业经营管理》上册，第197页。
③ 《旅顺险后订购面粉之影响》，《时报》1905年1月26日，第1张第3页。
④ 徐梁伯、蒋顺兴主编：《江苏通史 晚清卷》，凤凰出版社2012年版，第440页。
⑤ 《上海粮食志》编纂委员会编：《上海粮食志》，第716页。
⑥ 《茶食点心铺改用中国面粉》，《时报》1905年7月5日第3版。
⑦ 徐梁伯、蒋顺兴主编：《江苏通史 晚清卷》，第441—442页。
⑧ 《茂新面粉公司史略》，《荣德生与企业经营管理》上册，第250页。

1912年，茂新的"兵船"牌面粉压倒阜丰的"自行车"牌，一跃成为中国面粉业的翘楚。同年，荣氏兄弟在上海开办福新面粉厂，所产面粉使用与茂新一样的"兵船"、"宝星"等商标。后来荣氏家族在上海又陆续开办了六座面粉厂，荣氏家族的面粉业的重心从无锡转移到上海。1914至1918年第一次世界大战期间，欧美国家不仅向中国出口面粉数量锐减，还要进口大量中国面粉。茂新、福新的"兵船"面粉质量上乘，远销西欧及东南亚，名声大振。上海面粉交易所于1919年12月9日规定以茂新、福新所产"绿兵船"面粉作为该所交易的标准品；1920年1月5日又规定各厂商标交割的差别价，显示名牌面粉与一般面粉的区别。① 到1921年，荣氏茂新—福新系统的面粉生产能力为每日7.6万包，占全国华商面粉厂生产能力的比重是31.4%，占全国所有面粉厂生产能力的23.4%，无锡的茂新一、二厂的日生产能力合计1.4万包，占荣氏面粉企业的18%，占全国面粉企业的4.21%。此后，无锡面粉产能稳步提升，到抗战前占全国产能的比例约为6.38%。②

　　从区位角度看，无锡地处上海附近，发展面粉工业有一定劣势。这是因为上海本身就是全国最大的面粉工业基地，又是外国面粉输入中国的主要口岸，其周边城市的面粉业不可避免地受到压制。然而邻近上海的优势也很明显：能够较早地接触到上海的商业信息，能够较早较快引进上海的人才、技术、设备，产品能够便利地通过上海出口外销。平时，上海面粉着重销向外埠，本地市场留有相当的空隙，无锡的茂新、泰隆、九丰等厂的面粉都有销往上海的。③ 因与上海联系紧密，无锡机制面粉厂均加入上海机制面粉公会，而非苏浙皖机制面粉公会。上海、无锡两地的面粉从业者一起创立并控制着上海面粉交易所，主导了中国的机制面

---

① 《上海粮食志》编纂委员会编：《上海粮食志》，第412页。
② 中国科学院经济研究所等编：《旧中国机制面粉业统计资料》，第183页。
③ 中国科学院经济研究所等编：《中国近代面粉工业史》，第139页。

粉市场。①所以从行业格局来看，无锡的机制面粉业是上海的延伸与补充。从技术、管理和单一工厂的生产规模看，无锡的面粉业保持国内领先的水平。第一次世界大战期间，上海及无锡茂新的面粉主要用于出口，无锡其它面粉企业获得了在国内扩张的机会。无锡九丰面粉厂的"山鹿"、"五福"面粉，泰隆面粉厂的"鹰球"、"龙船"面粉不仅销往上海，还乘机进入浙江、河北、辽东，在江南和华北市场抢占了一席之地。②第一次世界大战后，面对着国外面粉倾销的回潮，无锡机制面粉业仍然保持着较高的利润率。例如，1928 至 1929 年，茂新一厂净利润 53.3 万元，二厂净利润 23.6 万元，利润率为 33%；又如九丰面粉厂持续盈利，年利润最高时达到 60 万元，当时有"买了九丰股票好比中了头彩"的说法。③

四、近代无锡机制面粉企业的商业逻辑

　　无锡机制面粉业的发端在中国并不是最早的，它之所以能够后来居上，并保持长盛不衰，除了前文所述的无锡的客观优势禀赋外，还取决于企业家的经营之道。下面就以最具代表性的荣氏家族面粉企业为例，试总结近代无锡机制面粉业兴起的历史经验。

　　首先是战略上，敢于顺应历史潮流，押注机制面粉业。荣氏兄弟对市场有深刻的洞察，随之而来的是远大的战略眼光和坚韧的战略定力。荣德生在广东厘金局时，曾负责 204 种货物的厘金。回到上海后，他做了一次详细市场调查，把这 204 种货物在上海的销售状况做了摸底，最后确定"吃、着两门最妥"④。保兴面粉厂投产时，《辛丑条约》已经签订，

---

① 杨承祈：《上海面粉交易所概况》，中国人民政治协商会议上海市委员会文史资料委员会：《上海文史资料选辑 第 76 辑 旧上海的交易所》，第 196 页。
② 《无锡面粉业近况》，南京图书馆特藏部、江苏省社会科学经济史课题组编：《江苏省工业调查统计资料 1927—1937》，南京工学院出版社 1987 年版，第 226 页。
③ 王赓唐、汤可可主编：《无锡近代经济史》，第 86 页。
④ 荣德生：《乐农自订行年纪事》，《荣德生文集》，第 32 页。

动荡的时局很快平复，面粉价格回落，面粉市场的竞争则趋于激烈。初创的保兴面粉厂只能用低价策略勉强维持经营，没有利润。[①] 1903 年，占股 50% 的大股东朱仲甫看到保兴厂连续两年无利可图，感到前途暗淡而退股。这对荣氏兄弟的面粉事业是一个沉重的打击。但是他们并未退缩，而是筹集资金赎回朱氏的股本，将厂名改为"茂新"，坚持营业。直到 1905 年，面粉市场重新回暖，茂新赢利 6.6 万两白银[②]，不但为它自身的发展奠定了基础，还为荣氏开拓纺织领域积累了资本。这种忍受连续数年不盈利的战略定力，来自于他们对市场的深刻洞察。

第二是重视技术革新。保兴面粉厂初创时使用的还是法国制的石磨，石磨在蒸汽机的带动下高速转动，不可避免地会有石屑脱落混入面粉[③]，所以保兴所产的石磨面粉比钢磨面粉每袋价格低 2 角。此外，为避免石磨过度使用造成损伤，机器"时时要停"，使得产量受限、成本提高。价格低而成本高是导致保兴面粉厂初创时期无利可图的重要原因。而美国本土面粉厂及上海的增裕、阜丰、华兴三厂早已淘汰石磨，应用辊式钢磨。钢磨出粉快、效率高，且所磨面粉"并无丝毫杂质"，所以价格高于石磨面粉。1905 年荣氏兄弟斥资 4000 元购入 6 部 18 寸英制辊式钢磨，与石磨一起使用。[④] 1910 年，荣氏兄弟新造一座厂房，添置 12 座美制钢磨，拆去旧有的石磨[⑤]，茂新的生产能力和产品质量又上了一个新台阶，为打入上海市场奠定了基础。

第三是重视原料质量。面粉的品质固然受生产工艺影响，但起决定作用的还在于原料。茂新厂对小麦严格把关。1911 年全国各地发生水灾，荣德生发现受潮热坏的麦子影响出粉质量，所产面粉"味恶而难下

[①] 荣德生：《乐农自订行年纪事》，《荣德生文集》，第 43 页。
[②] 《无锡茂新面粉厂大事记》，《荣德生与企业经营管理》上册，第 274 页。
[③] 《须知制造面粉之新法》，《商务官报》1906 年第 19 期，第 38 页。
[④] 《无锡茂新面粉厂大事记》，《荣德生与企业经营管理》上册，第 275 页。
[⑤] 荣德生：《乐农自订行年纪事》，《荣德生文集》，第 46—47 页。

咽"，①决定不收购热坏麦，保证了面粉的质量。于是到1912年，其他各厂面粉都出现滞销情况，唯有"绿兵船"牌畅销市场，价格超过了"自行车"牌。②茂新厂创办之初，江苏小麦种植面积很少，荣氏兄弟派人到长江南北劝导农户种麦，荣宗敬更是出巨资补助农事试验场。③在面粉企业的刺激下，无锡本地小麦种植面积不断扩大、质量不断改良。据国民政府实业部调查，1930年前后，无锡的小麦种植面积为107.6万亩，不仅是江南地区小麦种植面积最大的县份，而且比许多江北的产麦大县如丰县、沛县等都大。无锡小麦平均亩产约180斤，虽不及产量最高的如皋、铜山等县，但也处于较高水平。④无锡人并不以小麦为主食，小麦在无锡农家主要是一种经济作物。解放前无锡有句农谚："米煮汤，麦垫挡，开销靠蚕桑。"就是说农家以"稻熟供一年之食，麦熟供农本所费，蚕收供一年衣食零"⑤。正因为是经济作物，所以无锡小麦有较高的质量。据上海早年熟悉办麦业务的从业人员说，上海小麦分三等，上等的是无锡杜黄麦和山东济宁白麦，中等的是津浦铁路南段蚌埠一段的小麦，下等的是湖北江边及沙市小麦。⑥茂新面粉厂可以就近收购优质的无锡麦，保证了面粉的质量。

第四是重视品牌建设。荣氏兄弟并没有被"酒香不怕巷子深"的传统束缚，而是具有极强的品牌意识，重视品牌的打造。1911年，新厂房和机器投产，荣氏兄弟将面粉品牌改为更具现代感的"兵船牌"⑦，以适应都市消费者的审美偏好。早期兵船牌面粉袋最上方印着"无锡茂新面粉

---

① 《茂新第一面粉厂概况》，《荣德生与企业经营管理》上册，第255页。
② 荣德生：《乐农自订行年纪事》，《荣德生文集》，第61页。
③ 丁彦章：《茂新福新在中国面粉界之地位》，《荣德生与企业经营管理》上册，第246页。
④ 实业部国际贸易局编：《中国实业志 全国实业调查报告之一》，上海：实业部国际贸易局，1933年，第五编第49—52页。
⑤ 《解放前无锡的农民生活》，无锡地方志编纂委员会办公室编：《无锡地方资料汇编》第5辑，第12页。
⑥ 中国科学院经济研究所等编：《中国近代面粉工业史》，第17页。
⑦ 《无锡茂新面粉厂大事记》，《荣德生与企业经营管理》上册，第275页。

公司"字样,下面是大写的英文厂名"WUSICH FLOUR MILL";袋子正中印着一艘航行中的铁甲兵船,左右两边分别有八个字,右边为"中国自制顶上面粉",左边为"商部批准概免税厘"。①"顶上面粉"显示出茂新厂引进新机器后对产品的高端定位。兵船牌还是按照我国历史上第一部完整的《商标法》注册的第一个商标(注册时间为1923年8月29日),在我国商业史上具有里程碑意义。这也反映了荣氏兄弟对于品牌建设的极端重视。1921年,荣氏兄弟在济南开办茂新四厂。茂新四厂并不赢利,但它可以使荣氏家族就近采购优质的山东小麦,还可以把兵船面粉推销到北方市场。例如,兵船面粉在北方火车餐室上使用,受到外国旅客的赞美,由此风靡北京、天津。②

第五是充分利用金融手段支持实业发展。1913年,荣氏兄弟与王禹卿、浦文汀、浦文渭在上海合资创办福新面粉厂,福新拥有美粉机200筒,日产面粉1200包。这标志着荣氏家族企业的重心开始向上海转移,利用上海金融业支持自身发展的新机遇到来了。1919年,世界各国开办交易所之风盛行,荣宗敬和王禹卿、顾馨一、诸广成等人联合上海、无锡20余家面粉厂,上海市450家零售商、57家批发商、17家批发兼零售商以及55位经纪人,成立了中国机制面粉上海贸易所(后更名为"上海面粉交易所")。荣氏家族利用自己的强大影响力将"绿兵船"面粉作为交易标准品,历史更悠久的阜丰厂"自行车"面粉只能作为相当品,其它各厂的产品都要按照"绿兵船"标准粉贬值。常务理事诸广成听命于荣宗敬,荣宗敬还在交易所开设许多假户名并安插内线,以掌握市场的真实动态。于是荣氏家族通过交易所间接控制了上海的面粉市场。由于上海、无锡两地是全国最大的机制面粉产地,上海又是中国最主要的小麦、面粉的进出口口岸,所以全国面粉价格都由上海市场主导。控制了上海面粉价格,也就控制了全国的面粉价格。荣氏企业会在每年5、6

---

① 左旭初:《民国食品包装艺术设计研究》,立信会计出版社2016年版,第216页。
② 荣德生:《乐农自订行年纪事》,《荣德生文集》,第89页。

月份新麦收获之际通过交易所抛出大量筹码，打压面粉和小麦价格，等新麦上市后到产地以低价大量收购。荣氏家族在济南创立茂新四厂除了打开北方市场外，另一个重要的目的就是扩大小麦来源，从而巩固自己对面粉价格的控制。①另外，荣宗敬还通过不断地向银行抵押借贷，收购经营不善的竞争对手，迅速扩大生产，充分把握扩张机会。此举虽然产生了相当风险，但成为茂新、福新能够占据机制面粉业主导地位的关键。必须指出的是，荣氏家族的金融活动是为实业服务的，主要是为了降低成本和风险，非寻常金融投机行为可比。中国机制面粉上海交易所在成立之初就发布通告，禁止买空卖空的行为，强调交易所设立的初衷是"巩固买卖双方之权利，定期交货，不爽叠麦"②。

荣氏兄弟对茂新—福新面粉公司的成功经营的经验，不仅为近代民族工商业的发展开辟了一条成功的道路，也为今天中国企业的发展提供了重要借鉴。

结语

中国的机制面粉工业在起步之初呈现出一种看似反常的态势：小麦主产区华北地区没有形成大规模的机制面粉工业，反而是水稻的主产区江南成为机制面粉的绝对中心。有学者认为这种地域分布上的不平衡是一种畸形状态。③事实上，这种不平衡状态与城市化、工业化的进程密切相关，并不是中国独有的现象。从西方国家的历史经验看，城市化、工业化不可能在一开始就处于各地区均衡发展的状态，而是会经历从中心向周边扩散的过程。例如，美国面粉业的中心也曾经有过从沿海到内陆的转移。在殖

---

① 奇良：《交易所的实力派》，中国人民政治协商会议上海市委员会文史资料委员会：《上海文史资料选辑 第76辑 旧上海的交易所》，上海人民出版社1994年版，第199—200页。
② 荣宗敬著，陈明等整理：《荣宗敬集》，凤凰出版社2020年版，第41页。
③ 中国科学院经济研究所等编：《中国近代面粉工业史》，第17页。

民地时代，美国最大的城市是东部沿海的费城，其面粉生产和销售中心也在费城，到19世纪中叶，由于伊利运河的通航，面粉业中心西移到纽约州的罗切斯特，后再度西移芝加哥。19世纪末，五大湖以西的内陆城市明尼阿波利斯和堪萨斯城成为美国面粉业的新中心。[1]

中国最早的近代城市和近代工业都出现在沿海通商口岸，而机制面粉是近代工业的产物，也是近代都市生活的重要组成部分。工业生产要素包括资本、土地，劳动力、交通、能源与原材料、机器设备、技术、管理等等方面，无锡除了原材料相对不足外，其他要素都处于中国最优越的地区之列，更何况还邻近上海这一最大的机制面粉消费市场。而华北的小麦主产区，除了拥有劳动力和原材料外，并不具备发展机制面粉业的优势，那里的城市化和生活水平不高，机制面粉市场狭小，土磨坊和农民自用的石磨始终占优势。[2] 20世纪30年代，随着中国的交通条件的改善，一些北方内陆城市也开启了工业化之路，济南、郑州的机制面粉业逐渐发展壮大起来。随着内地逐步具备生产要素，江南地区的机制面粉业的竞争优势逐步削弱。到了2018年，小麦主产区河南、山东、河北、安徽四省的面粉产量已经占全国的67.7%，而江苏省的面粉产量只占全国的6%。与此相比，无锡、上海的面粉产量在全国的比重几乎可以忽略不计[3]，它们的面粉业已完成了自己的历史使命。

可以说，无锡是中国民族工商业的发源地之一，而机制面粉业则是无锡乃至中国民族工业的先驱。梁方仲认为，中国民族工业的萌芽期（光绪末年至第一次世界大战前夕），"国货工业之稍有成绩者，仅有纺织及面粉业"[4]。无锡机制面粉业的历史意义不仅在于兴起早，而且在于比较

---

[1] 〔美〕福克讷：《美国经济史》下卷，王锟译，商务印书馆2018年版，第57页。
[2] 中国科学院经济研究所等编：《中国近代面粉工业史》，第20页。
[3] 马文峰：《2019中国小麦粉消费及行业状况年度分析》，《粮食加工》2020年第45卷第3期，第4页。
[4] 梁方仲著，梁承邺等整理：《梁方仲遗稿 读书笔记 下》，广东人民出版社2019年版，第499页。

成功，为后起的民族工业积累了资本、经验和信心，为中国的近代工业化探索了一条成功的道路。茂新—福新面粉公司不仅在国内市场打破了进口面粉统治的局面，还一度出口欧洲，建立起中国人对国货和中国实业的信心。荣氏兄弟面粉企业积累的资本创立了日后中国最大的纺织公司——申新纺织公司，在纺织领域为国货打开了一片天地。荣氏兄弟创办面粉企业过程中对市场的高瞻远瞩，对技术革新、产品质量和品牌建设的重视，以及利用金融市场促进实业发展的经验，是中国的民族工商业的宝贵遗产，不仅在当时具有典范作用，而且对于今天探索中国特色的民营企业发展道路仍然有启示作用。

泰山石刻文献中经济史料的整理与初步研究

泰山学院　亓民帅

泰山及其周边地区有大量石刻存在，其时代上溯秦汉，下迄当代，蕴含着极为丰富的史料。研究者往往重视其中有关政治、宗教、社会等方面的内容，并由此取得了丰硕的研究成果。泰山石刻文献中还包含着具有重要价值的经济史料，能够为泰安及其他泰山周边地区的经济史研究提供重要帮助，但当前对相关史料的开发和利用还不够全面，尚需进一步加强，而这正是本课题所致力之处。

一、泰山石刻文献经济史料研究概况

关于泰山石刻资料的著录与研究，最早可以追溯到司马迁《史记》中关于秦刻石的记载。此后直至五代，典籍中关于泰山石刻的记录不绝如缕，但未形成规模。宋代金石学大兴，《集古录》《金石录》等著作收录了数量可观的泰山石刻，并对部分石刻文献的年代、内容做了考辨。清代是泰山石刻著录整理和研究的第一个真正意义上的兴盛时期。该时期出现了关于泰山石刻的专门著作，如孙星衍的《泰山石刻记》，李东辰的《诗刻漫录》和《题石选粹》，王价藩、王次通的《岱粹钞存》和《续岱粹钞存》等。与之并行的是，众多的金石学著作和地方志中亦收录了尚存与亡逸的诸多碑刻，且做了大量的考释和研究。民国时期，国家社会动荡不安，虽有相关著录问世，却基本上是对清代的因仍。总的来说，民国及以前关于与泰山石刻相关的文献，研究的数量和比例不断增加，但著录远胜于研究。

新中国成立后,尤其是改革开放以来,关于泰山石刻资料的著录与研究,走到了最为繁荣的时期。在著录方面,出现了"总集"性的著作,其中佼佼者有泰安市文物局编著的《泰山石刻大全》[①]、姜丰荣主编的《泰山石刻大观》[②]和袁明英主编的《泰山石刻》[③]。尤其是《泰山石刻》一书,著录泰山石刻多达6000多处的图片、刻立时间等信息,并附有碑文。这些著录一方面为新石刻资料的发现、辨识和收录提供了参照和坐标,另一方面为泰山石刻研究夯实了资料基础。得益于资料的丰富,研究手段的进步,改革开放以来的泰山石刻研究呈现出异彩纷呈的局面。李贞光对此做了总结和概括,其论文尤其详于其中宗教、民俗、史学和书法的部分。[④]本文不再赘述,仅就与泰山石刻文献中的经济史料有关的研究略作申述与补充。

刘慧《泰山庙会》运用了大量泰山石刻资料来论证祭祀与泰山庙会的关系,其中涉及到香税和香客店等内容。[⑤]叶涛《泰山香社研究》以泰山香社刻石为重要史料,其中有专门章节研究了香税和香客店的起源和发展、经营习俗、商俗。[⑥]孙晓《明代泰山宗教经济初探》在研究香帛的相关问题时,通过《东岳泰山之神庙重修碑》、《重修东岳庙碑》论证了香帛在修建寺庙时所担当的职能;通过对若干《皇醮碑记》的分析对三阳观的经济收入进行了研究;通过《重开山记碑》对重修普照寺的资金进行了研究。[⑦]周郢《泰山古代香客店考》引用《大金重修东岳庙碑》的释文论证金元时期旅店繁荣。[⑧]陶莉《〈泰安州提留香税疏碑〉考论》在

---

① 泰安市文物局编:《泰山石刻大全》,齐鲁书社1993年版。
② 姜丰荣主编:《泰山石刻大观》,线装书局2003年版。
③ 袁明英:《泰山石刻》,中华书局2007年版。
④ 李贞光:《泰山石刻文献研究综述》,吉林大学古籍研究所2016年硕士学位论文。
⑤ 刘慧:《泰山庙会》,山东人民出版社2018年版,第260—282页。按:该书最早于1999年出版于山东教育出版社。
⑥ 叶涛:《泰山香社研究》,上海古籍出版社2009年版,第324—336页。
⑦ 孙晓:《明代泰山宗教经济研究》,云南大学人文学院2015年硕士学位论文。
⑧ 周郢:《泰山古代香客店考》,《岱宗学刊》1999年第2期。

分析《泰安州提留香税疏碑》的档案价值之后,对泰山香税制度也进行了探讨。[1]她的另一篇文章《清岱庙庙产碑》对岱庙的《感恩复瞻田》、《岱庙瞻田复归记碑》、《岱□□□田记》、《禁止私卖庙田告示碑》进行了深入考证。高莹《清代泰山进山门上税再考》利用大量香社碑,考察了同治年间泰山进山门上香税征收的环境、经济形式和民众的收入状况,论证出同治年间泰山香税仍然在实行,但是民间的进香和修缮活动非常少且时间集中在同治八年,有力地回应了学术界关于香税的废止时间在雍正十三年的定论。孟伟、杨波《明清时期山西会馆个案考察系列:泰安地区——泰山红门的山西会馆为重点》利用相关碑文,梳理了山西会馆的位置、面积、所有权问题和历史演变的轨迹,并将泰山红门山西会馆放置于山西会馆史,甚至是整个中国古代经济史和商业史的宏大视野中加以考察。[2]

从当前研究来看,学界目前关注和利用的泰山石刻文献中经济史料主要与宗教经济相关。实际上,泰安石刻中除了保存有众多与宗教相关的经济史料之外,还有各类建筑的修建、重建记碑文,能为研究当时的物价、推算其他建筑工程之花费提供可靠依据;有关于清末民国泰安城内水利建设的记载,是研究泰山地区的水利史的第一手资料;有关于泰山及其周边地区开发的见证,是先民开发泰山地区的生动记录。

有鉴于此,本文整理现存泰山石刻中的经济史料,以之作为历史研究的基本材料,进而分别论述各类史料反映出的特定领域、部门或门类的经济发展状况和历程,丰富和深化关于泰安及其他泰山周边地区经济发展的认识。

---

[1] 陶莉:《〈泰安州提留香税疏碑〉考论》,《泰山学院学报》2015年第2期。
[2] 陶莉《〈泰安州提留香税疏碑〉考论》、高莹《清代泰山进山门上税再考》和孟伟、杨波《明清时期山西会馆个案考察系列:泰安地区——泰山红门的山西会馆为重点》三文内容可参看李志刚、韩伟:《山东社科论坛:"泰山区域历史文化资源开发与利用研讨会"综述》,《泰山学院学报》2016年第2期。

二、泰山石刻文献中经济史料摘录

泰山石刻文献中的经济史料内容丰富，为便于进一步分析和使用，现将其中具有典型价值、他人研究和利用较少的摘录汇总。需要特别说明的是，历史认识由史料产生，而历史认识又限制着对史料性质的理解，本文对泰山石刻文献中经济史料的摘录，一方面受限于所搜集资料，另一方面则受限于对史料性质的理解。尤其受后者影响，一些学者认为属于经济史料的，此处并未收录；也有些史料未被其他学者当作经济史料利用，此处反而加以摘录。此种差异实际上广泛存在于研究者之间，不足为奇，此处仅略作提示。

泰山石刻文献中经济史料摘录

碑名	立碑时间	经济史料摘录
汉故谷城长荡阴令张君表颂（张迁碑）	东汉灵帝中平三年（186）	故安国长韦淑珍钱五百；故从事韦少王钱五百；故从事韦元雅钱五百；故从事韦元景钱五百；故从事韦世节钱五百；故守令韦叔远钱五百；故守令范伯犀□□□；故吏韦金石钱二百；故督邮范齐公钱五百；故吏范文宗钱千；故吏范世节钱八百；故吏韦府卿钱七百；故吏范季考钱七百；故吏韦伯台钱八百；故吏范德宝钱八百；故吏韦公僎钱五百；故吏氾定国钱七百；故吏韦闿德钱五百；故吏孙升高钱五百；故吏韦公遵钱七百；故吏韦排山钱四百；故吏范巨钱四百；故吏义才钱四百；故吏韦辅节钱四百；故吏韦元绪钱四百；故吏韦客人钱四百；故从事原宣德钱三百；故吏韦公明钱三百；故吏范成钱三百；故吏韦辅世钱三百；故吏范国方钱三百；故吏韦伯善钱三百；故吏氾奉祖钱三百；故吏韦德荣□□□；故吏范利德钱三百；故吏韦武章□□□；故吏骆叔义□□□；故吏韦宣钱三百；故吏韦孟光钱五百；故吏韦孟平钱三百；故守令韦元考钱五百。
大宋东岳天齐仁圣帝碑	宋大中祥符六年（1013）	翰林学士、中散大夫、守尚书工部侍郎、知制诰、同修国史、判昭文馆事、护军、南安郡开国侯、食邑千五百户、食实封二百户、赐紫金鱼袋臣晁迥奉敕撰，翰林待诏、朝散大夫、守司农少卿、同正上骑都尉、赐紫金鱼袋臣尹熙古奉敕书并篆额。
宣和重修泰岳庙记碑	宋宣和六年（1124）	翰林学士承旨、正奉大夫、知制诰、兼侍读、修国史、南阳郡开国侯、食邑一千五百户、食实封一百户臣宇文粹中奉敕撰，朝散大夫、充徽猷阁待制、知袭庆军府事、管勾神霄玉清万寿宫、兼管内劝农使、兼提举济单州兵马巡检公事、陈留县开国男、食邑三百户、赐紫金鱼袋臣张漴奉敕书篆。

续表

碑名	立碑时间	经济史料摘录
四禅寺"尚书礼部牒"碑	金大定二年（1162）	泰安军奉符县天封寺僧法润、东平府普照寺受业僧普汶、太平镇庆成院受业僧义政，状告见住本□□□□□□□四禅庵。本庵房屋系五十间已上，自来别无名额。依奉上畔，已经本军军资库纳讫，合有钱数，乞立寺额，须至给赐者，牒奉敕可，特赐法云禅寺，牒至准敕故牒…… 徂徕山之西路由寺基，相传曰：古四禅寺。数代老宿结庵居之，仅就绪矣。大定二年冬，有住持法润等，经官纳钱……
法云寺"尚书礼记牒"碑	金大定二年（1162）	泰安军奉符县天封寺僧法润、东平府普照寺受业僧普汶、大平镇庆成院受业僧义政状告见住本军奉符县羊栏村四禅庵。本庵房屋系伍拾间已上，自来□□名额。依奉上畔，已经本军军资库讷讫，合有钱数，乞立寺额，须至给赐者，牒奉敕可，特赐法云禅寺，牒至准敕故牒……
大金重修东岳庙之碑	金大定二十二年（1182）	翰林侍讲学士、少中大夫、知制诰、兼左谏议大夫、礼部侍郎、护军、宏农郡开国侯、食邑一千户、实食封一百户、赐紫金鱼袋臣杨伯仁奉敕撰，中宪大夫、充翰林待制、同知制诰、上骑都尉、江夏县开国子、食邑五百户、赐紫金鱼袋臣黄久约奉敕书军奉符县羊栏村……大定十八年岁在戊戌春，岳庙灾，虽门、墙俨若，而堂室荡然。主上……命，承务郎、应奉翰林文字、同知制诰、兼充国史院编修官、武骑尉、赐绯色鱼袋臣党怀英奉敕篆额驰驿以图来上，入受训诫，示之期约，且择尚方良工谐往营之。出内帑钱以贯计者十有六万，黄金以两计者二百四十有六，及民之愿出资以助者几十万千，且运南都之材以足之。复诏："其工役勿烦吾民，给以拥直。"故皆悦而忘劳矣。二十一年辛丑冬告成，凡殿寝、门庑、亭观、廊庑、斋库虽仍旧制，加壮丽焉。
"谷山寺记"碑	金泰和元年（1201）	前翰林学士承旨中大夫、知制诰、上护军、冯翊郡开国侯、食邑一千户、食实封一百户、致仕党怀英撰并书篆额。 ……继有僧善宁，远涉荒梗，首至谷山旧址。破屋废圮而已……善宁独喜，雅契宿心。于是日趋山下，丐菽粟，携火具，结茅而休焉。往来山坂无难色，暇日畚筑溪涧，勤苦作劳而无怠意，短揭芒屦，从事如初。自是涧限山胁，稍可种艺，植栗数千株，迨于今充岁用焉。斋粥所须，日益办具，凡三十余年，则谷山初祖也。天眷二年四月间，诣官言寺之旧地，东至于黑山分水岭，南至于恩谷岭，西至于张远寨，稍北至于返倒山岭，有司可其请。其后僧法朗继之，锄理荒险，不避寒暑，经营成就，复三十余年，则谷山第二祖矣。今崇公，寺缘契合，四方有识翕然归向，工役趋作日盈百数，殿基琢石高逾数丈，若是者三四焉。采塑图饰不与也。州城之东隅曰柴水院，惟许存上院积贮之物，其余住持摄度申理，徒弟皆不许也。崇公经画作劳，能继二祖，此寺当兴时矣。

· 227 ·

续表

碑名	立碑时间	经济史料摘录
创建藏峰寺记碑	元延祐六年（1319）	藏峰寺……之周围，岩峦耸秀，林木茂盛，得隙地十余亩。有泉泓澄，虽大旱不涸。初乡先生耿公定之侄曰偁、曰铨，辟此以避兵厄……一日，宝峰寺僧定禄过偁所居田里，因谓禄曰："吾有地焉，实烟霞之窟也，汝能驻锡于此乎？"禄视之喜曰："真福田矣，舍此焉往？"爰卜吉日，结庵而居，意欲作广大。缘会病殁……大德癸卯秋，定远公之孙名士恭、婿王衡叹曰："寺之地吾家所施也，荒废若是，兴复者岂无□□？"与耆老□钦、黄仁辈，教请僧福岩主之。福岩本泉州惠安县人，俗姓杨氏，年二十始学浮屠，□年薄□□方至莱山之竹林寺，爱其山水之胜而止焉，礼寺僧□进为师，操守清慎雅为，远迩向信。既受请……即以兴建自任，日率三二人持刀执斧，凡丛莽之拥蔽者悉伐而除之。复嫌基址迫隘，□东偏益广其地，凿石堙谷，铲高叠洼，手足胼胝而不息于是。发私箧所存，市材雇工构殿于其上……迨寮舍库厩碓磑之类，果竹之圃，罔不具备，仍买田三十五亩，以给赡徒众……
"重修碧露灵应宫记"碑	明弘治十年（1497）	工役既集，卜日治事。凡为正祠五间，为左右配享之祠各三，为从神之祠各一，为钟鼓之楼者亦如□焉。□于圣水之祠一，为道院二，区其东为间十有七，其西加二。为官使之厅九，畜性之房加一。为门之间三，绰楔二。其为庙之貌、抟埴、彩绘、袍芴、簪佩之服皆□，栋宇、翚题、木石、瓴甓、丹垩之物，无不具者。凡为间八十九，凡用银以两计者七千三百有奇，为夫若干而成……
李茂友将家产地亩交寺公用契约	明天启六年（1626）	立文契人李茂友，因之嗣并无户下弟侄儿男，今将自己宅壹所计地七厘，上带草房五间，又二间门窗户囮转石，槐树贰株。其宅东至、南至李永太，西至韩林地。□路并坡下地贰段，计地壹亩陆分。其地东杨浩儒，西至河西至高臣，北至刘□长，四至分明。茔内青杨树叁株。同本庄三掌教李勤等共立字为契，茂友情愿□与本庄西南保礼拜寺，为□学善事公用。
重修青帝观碑	清康熙十七年（1678）	维时令其匠役细估银五百余两，尚君捐施五十两，范君捐施十两，刘君捐施五十两。余复募化，朱君讳养鸿等共施银一百五十余两，其余系予捐施。重修大殿成，尚有四配殿及廊房、二门、大门颓坏。又于康熙三年叩化各上台，捐六百余金，予复竭力重修四配殿及廊房、二门，尚有大门未完。今于十七年戊午，予竭薄力重建大门，愿力乃毕。
石堂铭刻石	清康熙十七年（1678）	石堂素系荒溪，人迹不到。上无寸树，惟多异石；中有秘泉，微流不绝；源至近石，穷莫端倪。予有所托，欲藉此以为自休老待死之地。康熙辛亥，周围约十亩如，贸世产价纳普照库寮银十二两，由属普照山场，不忍擅自私取也。包崖筑台，开池伐石，历八年，除相从弟子辛勤外，损衣益资，复费人力五千余，始遂小成一具之基。

续表

碑名	立碑时间	经济史料摘录
皇清重修岱庙碑阴（重修岱庙履历记事）	清康熙十七年（1678）	自皇清康熙八年春二月，蒙布政司施老爷委修岱庙。彼时，周围垣墙俱已摊塌，惟前面城上仅存五凤楼三座。后载门一座，止存梁柱。东华门、西华门并城上门楼、四角楼仅存基址。大殿琉璃脊兽、瓦片、上层下层周围椽板俱已毁坏，墙根已碎塌，檩枋俱坏大半，惟梁柱可用。后寝宫三座，钟鼓楼、御碑楼、仁安门、配天门、三灵侯殿、太尉殿十一处，瓦片、墙垣俱已摊塌，椽板俱已残毁，其梁柱檩枋堪用者仅十分之三。廊房百间，止有二十三间仅存梁柱，其余七十七间仅存基址。炳灵宫一座，大门一座，延禧殿一座，大门一座，仅存基址。经堂五间俱已塌坏。余细估殿宇木料、琉璃瓦片并颜料等项，非向远方采买无以应用。于八年三月二十日，亲赴南京上西河长江内，用价一千六百两，买杉木二千根，同店家包与排夫于五等运至济宁，水脚运价银七百五十两，买绳缆器具，将杉木扎成八排，交于排夫。予又到芜湖镇买桐油一万斤，银朱二百斤，铜绿四百斤，宫粉四百斤，大绿二百斤，赤金二百厢，眷黄、烟子、松香等料，雇船装载，于七月初三日复回南京。择初八吉日，用猪羊排上祭江，留家人二名看守木排，予于本日开船先行，于八月十五日抵济宁，雇车运桐油等料回州。其木排于八年七月十五日自南京开排，用纤夫三百余名，至九年八月方到济宁。予又到济宁将木排卸至岸，雇车运送泰安，共载六百余车，用车价银一千两余。方抵泰安。又在泰安四乡采买榆杨树二千余株。又差人到山西阳城县买铅四千斤。西廊后立琉璃窑三座，烧造琉璃脊兽、瓦片等项。招集木作泥水等匠四百人，分工齐修。先派木作目人修廊房七十七间，木料砖瓦俱如创建，尚有二十三间仅存梁柱者，俱添换新料修葺。次拆卸大殿，将碎坏殿墙俱易为石，其檩枋坏烂者，俱换新料；至于椽子、望板俱换，瓦片、脊兽尽另烧造。后寝宫三座、钟鼓楼、御碑楼、仁安门、配天门、五凤楼三座、后载门一座，仅将瓦片木料并墙拆卸到地，俱换新者。东宫门、炳灵宫、西宫门、延禧殿、东华门并楼、西华门并楼、并四角楼，无根椽片瓦，俱如创建。又创建经堂五间、配殿二座、环咏亭、鲁班殿。阖庙殿宇，俱用金朱彩绘油漆，大殿内墙、两廊内墙，俱用画工书像。各殿神龛俱创作者。其周围城墙俱拆到地，创添石根脚五行，俱用新砖灌浆垒至墙顶。自大殿东西两边，俱铺新甬路至大门者。门前创建玲珑石碑坊一座。南京请皇路圣像六十轴，锁金法衣四身，北京铸铜案一付，重三百斤。午门内栽柏树八十五株，杨树四十株，槐树二十二株，白果树二株。仁安门前栽柏树五十三株，槐树十二株。大殿左右丹墀，栽柏树五十九株，松树四株，白果树二株，杨树五株，槐树九株。后寝宫栽柏树三十一株，杨树十八株，白果树二株，槐树五株。寝宫后栽榆树三百株。此皆东岳之灵，方伯之功，予亦得艰苦经划于其间。今将所历时日，所费物力，所栽树植，所建殿、楼、墙、宇，一一刻记于石，后亦以见重修之非易易也。

· 229 ·

续表

碑名	立碑时间	经济史料摘录
"泰安州提留香金疏"碑	康熙二十八年（1689）	泰山祠宇原有每年储备修葺银一千余两，无应议外。今应于香税钱粮内，每岁动香建百两，东岳神庙应分给二百两，泰山岱顶碧霞元君祠应分给二百两。供给与各守祠庙祝。仍令山东巡抚稽查，毋使有司尅扣虚冒，每岁注册奏销等因。康熙二十八年正月十八日题，本月二十三日奉旨，依议钦遵，于本月二十四日抄出到部。相应行文该抚，将此四百银两准其存留，遵奉谕旨支给。其疏所称每年储备修葺银一千余两之处，查每年香税奏销案内并无此款，系动何项银两支给，应行文东抚声明报部，以凭查核可也。为此给咨前去，烦为查照施行等因。到院案行，到司札行，到府帖行，到州即便遵照执行。
"龙王庙重修石桥记"碑	乾隆七年（1742）	大清国山东泰安府泰安县城南四十五里迎驾厅地方上泉庄，古有龙王庙一座。查庙修建之由来，自明时建修，至今多年，殿宇破坏，神像暴露。忽有善念之人周伟、郑玉祥、白文力、周法等……于乾隆四、五年，龙王……庙后掘井一圆，山门前面栽柏树三株，砌垒石戏台一所，戏台迤东开修南北路一道，重修石桥一座，以济行人方便…… 泉头以南，旧有南北缮庙地一段，计三亩。路东旧有东西缮庙地一段，计地九分。常圆正东，有纸房庄孙夫新开荒地二段，约有八分，情愿施舍庙内香火之资。以上之地，俱无钱粮。又有雍正八年十二月九日，有杨树二株，槐树一株，领袖人王记、白梓、郑玉祥将钱所买，存留庙内，不许损坏。若有损坏者，罚银十两，入官所用。
万古流芳碑	嘉庆二十一年（1816）	……今以村中通衢，畸岖多石，不便车徒，鸠工协丈而平治之，约有里余。又且补砌小桥，令行人不患潦水，非为福履声华使也。目击阴雨，不忍舆徒艰难，资费所以不惮也。而有识者，即以卜此村之将兴…… 乾隆四十三年，周彦方栽杨树四株于庙前，为官树。五十九年，郑常松栽杨树十三株于庙西，为官树。许在不许卖。
"沙家横沟将寺地捐施下旺清真寺契文"碑	清道光十五年（1835）	（存目）
"重修泰山碧霞元君祠记"碑	清道光十五年（1835）	岁癸巳，前廉访苏君延玉，奉香帛循例致祭，周览圮废……既归，谋所以重修之者。斯崛黾其议，白中丞钟君祥，下其事于前泰安守袁君惠元、前经历赵君品全，咸谓香亭为□天子将敬，修之宜亟，又地少而费省，毋待帑项。七月香亭成，杨君、赵君任其费。八月杨君卒，役止。甲午春，淮扬生息银至，二月今守郭君文汇至，计所需九千八百七十金有奇。五月，中丞以数入奏报，可。乃于甲午七月二十有二日大兴工作，郭君使赵君及主薄杨君□申董之，为大殿，为配殿，为碑之亭，为神楼，为石台，

续表

碑名	立碑时间	经济史料摘录
"重修泰山碧霞元君祠记"碑	清道光十五年(1835)	为石沟,为山门,为钟楼,为戏楼,为神门,为道房,为朝房,为垣,凡十八所。又于祠后浚沟以行山水,使无伤宫壁基址。奉项不足,捐廉奉以济其事,所原牧令、众缙绅、商民,咸后先踊跃,愿来输助。乙末七月二十二日工竣……
普照寺香火田碑记	清道光二十六年(1846)	先是丁酉孟冬,觉罗崇大中丞来典泰郡,退食之暇尝修憩于此,时作等身布施……逾年,公调任济南,寺僧往募,犹惓惓乐施。厥后升阶屡晋,每道出岱宗,必流连竟日、捐金无算……由是日积月累,供献所余,储蓄遂多,此凤凰庄香火田所由昉也。乙巳秋,寺僧明璔将捐资购田若干亩,以为寺中永远香火之需……且恐年湮代远,不肖锱流忘所自来,视为恒泛,不能保有此田,擅自易主,与地方无知之民私相交易,致使盗卖盗买,衅端酿成后患。是用允其所请,伐石而为之记。并将宅基四至刊载碑后,以垂永久,使后嗣僧徒世守勿替云。 (碑阴)普照寺置买凤凰庄香火地亩并宅基四至计开: 宅基一所,场园一个,后园一个,共大地一亩二分。东至河,南至河,西至张文庆,北至王文礼。 又庄前南北地一段,计大地一亩八分。东至马中岳,西至姬姓,南至路,北至河。 又庄西南北地一段,计大地八亩七分。其南北至李光万,东南至河,东至赵希文,西北至郭文学、赵文礼,北至卖主。 又南北地一段,计大地三亩。其地南至卖主,西至郭文学,东至买主,北至于长龄。 又庄西北坡东西地一段,计大地一亩二分。其地南至马姓,西至娄宝善,北至姚姓,东至卖主。 又南北地一段,计大地二亩四分。其地北至河中,南至卖主,东至卖主,西至姚姓、贾姓。 又东西地五段,计大地十二亩二分。其地西至小路,南至于长龄,东至卖主,东北皆至河中。又河北崖东西地一段,计大地八分。北至文庆,南至石姓,东、西皆至河。 又庄东北坡东西地一段,计大地五亩四分。其地东至沟心,西至张松,北至王文礼、刘明、徐平,南至张松、于姓。 以上宅园坡地,共计三十六亩,土上上下、杂色树木以及砖石瓦块,尽在买数,并无分毫除留。又一契,买李菖亭名下庄北南北地一段,计大地三亩三分。其地南至刘万才,东至张松,西至郭文学,北至赵大恒。 本寺原有养缮地四十亩,由上代师祖传流,今载在碑记,以为永垂不朽云。
重修关帝庙碑记	清道光二十八年(1848)	泰山盘路初起处,旧有关帝君祠宇。盐当商人因其基而恢廓之……其西偏建为盐当会馆……第历年久远,风雨摧残,虽未至于倾颓,而金碧减色,殊不足以妥神灵而肃观瞻。凡我同人目所及觌心抱不安。于是鸠工庀材,残者修之,缺者补之,越月余而焕然聿新焉。

231

续表

碑名	立碑时间	经济史料摘录
重修万仙楼碑记	咸丰六年（1856）	惟盘道间有万仙楼，旧称望仙楼，万历四十八□□□□王□口□今漫□□中祀元君，其像犹在，而栋宇摧颓暴露，已非伊朝夕矣。楼下则洞门南向，为□□□□之□□□□□捐□，旋因调任□不果，犹幸相去仅百余里耳。兹特捐廉俸若干缗，遗□□修□□□□□□惟□坚固经久，已不两月而楼成…… 瓦作工料共京钱五百十三□，木作工料共京钱四百零六□，石作工料连作碑刻字共京钱二十三千，殿神油画工料共京钱八十千。
重修关帝庙钟鼓戏楼垣墙碑记	清咸丰九年（1859）	……岱麓旧有关帝庙，康熙初盐当行扩庙北以西地另建大殿，前立拜棚及钟、鼓、戏三楼，下层作马庑，嗣屡经重修。道光二十八年，两行善士敬神念切，重修大殿及拜棚……今岁鸠工整理外装，原庙既已曲意奉神，使游居两妥矣。
"得罚钱施于寺赎学田"碑	清同治十二年（1873）	（存目）
"杨迪德捐钱赎田"碑	清光绪元年（1875）	（存目）
"双龙池记"碑	光绪七年（1881）	泰郡多山而少水。辛巳夏，余来守是邦，邑令曹亦后先莅任焉。民以城无蓄水为憾，既饮泰山之甘，问于泰人，得于城西数百步之遥，其上泰山耸然而特立，下则幽谷窈然而深藏，有泉渝然而仰出。俯仰左右，顾而乐之，天地自然之利，不引之适于用，弗贵也。城中每遭回禄，救援莫及，守兹土者，莫不以兴水利为念。前太守增公、梅公有志未逮，旋task去矣，士民感之。公余暇，余与泰人共创此议，具有同心，始犹疑其难，继访羽士张传彬，具述水源，众绅士李三策等，董理其事。爰不辞艰巨，力图其成，博采众议，禀请上宪，酌同捐廉以兴是举。时维盛夏溽暑，登山相其机宜，观其流泉，导泰山之源，自王母池而下，环绕岱庙，贯注遥参亭前，结大池以停奔湍之势。水不在深，有龙则灵，因额曰"双龙池"，都人士具大观焉。因溪理沟，节次开池以蓄水，取之无尽，用之不竭，是造物者之无尽藏也，而吾与民之所共适。县署前结池于左，混混原泉，盈科而进，取用称便。
曹公渠碑	光绪七年（1881）	泰郡……特甃井殊少甘芳，都人士犹以为憾。辛巳春，太守曹老公祖、邑侯曹老父台来莅兹土……尤惓惓于水利之未兴。遂慨然遍召绅耆，博采众议，询谋之同，下及刍荛，延堪舆相地理，爰进而诏之曰："善视之，是役也，惟期泽润生民，绥爱有众，庶得清流为廉泉让水，永济黎庶于无穷，岂徒为一时计乎。"时惟盛夏，不惮劬劳，跋履山川，践行险阻，引来溪水而试之。导流溯源，因势利导，规划图章，指授方略。预昭示闾阎，勿令出资，款虽浩繁，不烦民力，庀材鸠工，胥由鹤俸。俾穿石之溜，流行于通衢陌巷之间，清且涟而清且沦，淘有左右逢源之乐，即妇孺之据注，宛如取诸宫中，较夫往来井井，明王受福，尤为便利……

续表

碑名	立碑时间	经济史料摘录
关帝庙碑记	清光绪二十一年（1895）	泰山之阳旧有关圣帝君庙，考其原始，泰邑业鹾务者皆晋人，因圣帝有桑梓之谊，特建殿宇以奉祀者。继因泰境各当店亦皆系晋人生意，愿附祀其中，遂于殿宇西偏拓建数楹，以为斋宿之地，此公所之所由昉也。迨咸、同年来，地方不靖，两堂生意以次收回，庙中祀事并一切经理遂仍由鹾局专责。然至此时，鹾局同仁实亦不皆晋人矣……鹾局东西二省诸君子相谋更新，罔不踊跃输将。于是鸠工庀材，残者修之，缺者补之，不数月而蒇事。
"桃源村记"碑	光绪二十五年（1899）	……地属泰阳西偏，自其所居王家庄，循巃西北入山口，不数里，水声潺潺。缘溪流而上，曲折蜿蜒六七里，乃得一区，四山环抱，土地平旷，竹树杂植，草木蕃丛。田之可耕者，高下重叠，有如鳞次，而涧水左右环绕，气脉流通，美尽于此矣……初峰亭之太翁字品方者购得……相土田之高下广狭而叠出层见也，于是因地相宜，铲石刈草，环植竹树而并垦为谷圃焉。观流泉之来于西北者，源远有自也，于是架木为悬溜，渡涧而南，循崖以达于下，引为曲流，周回而收灌溉之利焉。基宇既定，乃于其中择爽垲处，北架厅事三楹，以为栖息之所；东偏又构一楹，以为静室；前凿方池，植荷菱，蓄鳞黑焉；绕以垣墉，东西开口，以便出入眺望；引水圜小门以达于池；东山西陵，拱卫环绕，而涧流出乎其左，竹园列于其上，堪称胜境。此皆其太翁之所布置也。既峰亭偕其弟质庵，思因前基而光大之，于是相土田之丰腴者益以辟砌，择竹树之美嘉者益以栽植，因泉流之溉注者益以疏通，所获益厚，其美益增。乃于故庐之东北又复凿池引水，筑台构厦，规模益以扩大，而观瞻益以闳敞，谓非天开，人成之胜地，前创后述之美功与。戊戌……是年即筑东偏堂基，次年欲遂成之……
"重修泰山盘道记"碑	光绪三十二年（1906）	光绪乙巳夏秋雨甚，山水暴发，遂将旧有盘蹬冲毁无存。时李叔坚太守尚令泰安，请于台司发款修葺。估计虽不如万申，而时艰财绌，颇费踌躇。适萧绍庭观察奉其太夫人之遗命，慨然以捐款为己任，而此工始克经营焉。是役也，原估凡九千余缗，经吴竹楼太守核减其二，而属杨绅玉成、钱绅奉祥董理之。丙午夏间于宋位三太守任内，厥事告蒇焉。时阅七八月，动用款五千缗耳。以其撙节余赀发商生息为岁修费，意良善已。
"天然池记"碑	民国五年（1916）	予自戊寅来游斯邑，见夫山颠涧麓，流水潺湲，随处涌现。酌之味甘如醴，乃一任其汤汤而去，而郡城内外，民间之饮苦食咸弗恤也。时铁岭增君芝田守是郡，余姊婿也，因怂恿其开渠引水，以便民汲，工未兴而去职。曹君晴轩继之，即今所谓曹公渠者是也。意谓其效既著，踵而行之者当不乏人，乃迟之久而无闻焉。己亥，重游来此，遂以卜居。时范君慕韩初置山田于天外村，余往视之，复怂恿其开渠引水以灌田。村之邻亦行之，收获几倍于常时。意谓其效既著，踵而行之者当不乏人，乃迟之又久，而仍无闻焉。今夏来斗母宫，比丘法霖导余视其庙之南有废圃，因教之架石梁以为渠，就饮容而凿池，不三旬而工蒇，昔之芜秽不治者，转瞬而为游憩之胜地矣。

续表

碑名	立碑时间	经济史料摘录
重修关帝庙碑	民国二十五年（1926）	晋人业商于斯者，盖有年矣。泰山之麓创建关帝庙，规模宏整。殿西厅舍数楹，为同人岁时聚会，故又谓山西会馆焉……民国六年，特建北堂屋三间，额曰"青未了轩"。越三年，又建屋五间，俾游人到此咸得休憩。会馆之西南增修北屋三间，东西屋各五间。大门一座，名同善堂，以备旅樣不克遽归晋里者暂行停置。同时庙貌一新，顿改旧观，唯庙外东厅独付阙如，同人议由公业隆挪借惠钱二千缗，生息成数，再行续修。讵时局变更，商业萧落，公业隆将借款收回，前事遂寝，其数年所得利息，用于临时修缮，所存无几。同人惧争之，久而无闻也……
残碑（名称不详）	年代不详	……买到徐举地宅一段，上带草房三间。北至朱永智，东至牛棚，西至路，南至王节……情愿卖地与三官阁，过割为业，南北六步半，东西十五步……节园地一段，南北八步半，东西十五步。东至牛棚，南至小路，北至买主，西至官路，四至分明。同中……阁，过割为业，二契共折征粮五分五厘。

三、泰山石刻文献中经济史料的初步研究

上节所摘录史料，皆为笔者从各种著录资料中搜集整理而来，难免有疏漏，不过应该能大致反映泰山石刻文献中经济史料的价值。下文综合相关史料做初步分析。

首先，泰安石刻文献中与宗教直接相关的经济史料极为丰富。其一，关于宗教团体和宗教场所经济来源的史料。与佛教有关的，如金泰和元年（1201）"谷山寺记"碑记载善宁、法朗、智崇三代住持筚路蓝缕，开创谷山寺基业过程，其中讲述了他们开辟田亩、与官府交涉讨还旧地的事迹；又如元延祐六年（1319）"创建藏峰寺记"碑记载当时该寺住持福岩率众开荒辟地，"仍买田三十五亩，以给赡徒众"之事；道光二十六年（1846）"普照寺香火田碑"记载普照寺明璿以所获"将捐资购田若干亩，以为寺中永远香火之需""本寺原有养赡地四十亩，由上代师祖传流"。与民间信仰有关的，如乾隆七年（1742）"龙王庙重修石桥记"则记载了该庙除原有田地外，收到了附近纸房庄孙夫新开的八分荒地；与伊斯兰教有关的，如明天启六年（1626）"李茂友将家产地亩交寺公用契

约"碑,清道光十五年(1835)"沙家横沟将寺地捐施下旺清真寺契文"碑,皆为信众捐施土地的例子。上述石刻所反映出的宗教团体和宗教场所经济来源可与史籍相印证。其二,泰山石刻文献中保存了有关政府利用宗教事项获得财政收入的史料,如大定二年(1162)徂徕山之四禅寺"尚书礼部牒"碑、法云寺"普照寺牒"碑皆为金代敕牒刻石,是金代政府发卖寺牒以获取收入的重要见证,为研究金代财政史提供了宝贵信息。

其次,在各类建筑的修建、重建记碑文中,亦含有丰富的经济史料。如明代弘治十年(1497)"重修碧霞灵应宫记"碑记载此次重修"凡为间八十九,凡用银以两计者七千三百有奇",清代康熙十七年(1678)"重修岱庙碑"碑阴所附"重修岱庙履历纪事"将"所费物力,所栽树植,所建殿、楼、墙、宇,一一刻记于石",咸丰六年(1856)"重修万仙楼碑记"记载了此次工程诸细目之花费:"瓦作工料共京钱五百十三□,木作工料共京钱四百零六□,石作工料连作碑刻字共京钱二十三千,殿神油画工料共京钱八十千。"道光十五年(1835)"重修泰山碧霞元君祠记"碑、光绪三十二年(1906)"重修泰山盘道记"碑等也载有相应的财物支出。类似碑刻为研究当时的物价、推算其他建筑工程之花费提供了可靠依据。

再次,泰山石刻中有关于清末民国泰安城内水利建设的记载。光绪七年(1881)"双龙池记碑"和"曹功渠碑"记载了时任泰安府知府曹濬澄感于泰安"多山而少水""水利之未兴",引泰山之溪水以利民众之事;民国五年(1916)赵尔萃所作"天然池记"历数了清末以来泰安水利兴修的过程,痛惜曹濬澄之事业无人继承,并讲述了自己参与筹划的天外村和斗母宫水利工程及其功效。这些石刻是研究泰山地区的水利史的第一手资料。

复次,泰山石刻经济史料中还有关于泰山及其周边地区开发的见证。如清康熙十七年(1678)"石堂铭刻石"记载了康熙年间自称为"苑庵古翁玉老僧"之人在今日普照寺东侧"包崖筑台,开池伐石,历八年……

损衣益资，复费人力五千余"，最终建成"石堂"；光绪二十五年（1899）"桃源村记碑"记载了曹氏父子两代人对泰山南侧西偏王家庄附近一处山谷的经营。以上石刻资料是先民开发泰山地区的生动记录。

此外，还有很多石刻文献的经济史料价值不容忽视。如现存岱庙的东汉灵帝中平三年（186）"张迁碑"碑文"汉故谷城长荡阴令张君表颂"列举了为立碑而出钱"故从事""故吏"之姓名和所出钱数等，可以由此考察东汉时代宗师与门生、举主与故吏在政治、文化和社会交往之外的经济关系。又如宋大中祥符六年（1013）"大宋东岳天齐仁圣帝碑"、金大定二十二年（1182）"大金重修东岳庙之碑"、金泰和元年（1201）"谷山寺记碑"等皆列有碑文撰写者的官职、封号，其中有"食邑""实食封"的差别，这些资料有助于宋、金时代的官职、俸禄和封邑制度的研究。又如康熙十年（1671）"扩建关帝庙戏楼记碑"记载晋商高应节、宋轼扩建关帝庙戏楼；道光二十八年（1848）"重修关帝庙碑记"记载"泰山盘路初起处，旧有关帝君祠宇，盐当商人因其基而恢廓之……其西偏建为盐当会馆"；光绪二十一年（1895）"关帝庙碑记"记载"咸、同年来，地方不靖……蹉局同仁实亦不皆晋人矣"。上述碑刻清晰地反映出晋商在泰山地区的兴衰轨迹，有助于晋商研究的深化。

总之，泰山石刻中的经济史料能够为泰山地区、山东地区乃至整个中国古代的经济史研究提供帮助，但目前对相关史料的开发和利用还不尽如人意，本文对泰山石刻文献中经济史料之价值的阐发尚为粗略，更精细的研究还有待更广泛地发掘资料、更深层次地结合其他资料、更切合地运用理论工具。

·学术史与书评·

缪荃孙金石学研究的观念与方法

——以川渝石刻研究为线索

重庆博物馆 刘兴亮

缪荃孙（1844—1919），字炎之，又字筱珊、小山，斋名艺风堂，晚号艺风老人，江苏江阴人。他是清末民初著名学者，著名藏书家、版本目录学家、校勘家，热心于修撰史书、方志碟谱和校理古籍。同时，缪氏于古文、金石致力颇深，喜搜访碑拓，晚年尤好考订金石。其一生所藏金石拓片数量较多，仅据《艺风老人日记》，即有两万余种，由此可窥其收藏之概貌。平心而论，缪荃孙碑帖搜求无论是数量还是质量，在当时虽不能称之为一流，但对于其金石考辨水平之提升，无疑至关重要。今天，我们从其往来友朋书札及日记中，仍可以看到当时的许多著名金石学者如叶昌炽、姚觐元、李慈铭、钱保塘、傅增湘、张元济、况周颐等互有请益，相与切磋的情况。

缪荃孙的金石搜访与传拓是其治学的基础，更是其进行金石学研究的前提。在访碑、传拓的过程中如何寻碑，收什么样的碑刻，怎样鉴别拓本，缪荃孙于己著中均有思考，体现出其精深的金石学造诣。顾廷龙曾赞："艺风以金石目录钻研特深，而掌故辞章亦所兼擅，时誉所搏，俨

---

* 本文系国家社科基金项目"三峡地区古代石刻整理研究"（项目编号：18BZS015）阶段性成果。

然领袖。"① 郑文焯云："江南碑学，自咸同间武进、太仓二陆以后，号为精博者，惟大贤（缪荃孙）足以当之。"② 总之，缪荃孙丰富的收藏是其治学的坚实基础，他一流的金石学造诣和考订水平又是其收藏事业得以发展和整理碑拓并不断能推出相关论著的重要依据。

目前，对于缪氏的研究，学术界成果虽多，然主要集中于藏书与治史以及文学、词章等方面，对于其金石研究之一面，除程章灿、刘心明、胡海帆、李娟等有所申述外，迄少专论。③ 近年来，随着大量缪荃孙相关文献的整理刊布，其金石学思想研究已有丰富材料可据，故本文拟以其川渝金石研究的历程为线索，对此加以梳理、归纳，不当之处，祈请斧正。

一、缪荃孙对川渝金石的搜访、椎拓与研究

川渝一带，地虽僻远，道路崎岖，然"汉以来碑碣云起，蜀都英才彪蔚，雕篆镂文，丛山峻壑、古冢遗祠、残碑断碣所在多有"。历代石刻著述所收蜀碑，当以宋人刘泾撰《成都刻石总目》为其滥觞。据宋人晁公武《郡斋读书志》载："元祐中，蔡京帅成都，以意授泾纂府县碑板幢柱，自东汉初平，迄伪蜀广政，凡二百六十八（件）。"惜该书早已亡佚，难睹其大观。今存世者，惟"以王象之《舆地碑目》搜罗最为繁复"④。

---

① 顾廷龙：《跋艺风堂友朋书札》，《艺风堂友朋书札》（下册），上海古籍出版社1981年版，第1040页。
② 钱伯城、郭群一整理：《艺风堂友朋书札》，上海人民出版社2018年版，第988页。
③ 相关研究有刘心明：《略论缪荃孙在金石学上的成就与贡献》（《中国典籍与文化》2001年第4期）；胡海帆：《对缪荃孙艺风堂拓片的一点考察》（国家图书馆编：《缪荃孙诞辰170周年纪念会暨学术研讨会论文集》，国家图书馆出版社2015年版）；程章灿：《捶石入纸：拓本生产与流通中的拓工——以晚清缪荃孙及其拓工为中心》（《上海师范大学学报》[哲学社会科学版] 2018年第5期）；李娟：《〈缪荃孙全集·日记〉所见缪氏金石交往》（《文津学志》第11辑，国家图书馆出版社2018年版），然以上所论均就其收藏或拓制等某一方面进行研究，未涉及其金石之思想及治学之法的总结。
④ （清）杨芳灿：《四川金石志》，《石刻史料新编·第三辑》（第十四册），台湾新文丰出版公司1982年版，第473页。

但因王氏所著也仅及汉唐旧刻,所缺甚多,故清乾隆间有蜀人李调元者专作《蜀碑记补》,号称"能补王之漏略,蜀之金石总萃于是矣"①。实际上,上述二书对于蜀碑的收录仍远远不够,特别是二人详于川西、略于川东的取舍原则,为金石学家所诟病。嘉庆间,成都锦江书院山长杨芳灿利用其总纂《四川通志》之机,再辑蜀地金石,成《四川金石志》,多有补王、李二人所著之漏者。道光时,则有金石学家刘喜海利用其任职四川按察使之便,再辑《(三巴)金石苑》(又名《三巴㠭古志》、《三巴汉石纪存》),收川渝金石一百八十二种,多前人未见者。咸(丰)同(治)以后,随着金石考据之风大兴,再有《八琼室金石补正》、《金石续编》等著述多记蜀碑,然缺者仍多。对此,金石学家陆增祥言:"三巴金石,燕庭先生始为搜访,执事踵而继之,所获不啻过倍,可见古人陈迹,其湮抑于层厓绝巘间者,正无既极。非有心人竭力爬罗,终不得显于世也。世之言金石者,喜求宋拓,宋拓诚足宝贵,何可多得,得之而藏之、秘之,其去玩物者几希,次则讲求文法笔意,皆未可与言金石之学焉。"②另外,这一时期,伴随川渝官修方志高潮的到来,分地金石著作亦大量出现,诸如《大竹金石志》、《夔州金石志》、《黔江金石志》、《涪州碑记目》等,虽多附本地方志之内,然因专记一地金石文字,较前人所录,补缺尤多,后人亦有分编刊刻者。

同治中,金石学家姚觐元任职川东兵备道,遍搜川渝金石后认为,前人所录虽日渐宏富,惜转录传抄者众,据石录文者少,致使所成诸书错讹百出,加之所录分散,难以窥川渝金石之大观,遂产生邀集缪荃孙,"尽拓四川金石,编《四川金石记》"③的想法。他在写给缪荃孙的信中说:"蜀中金石久思汇为一编,得椽笔主裁,曷胜欣幸!"④然终姚氏之任,此

---

① (清)杨芳灿:《四川金石志》,《石刻史料新编·第三辑》(第十四册),第473页。
② 钱伯城、郭群一整理:《艺风堂友朋书札》,第1页。
③ (清)缪荃孙:《艺风堂金石文字目》,《缪荃孙全集·金石一》,凤凰出版社2014年版,第7页。
④ 陈子凤:《姚觐元致缪荃孙尺牍》(下),《收藏家》2007年第7期。

事终未促成。缪荃孙祖籍江苏,因其伯父缪荣吉在四川任夔州府通判,幼时即往来吴蜀两地,同治三年(1864)后,更随父长居成都,故对川渝地理、风物、掌故等均极为熟悉。姚氏之后,缪荃孙独立搜罗川渝金石,并得况周颐、徐乃昌等相助,终于成果斐然,成一时之冠。

相较于古籍版刻,缪荃孙治金石之学起步较晚,据其《与顾鼎梅书》中所言,"荃孙自廿一岁,有志金石之学"①。而在《艺风堂金石文字目·自序》中也说:"同治甲子(1864)荃孙得欧赵书,始为金石之学。"此后"又读毕秋帆、阮文达、王德甫、孙渊如诸先生金石著作"②,有所获辄记之,终得其法。

然对于川渝金石的研究,据其所记,始于同治十年(1871)会试落第之后。是年五月,缪荃孙"出都,大水,过正定,值滹沱盛涨不得渡,因遍游大佛寺、龙兴寺、开元寺,搜拓旧碑。水落渡滹沱,由西大道至卫辉,再趋孟县渡河,遭风漂至偃师之下收口,偃师住一日,访碑至洛阳,后入西安住二十日,遍游西安名胜,仍由南北栈回蜀,至武连,访开元寺画壁,得唐宋刻数种"③。同治十一年(1872)四月,姚觐元入川,约请缪荃孙入幕,"札催函索,琳琅时致"④,姚将所得川渝金石之副本悉数赠予缪荃孙。又有会稽章寿康与缪荃孙交往甚深,亦赠其拓本甚夥,对此,缪氏后来追记:"(章寿康)与余莫逆。余访碑开单告君,君即令打碑人往拓之,分贻友朋,宜宾《涪翁岩》之五十段,奉节《皇宋中兴颂》无不致之。"⑤

同治十二年(1873),缪荃孙受姚觐元之助,开始亲往川渝各地访

---

① (清)缪荃孙:《与顾鼎梅书》,《缪荃孙全集·诗文一》,第658页。
② (清)缪荃孙:《艺风堂金石文字目》,《缪荃孙全集·金石一》,第7页。
③ (清)缪荃孙:《艺风老人年谱》,《北京图书馆藏珍本年谱丛刊》,北京图书馆出版社1999年版,第180册,第685页。
④ (清)缪荃孙:《艺风堂金石文字目》,《缪荃孙全集·金石一》,第7页。
⑤ (清)缪荃孙:《艺风堂藏书续记》卷五,《中国历代书目题跋丛书》,上海古籍出版社2007年版,第147页。

碑。如是年四月到涪州，观北岩题刻。再"到忠州转垫河，谒袁潮生丈绩震，邻水谒吕静甫丈烈嘉，合州谒费幼鹤丈兆钺、张瑞之丈德升，住币月游濮岩钓鱼城，复返重庆"。而十月后，再同杨葆初入都，"过绵州住三日，游西山观，到剑州秉炬游鹤鸣山，拓《重阳亭记》，到广元游千佛崖"[1]。光绪元年（1875）九月，则"到富顺，游中岩千佛洞。到宜宾，游涪翁岩。回至简州，矩卿八叔新署简州，住署中二日，偕云孙弟延祺游绛溪，归途又游大佛岩，均访碑"[2]。同年十二月，缪荃孙再受姚觐元之请至重庆，住川东官舍，为姚觐元校定《咫进斋丛书》十二种。光绪二年（1876）正月，丛书校毕，再"启行到涪州，游白鹤梁，得宋人题名五十段，游北岩，得宋人题名六段，到夔门，阻风，得《皇宋中兴颂》，下宜昌，遵陆至襄阳入汴梁"[3]。对于这次访碑之旅，缪荃孙在后来为《涪州石鱼文字所见录》一书所作跋语中说：

  乙亥残冬，客渝城姚彦侍观察署。观察曰："石鱼出矣，岁其大稔乎？"又曰："宋人题名，闻有数十段，不仅山谷，子为我访之。"丙子人日，挈打碑人浮江而下二百四十里至涪州，赁一小舟，绝江抵石鱼，鱼出四五十步，人从字上行，旁午交错。淘沙剔石，得宋《谢昌瑜题记》等一百零八段。自宋开宝迄元至顺，而唐刻终不得。土人云：唐刻尚在下，非水至涸不得见。又云：铜柱滩下近生一滩，滩水多沸腾，虽旱年亦不能见。余因尽搨所见，次日扬帆东下矣。观察理打本，属海宁钱铁江大令保塘考之。[4]

此次访碑之后，缪荃孙赴都参加丙子（1876）恩科，中二甲第

---

[1]（清）缪荃孙：《艺风老人年谱》，《北京图书馆藏珍本年谱丛刊》，第180册，第687页。
[2]（清）缪荃孙：《艺风老人年谱》，《北京图书馆藏珍本年谱丛刊》，第180册，第689页。
[3]（清）缪荃孙：《艺风老人年谱》，《北京图书馆藏珍本年谱丛刊》，第180册，第689页。
[4]（清）缪荃孙：《涪州石鱼文字所见录跋》，刘兴亮校补：《巴渝石刻文献两种合校》，上海古籍出版社2020年版，第87页。

一百二十五名，入翰林院任庶吉士。及至光绪四年（1878），他才再返成都。据《艺风老人年谱》记载，"五月出省，走乐至，转遂宁，又到顺庆，下合州见费幼鹤表丈，再游钓鱼城，至重庆客姚彦侍道署，彦侍集资赆行，至叙州，游涪岩，得宋人题名五十段，转富顺中岩，得武成造像四，宋人题名十五段，自流井盐商王颜诸君，厚资之，仍回省城"。是年九月，再"由水道至眉州，游中岩寺，得唐宋题刻三十余段，皆刘燕庭（喜海）所未见者"。至十月，再次取道重庆，至武昌，"自此不复入蜀"①。此后数年，缪荃孙辗转各地，虽再未亲椎川渝金石，但对于川渝石刻文字的考校及新旧拓本的收集，则终其一生均未停歇。如《艺风老人日记》中"庚寅"、"辛卯"两年日记就载，光绪十六年（1890）十二月十七日至光绪十七年（1891）二月六日，其先后校阅成都、简州、汉州、资州、仁寿、井研、绵州、德阳、绵竹、梓潼、阆中、南部、广元、巴州、南江、顺庆、富顺、合州、涪州、大足、定远、忠州、万县、绥定、龙安、三台、中江、遂宁、蓬溪、乐至、眉州、丹棱、彭山、青神、嘉定、雅安金石。②"壬辰日记"中又有光绪十八年（1892）九月十八日至二十四日，校《涪州石鱼文字所见录》的记载：

  十八日癸卯，晴。录高陵金石。赵均坚招饮广和居，裴伯谦、闰枝、寿京、葆良、叔桓同席。闰枝来。小杨送《古今逸史》、《元遗山集》来。校《石鱼文字所见录》。发定襄曾表姊信。十九日甲辰，晴。录鄠县金石。周燮墀家错来。柚岑来。校《石鱼文字所见录》。廿日乙巳，阴。拜周燮墀、陈蓉曙、梁杭叔、王莲生、赵均坚、唐春卿、王季樵、裴伯谦。季樵座上晤路访岩朝霖同年。伯谦出示《范纯甫告身》墨迹、旧拓《夏承碑》。发贵州筱泉信。校《石

---

① （清）缪荃孙：《艺风老人年谱》，《北京图书馆藏珍本年谱丛刊》，第180册，第692页。
② （清）缪荃孙：《艺风老人日记》，《缪荃孙全集·日记一》，第148—154页。

鱼文字所见录》毕。假蓉曙《上虞志》一册。晚，大风。①

上述所谓《石鱼文字所见录》，即姚觐元、钱保塘合署成书，今名涪陵白鹤梁题刻者，该书稿实由缪荃孙得二人稿本校勘而成。②

此外，"甲午日记"中，缪荃孙云："（三月）十六日癸巳，晴。读四川碑。刻'心清松下风'试帖。体甚弱。"③四月三日，录四川碑目。④"丁酉日记"中，四月庚申朔，见录"巴州南西龛题名"，二日辛酉录"岑公洞题名"⑤。六月十一日，再"取王稚子阙，托带上海"⑥。十一月二十二日，校四川碑目。⑦"甲辰日记"云："十二月乙卯，晴。端午帅拜会。张季直、丁衡甫来。勘《元遗山新乐府》第五卷。夔生送龙鱼题名来，奇品也。"⑧夔生就是晚清词学大家况周颐。而缪荃孙所说的"龙鱼题名"则是重庆云阳的龙脊石题刻。"丙午日记"自闰月丁卯至五月二日戊戌记事，另有"写龙脊石目"⑨的记载。五月十六日，再校四川巴州石刻。⑩"壬子日记"自九月二日至九日记事，又"写《龙脊石题名》"。而该月十六日至次月初一日，则再"校《石鱼所见录》"⑪，并"勘《石鱼目》"⑫。十二月初一日，"校《上谷访碑记》。撰《毛诗释义》、《石鱼文字

---

① （清）缪荃孙：《艺风老人日记》，《缪荃孙全集·日记一》，第229—230页。
② 关于缪荃孙对《石鱼文字所见录》的校勘及该书撰写始末，可参拙文《姚觐元与清末白鹤梁题刻研究——兼谈〈涪州石鱼文字所见录〉的成书过程》（《中国典籍与文化》2018年第1期）。
③ （清）缪荃孙：《艺风老人日记》，《缪荃孙全集·日记一》，第303页。
④ （清）缪荃孙：《艺风老人日记》，《缪荃孙全集·日记一》，第305页。
⑤ （清）缪荃孙：《艺风老人日记》，《缪荃孙全集·日记一》，第461页。
⑥ （清）缪荃孙：《艺风老人日记》，《缪荃孙全集·日记一》，第471页。
⑦ （清）缪荃孙：《艺风老人日记》，《缪荃孙全集·日记一》，第493页。
⑧ （清）缪荃孙：《艺风老人日记》，《缪荃孙全集·日记二》，第309页。
⑨ （清）缪荃孙：《艺风老人日记》，《缪荃孙全集·日记二》，第395页。
⑩ （清）缪荃孙：《艺风老人日记》，《缪荃孙全集·日记二》，第387页。
⑪ （清）缪荃孙：《艺风老人日记》，《缪荃孙全集·日记三》，第217页。
⑫ （清）缪荃孙：《艺风老人日记》，《缪荃孙全集·日记三》，第219页。

所见录》、《章实斋文》"①。至四日,再跋《石鱼文字所见录》。

民国以后,因时局动荡,经济状况恶化,加之年老体衰,缪荃孙已无力整日翻整拓片,但仍受藏书家刘世珩之托,校补《(三巴)金石苑》,并撰《重刻金石苑跋》。

今笔者仅据张廷银主编《缪荃孙全集》所记金石名目统计,缪氏所收集川渝金石涵盖碑碣、石阙、摩崖、墓志、经幢、石柱题记、造像题字、石刻画像题字等多类,其中尤以简州、巴州、中江等川西及川北地区石刻居多,川东一带所收如云阳、涪陵、丰都、江津江底诸刻则尽补前代之缺。

另就时代来看,自汉以后直至元代金石均有著录,然以宋代为主,汉唐旧拓以及元代金石占比相对较小,这是因为其与吴昌绶均认为"唐中叶后,墓志最庸滥,至宋始一肃清,非巨公名人,罕有志刻。故宁得宋志一,不愿得唐时寻常之志百"②。又,明刻及清初金石辨证收之,这正体现了谭献所总结缪荃孙辑录金石的原则,所谓"以体例论,似明代、本朝或应补入"③的思想。

就类型来看,缪荃孙所整理石刻,以题名、题记居多,其他类型则较少,这是与川渝一地地势险峻,历代游历留题者多而显达归葬者少,这一自然及社会状况有关。总的来看,缪荃孙对川渝金石的收集、著录无论从数量还是录文、释读的深度,都远超前人,对川渝金石研究实具引领之功。

二、缪荃孙金石学研究的观念与方法

现存缪荃孙遗著中,虽未见到有关于金石学研究的专篇论述,但是

---

① (清)缪荃孙:《艺风老人日记》,《缪荃孙全集·日记三》,第230页。
② 钱伯城、郭群一整理:《艺风堂友朋书札》,第1179页。
③ 钱伯城、郭群一整理:《艺风堂友朋书札》,第853页。

就其椎拓求石的经历，以及日记、友朋书札等的记载，仍可据以发现缪氏金石学研究的观念与方法。

（一）重视实地调查与走访。中国金石学自两宋肇始以来，访碑、椎拓和考鉴，一直是治金石者所用主要方法和研究手段，大抵两宋以来所有治学严谨的金石学家，无不经历过寻访考察、募工拓制及案头考订、鉴藏题跋这几道必由之路，王懿荣即云："凡书画、图籍、金石，必须自检，此藏家所知。"① 叶昌炽亦云："墓石须检拓本，堆叠如山，又无签识，稍不易耳。"② 后世金石学之所以日趋兴盛，很大程度上即与这种游学历练有关。因身临其境，可唤起学术兴奋，并足加深碑拓认知，终会于金石之外解寻迷雾。

缪荃孙传承旧学，尤重视实地读碑、访碑，并亲予椎拓。夏孙桐在为缪荃孙所撰写的《缪艺风先生行状》中就称他："酷嗜金石，先后得刘燕庭、韩小亭、马砚孙、瑛兰坡、崇雨黔、樊文卿、沈韵初诸家所藏拓本。宦游所至，又得打碑人李云从、聂明光（山）等，并善搜访于畿辅、山右、山左、大江南北。"③ 又云，缪荃孙尝入川东道姚彦侍（觐元）幕，故"遍历川东北诸郡，搜拓石刻始为金石之学"④。而在给潘祖荫的信中，缪荃孙则自称"在川访得碑甚多，大半皆有依傍，或志书或旧目，往往搜拓，十得七八，若无意遇见，不过数种耳"⑤。

缪荃孙入仕之前，经济不宽裕，遇到碑石即亲往传拓。即便登科后，聘得拓工，凡见石刻，仍孜孜以求，以椎拓为乐。如宣统间入江苏志局修志时，为补金石门目之阙，与"拓工袁姓带徒四人到处搜访。戊戌五

---

① 钱伯城、郭群一整理：《艺风堂友朋书札》，第180页。
② 钱伯城、郭群一整理：《艺风堂友朋书札》，第530页。
③ 夏孙桐：《缪艺风先生行状》，《江阴文史资料（第十五辑）》，江阴市政协文史委编印，1994年，第12页。
④ 蔡冠洛编著：《清代七百名人传》（三），《近代中国史料丛刊·第六十三辑》，北京图书馆出版社2008年版，第1659页。
⑤ （清）缪荃孙：《与顾鼎梅书》，《缪荃孙全集·诗文二》，第253页。

月开局,六月出外,辛亥八月停办,止访及江宁七县、镇江四县、常州三县,至无锡而止"①。缪荃孙访碑,观察非常仔细,以致多年后还记得细节,如批校《语石》时,在"褒斜道石刻条"下批曰:"荃孙同治甲戌亲访是刻,碑在最高处,释文刻于下,并不连,取稍平处磨治刻之,汉碑不磨,宋则磨矣。"②长期访碑实践,使他对碑石的形制特征十分熟悉,在晚年回忆访碑经历时,他自谓:"在蜀曾有访碑十二图并记,是时精神湛足,远望造像碑形可断为何代物,十能得其八九。"③早期孤身访碑,有时候非常艰难。"每逢阴崖古洞,破庙故城,怀笔舐墨,详悉记录。或手自椎拓,虽极危险之境,甘之如饴。"④在致顾鼎梅书中他回忆:

> 荃孙自廿一岁,有志金石之学,身自搜访,手自捶拓,所历之境,见《艺风金石目》自序,亦时见诸《语石》。常访褒城之石门玉盆,山深月黑,夜不能归,蜷宿岩下,与丐为伍,明日出险,与友朋言,无不大笑,尔时不以为苦,反以为乐。迨处境稍裕,必携拓工自随,否则翻书开目,令工往拓。⑤

而在"戊午日记"中,他记载夏孙桐门人、童生陈鲤庭,欲撰《江西金石记》,然未曾访碑,对此其深表怀疑:

> 大除夕癸未,雪。校《五代史》三十五、六……。接陈鲤庭信,言欲撰《江西金石记》,并收明碑,殊非易事,殆未知搜访之难也。⑥

---

① (清)缪荃孙:《缪荃孙全集·金石二》,第1页。
② (清)缪荃孙:《与顾鼎梅书》,《缪荃孙全集·诗文二》,第255页。
③ (清)缪荃孙:《缪荃孙全集·金石一》,第7页。
④ (清)缪荃孙:《缪荃孙全集·金石一》,第7页。
⑤ (清)缪荃孙:《与顾鼎梅书》,《缪荃孙全集·诗文一》,第658页。
⑥ (清)缪荃孙:《与顾鼎梅书》,《缪荃孙全集·日记四》,第112页。

特别是在翰林院期间，因友朋中善金石者众，缪荃孙但凡闲暇即筹资外出逐地椎拓。正如其所谓："丙子成翰林，供职京师……又得打碑人故城李云从，善于搜访。约潘文勤师祖荫、王菽卿户部颂蔚、梁杭叔礼部于渭、叶鞠裳编修昌炽，纠资往拓顺天、易州、宣化、定州、真定碑刻，大半前人所未见，即辽刻得一百六十种，其他可知。"①对此，叶昌炽《语石》中也有记载："二十年前，京都士大夫以金石相赏析，江阴缪筱珊（荃孙）、瑞安黄仲瞍（绍箕）、嘉兴沈子培（曾植）、番禺梁杭叔（于渭）皆为欧赵之学，捐俸醵资，命工访拓，顺天二十四州县已逮完唐诸邑，西至蔚州，东至遵化，北至深、定，足迹殆遍。所得诸碑，视前贤倍蓰过之，今厂肆尚有当时拓本。"②

京畿地区辽金元碑众多，缪荃孙居京期间所得，多前人未及收者，这成为艺风堂所藏拓片的一大亮点，此时所拓均留下钤印"光绪九年重修顺天府志搜拓金石之记"③，可谓弥足珍贵。正是由于有长期的访碑实践，缪荃孙后来专门撰写《四川访碑录》以及《再补寰宇访碑录》等，遍记所访诸碑，这几成后世治金石者之窠臼。

（二）**重视友朋间碑拓的交流**。由于椎制拓本不易，在《闽中金石略跋》中，缪荃孙即感叹，"一人之力有限，天下之宝无穷"，因此，他非常重视同道间拓本的交流互鉴，认为"有裨艺林，岂小补哉"④。现存缪荃孙友朋书札以及日记中，存有大量碑拓交流的事例。如他在致王秉恩的一封信中，就曾求借《刘猛进志》拓本，并希望能送呈拓资以购买。⑤而在另一封信中亦望通过王秉恩之手辗转求拓，其曰：

---

① （清）缪荃孙：《缪荃孙全集·金石一》，第7页。
② （清）叶昌炽：《语石校注》，今日中国出版社1995年版，第126页。
③ 胡海帆：《对缪荃孙艺风堂拓片的一点考察》，国家图书馆编：《缪荃孙诞辰170周年纪念会暨学术研讨会论文集》，第98页。
④ （清）缪荃孙：《闽中金石略跋》，《缪荃孙全集·诗文一》，第389—390页。
⑤ （清）缪荃孙：《致王秉恩》，《缪荃孙全集·诗文二》，第305页。

……刘处门口有一上拓，弟不便经手，张、刘无之。菊生、聚卿，见能送呈否？弟处无人故也。①

他曾致书徐乃昌，求丹阳、宜兴二地碑刻，"弟荃孙顿首。广滂喜斋送来丹阳、宜兴各碑，拓手尚精，乞赐赏鉴为幸。此上积余仁兄大人"②。而其友费念慈遇急，知缪荃孙好金石，遂以所藏抵押，"弟春来窘到不名一钱，《渭南集》、《乙瑛碑》如能押于尊处，乞多寄五百元救我眉急"③。

拓本的交流，也增进了同道间关于金石文字的讨论，且对于拓本鉴藏不无好处。在致金武祥的信中，两人就有关于江阴宋代石刻的讨论，而讨论的前提则是对金石的精熟掌握，他说：

迩时宋四碑止绍兴四年《罗汉名号碑》已碎，余二碑无恙。今一已碎。宣和。移至书院，一砌入小房内。政和。《澶渊师记》。大观。在其阴，两面刻也。后寻得罗汉碑四碑，石在荃处。真可惜，邑人不知好古，使其零落若是。④

同时诸友，如陆增祥、王国维、李慈铭、柳诒徵、洪钧、叶昌炽、张元济、罗振玉等，均与缪荃孙有碑拓交流。如叶昌炽在给缪荃孙的信中说："公蜀刻最多，必知其来历，均求赐教，以广见闻，至祷至祷。"⑤罗振玉在给缪荃孙的信札中写道："袁氏所拓全省碑刻，求长者代留一分，价若干，乞示缴。"⑥王懿荣在致缪荃孙札云："绵州《文托生母造像》

---

① （清）缪荃孙：《致王秉恩》，《缪荃孙全集·诗文二》，第306页。
② （清）缪荃孙：《致徐乃昌》，《缪荃孙全集·诗文二》，第399页。
③ 钱伯城、郭群一整理：《艺风堂友朋书札》，第476页。
④ （清）缪荃孙：《致金武祥》，《缪荃孙全集·诗文二》，第279页。
⑤ 钱伯城、郭群一整理：《艺风堂友朋书札》，第520页。
⑥ 钱伯城、郭群一整理：《艺风堂友朋书札》，第1245页。

数事、大业《始建县刻石》，前示尚有重分墨本，敬祈赐下。"① 有赠者即有得焉，陆心源每有好拓本，皆寄缪荃孙备藏，如黄龙洞题名发现时，其曾致信："弟近拓得吾湖黄龙洞、新市等处摩崖碑刻多种，颇有前人所未见者，一俟春融，再当寄奉。"② 还有如姚觐元于信中就缪所缺石鱼题名许赠："《石鱼题名》铁江已寄来，已付写矣。所恨刘四不肯用心检看，故三年来从无一完本，迟迟未即奉者，亦为此也。此种拓本并弟处续刻各书，统容面奉。"③ 缪荃孙金石研究的日趋精进，尤其是晚年后逐渐撰定的几部金石学著作，无疑是与同道间碑拓交流及学术切磋分不开的。

（三）重视金石书籍的利用。缪荃孙长于书目、名物，通经史，晓辞章，与市肆书坊及士林勋宿往来密切，故对历代金石研究成果，熟稔于胸。在椎拓金石碑刻的过程中，往往"必携拓工自随，否则翻书开目，令工往拓"④。在写给潘祖荫的信中，他说："受业在川访得碑甚多，大半皆有依傍，或志书，或旧目，从往搜拓，十得七八，若无意遇见，不过数种耳。"⑤

缪氏曾为多部金石著作作序跋，凡所为序跋皆引经据典，详言始末。如《云台金石记跋》中，他认为该书是从《云台山志》中抄出后稍加整理而成，虽纂者所"采石本，均据目睹"⑥，但秦东门、汉东海庙碑，却乃是据古书采入。又如为丁孟与《仁民爱物斋手藏碑目并考证》一书所作跋文中，他遍述该书所收诸碑之收录源流，"此书条例秩如，辨证明析，先遗型，于兹未堕。如魏晖福寺碑之宕昌公为钳耳庆，豆卢通造像之世子僧奴为豆卢宽，元氏乾符经幢之楚国夫人为王景崇之母张氏，光启经幢之国太夫人为王镕之母何氏，以《金石录》汉司空残碑为王基碑之下

---

① 钱伯城、郭群一整理：《艺风堂友朋书札》，第164页。
② 钱伯城、郭群一整理：《艺风堂友朋书札》，第752页。
③ 陈子凤：《姚觐元致缪荃孙尺牍》（上），《收藏家》2007年第6期。
④ （清）缪荃孙：《与顾鼎梅书》，《缪荃孙全集·诗文一》，第658页。
⑤ （清）缪荃孙：《致潘祖荫》，《缪荃孙全集·诗文二》，第253页。
⑥ （清）缪荃孙：《云台金石记跋》，《缪荃孙全集·诗文二》，第213页。

截,以栖岩舍利塔碑陈公宝庆为先封永宁公,后封陈公,均未经前人道及。魏杨宣、邸珍两碑,唐段公祈雨颂,均为之释文。历任鸡泽、元氏、邢台,于元氏得乾符幢、建隆幢、大定宝峰院牒、至顺坚吉祥铭,于邢台得庆历尊言幢、庆历定光佛塔记,《常山贞石志》、《畿辅通志》亦未著录者。其搜采之广,考订之精,与叶九苞《金石录补》相埒,非刘青藜等所及也"[①]。

在校正碑刻时,缪荃孙亦大量引用前人或同时代金石学著作,现存《艺风老人日记》中有大量关于校碑、释碑的记事,其中多有求索金石书籍,以备稽核的记载。比如同治九年,他为编湖北金石,向端方求取金石文字目,并石印拓本等物:"陶斋先生著席:新刻承教。前年屺怀自鄂归,以尽得尊藏拓本相夸耀,荃孙但求石刻并金石目,石印本如承颁赐,衔感无既。此上敬请钧安!晚缪荃孙谨启。"[②]后端方将部分拓本并所存金石文字稿本一并赠与缪荃孙,在"庚午日记"中,他载此事云:"六日丙午,晴。拜潘季约、方□□、武□□、周均甫。到馆。诣陶斋,取石印书名片归。接王懋镕信。《陶斋藏石记》成书,送两部来。"[③]端方所赠,为其校碑补缺甚多,故在复信中,他慨叹道:"顷奉手书并承赐魏永平碑三纸,真至宝也。感谢,感谢!"又如,在校"葛祚碑额"时,他先查诸家所录文字,考录文异同,进而提出:"《萃编》、《访碑录》、《江宁金石记》均系于吴,以题有'吴'字也。然正书始于齐梁间,吴时未尝有此。法帖中钟繇、索靖皆唐人伪造,何足信哉!字体与梁阙相类,因附梁末。"[④]在编《江苏金石记》时,他说:"江苏无金石志,《萃编》最少,陆氏《续编》亦然。《吴郡金石目》止苏、孙、太三府最多最近,今所得不及其半,亦有目所未见者。"又云:"韩氏《江左石刻文编》止收大篇,

---

① (清)缪荃孙:《仁民爱物斋手藏碑目并考证跋》,《缪荃孙全集·诗文二》,第215页。
② (清)缪荃孙:《致端方》,《缪荃孙全集·诗文二》,第379页。
③ (清)缪荃孙:《艺风老人日记》,《缪荃孙全集·日记三》,第114页。
④ (清)缪荃孙:《江苏金石记》,《缪荃孙全集·金石二》,第68页。

不及题名。顾氏《江苏金石记》止《韩蕲王神道碑》一篇。严氏《江宁金石记》题名多杂糅。吴氏《阳羡摩崖纪略》不完不备。《徐州府志》碑碣一门止载跋语,存佚不分。《崇州金石记》、《淮安金石仅存记》两种最佳,惜只一府。《云台山志》有金石一门,取材无多,尤患漏略。"①

此外,他受托校订《涪州石鱼文字所见录》时,就先后利用姚觐元、钱保塘、陆增祥、汪之昌、潘祖荫等人所作考释文字进行参校,并结合自身所藏石鱼拓本录文、铨次,最终使该书得以刊刻问世。

(四)重视碑目编纂。碑目,顾名思义就是金石碑拓目录。缪荃孙治金石学,承传统史学余绪,特别重视碑目的编纂。但凡访碑、读拓,粗备一地之金石,无不先行撰写碑目,暂无拓本可寻者,则据他人所著,作《待访碑目》。缪氏现存金石类著作共十三种,其中碑目类即有《艺风堂金石文字目》十八卷、《艺风堂金石文字续目》三卷、《金石分地编目》三十一卷、《云自在龛金石目初编》不分卷、《云自在龛金石目续编》不分卷、《江西金石目》不分卷、《金石录今存碑目》一卷、《辽金石录存目》一卷。

缪氏一生勤于访碑,故各类碑目存碑数量极大,其中多收前人所未收者。而碑目的编纂为其进一步厘清一地金石,寻获各类拓本提供了线索。其暮年后,俗事稍多,凡无法亲往椎拓之时,即聘打碑人,开具碑目,令其往拓。在给友人的信中,他就说,"丙申到锺山讲舍,访得打碑人聂明山,颇熟目录之学,又能縋深凿险,抉剔墨宝,为遍访各县,拓致多种,易以旧藏,可得七百余种,因有勤成一书之志。"② 同时,碑目撰写也为方志、杂著的编纂提供了资料。如在致凌霞的信中,他说"顷奉手书,藉悉履祺叶吉,新祉迎喜为颂。弟入新年,忙碌异常,几无伏案之暇。《山右石刻文编》在金陵付雕,已及十四卷,不及三分之一。《常

---

① (清)缪荃孙:《江苏金石记》,《缪荃孙全集·金石二》,第1页。
② (清)缪荃孙:《答郑叔问书》,《缪荃孙全集·诗文一》,第442页。

山续志》稿本未成，尚在柯邵忞处，今年方能脱稿。弟之《江苏志》连碑目未写，再等一亲戚来作钞胥，方能动手"①。

缪荃孙撰写碑目，一般先据内容定名，其下再注撰写人、书体，年月及所在地，其原石已佚者，并注拓本收藏者。原石及拓本，均未获睹，则据金石书录名，后接续出处。如其记江苏金石《南唐骑省石徐铉题名》，下录"见《诸道石刻录》"。又录《南唐清凉寺德庆堂额》，记作"后主书，宋僧昙月刻石。见《金陵新志》"②。至于其碑目撰写原则，据《与顾鼎梅书》中所云："金石目与随笔，至精至善，第一则似可编入随笔，第二则现未搜得者，可附目后，昔人谓之待访。至旧书误收、误考，宜另立订误一目。"③

据笔者初步统计，现存《艺风老人日记》中，凡记事涉及碑目撰写者有647处，频率之高，足见缪荃孙对此事之重视程度。今择取几例列举如下：

（二月）七日乙丑，晴，转凉。校《毛诗单疏》十叶，此卷毕。校《金石目》。发章式之信、傅沅叔信。理书。④

（五月）十七日乙未。晴，热。发广西永济侄信，并庄太守思缄信。校《金石目》第十六册。⑤

（六月）十八日甲子，阴。检自刻书及扇。送潘希郑并托钞瞿氏宋本《荀子考异》一卷。补录江宁金石。

（六月）十九日乙丑，雨竟日。录江宁金石。编广东金石目。

（六月）二十日丙寅。雨竟日，凉。编广东金石目。理旧札。延左筼卿诊脉。

---

① （清）缪荃孙：《致凌霞》，《缪荃孙全集·诗文二》，第334页。
② （清）缪荃孙：《江苏金石记》，《缪荃孙全集·金石三》，第826页。
③ （清）缪荃孙：《与顾鼎梅书》，《缪荃孙全集·诗文一》，第658页。
④ （清）缪荃孙：《艺风老人日记》，《缪荃孙全集·日记四》，第66页。
⑤ （清）缪荃孙：《艺风老人日记》，《缪荃孙全集·日记二》，第288页。

（六月）廿一日丁卯，阴，午后晴。编广东金石目。理旧札。[1]

对于缪荃孙所编碑目，叶昌炽评价"搜罗之富，体例之精，为自来著录家所未有"[2]。王先谦称其《金石文字目》"乃不朽之盛业"[3]。时人汤寿潜为学，常仰其碑目，云"夙承我公媚学好古，收藏金石文字甚富，每多孤本，欲丐观其目。其为前人所未著录及近出土者，凡唐以前文，皆愿得乞写其副，以备纂录"[4]。

（五）强调金石文字正经补史作用。金石学家朱剑心说，金石研究之学，大抵"经访求、发掘、整理之后，而鉴别其时代，考订其制度，审释其文字，使其为有用之史料，庶不致如古董家之炫奇，而贻玩物丧志之讥，则上述史、地、文字之学之尤要矣"[5]。而缪荃孙则将研读金石者分为两派："一曰覃溪派，精购旧拓，讲求笔意，赏鉴家也。原出宋人《法帖考异》、《兰亭考》等书；一曰兰泉派，搜采幽僻，援引宏富，考据家也。原出宋人《金石录》、《隶释》等书。二家皆见重于艺林。惟考据家专注意于小学、舆地、职官、氏族、事实之类。高者可以订经史之讹误，次者亦可广学者之闻见，繁称博引，曲畅旁通，不屑以议论见长，似较专主书法者有实用矣。"又说"荃孙弱冠即溺志于斯学，后读毕秋帆、阮文达、王德甫、孙渊如诸先生书，稍窥门径，冷摊故家，见即购得，所积益多，所嗜益笃"[6]。受此影响，缪荃孙于金石一门，独承兰泉一脉，注重正经补史、考据订讹，"丙子成翰林，供职京师，厂肆所谓帖片者，当十钱数百，即可购得一纸，而旧拓往往杂出，前后得一万八百余种，勒成金石目十八卷。同人怂恿，取《萃编》所无者，录其全文加以

---

[1] （清）缪荃孙：《艺风老人日记》，《缪荃孙全集·日记一》，第216页。
[2] 钱伯城、郭群一整理：《艺风堂友朋书札》，第507页。
[3] 钱伯城、郭群一整理：《艺风堂友朋书札》，第43页。
[4] 钱伯城、郭群一整理：《艺风堂友朋书札》，第623页。
[5] 朱剑心：《金石学研究法》，浙江人民美术出版社2015年版，第10页。
[6] （清）缪荃孙：《王仙舟同年金石文钞序》，《缪荃孙全集·诗文一》，第361页。

考证，仅仅考释辽金两朝五百余种，畏难而止"①。如其对《始兴忠武王憺碑》的考证，"按文二千八百四十许字，全剥缺者八十余字。兰泉录者一千三百六十许字，今增绎出千有二百二十字，正兰泉误释十六字，其识而未确及漫不可识者，仅百八十许字。第五行'雷震不惊'事，史未载。第十行'除侍中将军'，史不载。第十一行'食邑二千户'，'二'，史作'三'。第十七行'中卫'，《梁书》传误作'中军'，《本纪》四月仍作'卫'，八月又误'军'。第十九行'离碓'，《史记·河渠》'离碓'，《汉书·沟洫》'离隽'。'七州'，史作'六州'。《鄱阳王（萧）恢传》'十三年都督益、宁、南北秦、沙七州诸军事益州刺史'，乃止五州，疑其遗'南北梁'也"②。缪荃孙一方面通过利用《始兴忠武王憺碑》，订正了史传相关记载的讹误及阙文，另一方面，又利用传世文献对碑文进行校读，便于读者解碑。又如《至德井栏题字》，缪荃孙考曰："右井栏，《江宁府志》定为唐刻，非也。按陈后主、唐肃宗并用至德纪元，唐至德称呼载不称年，此云元年，决为陈刻无疑。书势浑峻苍凝，亦非中唐所克办。"③通过对井栏题字进行逐一对读，缪荃孙进而提出《江宁府志》撰者将其归为唐刻是错误的。

当然，缪荃孙考校金石，编订碑目，虽强调金石正经补史之功用，但亦阙疑存异、不盲信金石，对石刻材料与传世史料之抵牾处，尽可能详辨，凡溢美隐恶者，皆予正之，凡重复者、破损者、模糊者，造像墓志之伪造者、摹刻者、无年月亦无官衔可考者，悉皆弃而不引。如在致徐坊的信中，其云"汉碑四种均不确，四幅者以为莒州出《定略碑》，花边者以为《苍龙碑》，二种曾见，余二种未见，实则东人伪造也"④。故在编订碑目时，特将此碑略而不录，充分体现了他崇实尚真的治学原则。

---

① （清）缪荃孙：《王仙舟同年金石文钞序》，《缪荃孙全集·诗文一》，第361页。
② （清）缪荃孙：《江苏金石记》，《缪荃孙全集·金石二》，第63页。
③ （清）缪荃孙：《江苏金石记》，《缪荃孙全集·金石二》，第78页。
④ （清）缪荃孙：《致徐乃昌》，《缪荃孙全集·诗文二》，第384页。

三、结语

总之,缪荃孙之于金石学研究,主要承袭传统金石考据的路子,但在承袭的同时,亦有所开创。比如对于金石学产生之时间,他提出可溯及于汉代,"金石之学,自汉《艺文志》奏事二十篇,即秦金石文迄今已一千余年。"[1]新学虽起,但金石不可弃之不讲。对于金石文字之收录范围,以往著录均详于墓志、摩崖、碑铭文字,对散存题刻、题记较少关注,而从《艺风堂金石文字目》、《金石分地编目》、《再补寰宇访碑录》、《寰宇访碑续录》等书记载来看,缪氏尤重视题名、题记的校录,凡有只言片语可资考证者,均予收录,即所谓"碑碣长在,藉证见闻"[2]。另从著录时代来看,缪荃孙录石突破了清人治学尚唐宋而轻明清的做法,尽可能收录一些可资考史、正史的后世石刻,在致金武祥札中,其即云"明碑如衙署、学宫、桥梁、庙宇、神道,均与志事有关,讲金石收至元即可,为志书起见,应收至明"[3]。又如对涪州白鹤梁题刻的录文考辨,亦将收录下限首次延伸至明末,为后世进一步整理该处题刻,提供了难得的资料。

大体而言,缪氏研习金石,例由访碑开始,后则编订碑目,参看诸家之说,再则录正拓本文字,校释补阙,汇编成书,最终撰写题跋,或付眷录,或付刊刻。以其整理《江苏金石志》为例,"金石以拓本为主。明知此碑尚在而未拓到,即编入'待访',不列正编。如此碑已佚而拓本存者,亦据本收入。尺寸照拓本。前人言石高若干尺有全未见石者,不如以拓本高广之尺寸定之,用工部营造尺。篆隶摹照原碑。"同时,题刻有类列者,有分次者,有诗词题名分列之者,"兹编悉以最先一刻为主,余按时代分系,附以无年月各种,容易考订。"而考订之时,"采录诸家

---

[1] (清)缪荃孙:《仁民爱物斋手藏碑目并考证跋》,《缪荃孙全集·诗文二》,第215页。
[2] (清)缪荃孙:《山右石刻丛编后序》,《缪荃孙全集·诗文一》,第168页。
[3] (清)缪荃孙:《致金武祥》,《缪荃孙全集·诗文二》,第266页。

题跋，前人已言，后人复言之，略加删节"，如此则"看似冗长，实非滥收充帙"①。统观缪氏所著诸金石文字，在取舍考证上，均大体如此。

梁启超曾言，"至石刻研究，则久已成专门之学。自岐阳石鼓、李斯刻石，以迄近代，聚其搨片，可汗百牛。其文字内容之足裨史料者几何，下条论之，兹不先赘。至如观所刻儒、佛两教所刻之石经，可以想见古人气力之雄伟，且可比较两教在社会上所凭藉焉。又如观汉代各种石刻画象，循溯而下，以至魏、齐造象，唐昭陵石马，宋灵岩罗汉，明碧云刻桷，清圆明雕柱等，比较研究，不啻一部美术变迁史矣。又如桥柱、井阑、石阙、地前等类，或可以睹异制，或可以窥殊俗，无一非史家取材之资也。"②如以此为观照，毫无疑问缪荃孙即属以史家之法治金石之学的典范了，无怪乎柳诒徵评价其金石之学"学博贯衡综，洪纤毕洞"③，其金石学著作及所秉持金石研究观念与方法，至今无疑仍具有重要的借鉴意义及参考价值。

---

① （清）缪荃孙：《江苏金石记》，《缪荃孙全集·金石二》，第1页。
② 梁启超：《中国历史研究法》，上海人民出版社2014年版，第45页。
③ 卞孝萱、唐文权编：《民国人物碑传记》卷七，凤凰出版社2011年版，第462页。

山东汉代碑刻研究的一部力作

——读刘海宇著《山东汉代碑刻研究》

临沂市文物考古研究院　李贞光　王士义

汉代碑刻在石刻文献研究中占有重要地位，由于汉碑距离现在时间久远，故现存的汉碑，相对于唐宋元明清时期石刻的数量较少。在现存的汉代碑刻中，山东的汉代碑刻占据着重要一席，像《张迁碑》、《衡方碑》等碑刻，可谓汉碑中的精品，具有较高的学术价值。学者们对山东汉代碑刻高度重视，科研成果较多，涉及到历史学、民俗学、书法等多个领域，对其价值进行了不同角度的阐释，对于我们加深对山东汉碑的认识，打开了方便之门。但这些学术成果大都以个案考证或在碑刻全集中对其进行介绍，对于整体把握山东汉代碑刻造成了一定的不便。刘海宇先生《山东汉代碑刻研究》（齐鲁书社，2015年）同其他学者的科研成果有一个明显的不同，就是作者在实地考察的基础上纠正了学界对山东汉碑形制的不实之载，并补充了一些学术著作中漏收的汉代碑刻，对山东汉代碑刻进行了比较全面的考察。

《山东汉代碑刻研究》一书的主要内容有以下几部分，第一部分是山东汉代碑刻综述，在这部分内容中，作者主要从两个方面对山东汉代碑刻进行了研究，第一方面是从山东汉代碑刻的年代分期、地域分布、形制分类对山东汉代碑刻的综合考察；第二方面是山东汉代碑刻的统计，作者从现存、佚失、伪刻三个方面对山东汉代碑刻进行了梳理。第二部分是对前人研究山东汉代碑刻存在的问题进行了考证，作者在这部分中主要从山东汉代碑刻的著录、文字辨识、断代、真伪等方面进行了详细的研究。第三部分是山东汉代碑刻产生的社会背景,作者主要从"孝道"、"墓祭"和"谶纬"三个方面进行了阐释。第四部分为山东汉代碑刻的学术价值,作者在这部分主要对山东汉代碑刻的史料、文学、文字学、书法艺术的价值进行了考察。第五部分是山东汉代碑刻与周边汉代碑刻的关系。作者首先对山东汉代碑刻的特点进行了研究,认为山东汉代碑刻具有"种类丰富、在全国存世量最大"、"画像石题记出现最早、数量最多、内容丰富"、"与祭祀孔子有关的碑刻极具地域特色"等特点。然后作者对山东汉代碑刻与周围地区的关系进行了介绍。该书内容翔实,对山东汉代碑刻进行深入研究,在一定程度上填补了学术界对山东汉代碑刻研究以个案考证为主的不足。

综观该书,有以下几个特色:

一、实地考察,纠正山东汉代碑刻研究的不实之载,完善相关碑刻的信息。山东汉代碑刻对于研究汉代社会具有重要的史料价值,然而就目前关于山东汉碑的研究而言,存在或多或少的错误,如果不加以纠正,将会对以后学者对汉碑的研究造成极大的不便。作者在实地考察的基础上,纠正了目前学术界对山东汉代碑刻研究的不实之载,主要表现在两个方面:一方面是辨正前人汉代碑刻研究中存在的问题。作者在研究的过程中,从山东汉代碑刻的著录、文字辨识、断代和真伪辨别等方面对前人汉代碑刻研究中存在的问题予以辨析;另一方面是纠正了《汉碑全集》中山东汉碑的形制错误记载,并补充了碑刻的相关信息。作者以实地考察为主,亲自对各个碑刻的形制的信息进行了著录,并补充了《汉碑全集》中未著录的山东汉碑。作者在对《汉碑全集》中的文字释读不准确的字进行阐述时,结合他人的研究成果来佐证个人对文字释读存在问题的看法,也是值得肯定的。可以说,作者所作的这项工作具有很大的学术意义,为后人研究汉代碑刻提供了详实可靠的数据。

二、系统搜集和整理山东汉代碑刻的著录情况。北宋金石学兴起以来，关于山东汉碑记载的文献不胜枚举，很多金石大家在其著作中对山东汉代碑刻均有著录，大都散见于这些大家的金石学著作里，给山东汉代碑刻的查阅造成了一定的不便。例如：《孔褒碑》在《金石图说》、《两汉金石记》、《山左金石志》、《金石萃编》等金石著作里均有著录，但尚未有学者系统地将与山东汉代碑刻相关的金石文献整理在一起，作者鉴于此，对山东汉代碑刻的著录进行了总结，搜集和整理了山东汉碑的著录出处。在著录时，作者注重考究各书的版本，注明了各书的出版时间。如关于《张迁碑》的著录，作者搜集了历代关于《张迁碑》的记载文献，并在文献后注明了成书年代，按照时间的先后顺序进行了排列，"都穆《金薤琳琅》(嘉靖)、盛时泰《苍润轩元牍纪》(万历)、朱彝尊《曝书亭金石文字跋尾》(1713年)、顾蔼吉《隶辨》(1718年)、顾炎武《金石文字记》(康熙)、牛运震《金石图说》(1745年)、林侗《来斋金石刻考略》(1778年)、翁方纲《两汉金石记》(1789年)……永田英正《汉代石刻集成》(1994年)、徐玉立《汉碑全集》(2006年)"（第384至386页）。作者系统整理了《张迁碑》的著录情况，这些著录情况具有重大的学术价值，不但为后人研究山东汉代碑刻提供了方便，而且更能推动学者对山东汉代碑刻的进一步研究。

三、思路清晰，逻辑性强，兼具学术性与通俗性。作者在考证山东汉代碑刻兴起的社会背景及其学术价值时，这一点表现得很明显，这不但可以帮助读者了解汉代山东的社会状况，而且提高了论著的学术价值。作者对汉代碑刻兴起的社会背景进行研究时，主要从三个大的方面进行阐述，即孝道、墓祭和谶纬。在具体阐述时，作者结合文献记载，对这三个大的方面进行论证。关于山东汉代碑刻的学术价值，作者认为主要有四个价值，即史料价值、文学价值、文字学价值和书法艺术价值，作者在具体探讨山东汉代碑刻的价值时，以文献为依托，向读者呈现出山东汉代碑刻的价值之所在，加深了读者对山东汉代碑刻价值的认识。作者对山东汉代碑刻兴起的学术背景及其学术价值进行的探讨思路清晰，论据充分，逻辑性强，增强了该论著的学术价值。此外，作者的语言表达丰富多彩，未有枯燥乏味之感，对于山东汉代碑刻的宣传亦有一定的推动作用，这使该书融学术性与通俗性于一身。

四、综合运用多种研究方法。作者在该论著中综合运用了多种学科的研究方法，提升了该论著的学术价值。在搜集和整理了山东汉碑的著录出处时，更多的是运用文献学的方法，在具体整理这些碑刻时，作者对具体碑刻的名称、镌刻年代、所在位置、主要著录目等相关情况进行了介绍。通过对分类后的山东汉代碑刻检索，很容易查询到相关碑刻的具体情况。这极大方便了后人对山东汉代碑刻的研究。实地考察是考古学研究的一个重要方法，作者在纠缪《汉碑全集》时，主要运用了这种方法，可以说实地考察是明确碑刻形制的最重要的方法。在探讨山东碑刻兴起的学术背景及其学术价值时，作者主要运用了历史学、书法、文字学等相关学科的研究方法，同时结合文献考证方法。总的来看，作者运用多种学科的研究方法，使《山东汉代碑刻研究》的学术价值大放光彩。

虽然该论著是研究山东汉代碑刻的一部重要专著，学术价值较高，但也存在一定的不足。例如作者在阐释山东汉代碑刻与周边区域汉代碑刻的关系时，论述的内容略少，作者若对地域碑刻之间的互动和汉代地域之间的人口流动进行详细阐释，将会增加该书的学术价值。此外，关于山东汉代碑刻的著录，作者亦有疏漏，以《张迁碑》、《衡方碑》的著录为例，自20世纪80年代以来出版的《泰山历代石刻选注》、《泰山石刻大全》、《泰山大全》、《泰山石刻大观》、《泰山石刻》等石刻集中，对这二块碑刻均有所著录，作者在此有所遗漏。由于石刻著录的整理，是一个不断丰富的过程，且花费时间较长，出现遗漏也是可以理解的。瑕不掩瑜，作者在研究方法和研究内容上都有自己独到的见解。作者以轻松的笔法对山东汉代碑刻进行了深入细致的探讨，最大限度地向我们呈现出山东汉代碑刻的相关信息，兼具学术性与通俗性，是研究山东汉代碑刻的一部力作。

谁叩空山访壁经？

——彭剑追寻《大清帝国宪法草案》之旅

泰山学院　王庆帅

近代中国一个特别显著的变化，是从帝制走向了共和。这"一路走来"的过程，暴力革命是最重要的推动力，但点点滴滴的改良亦不可忽略。若是不分轩轾，革命与改良如"鸟之双翼，车之两轮"，共同推进了近代中国社会的新陈代谢。然而，相比于革命的轰轰烈烈，改良需更多"磨绣花针"的耐心细致工夫。暴烈革命固然可以迅速地荡涤"烂泥污水"，但不可避免地打断了既有的历史进程，埋没甚至断送了既有的积累成果。[①]因1911年辛亥革命的爆发，由汪荣宝、李家驹起草的《大清帝国宪法草案》尚未公布就胎死腹中，即是其中显例。若非汪荣宝留存日记，且不说此宪草的起草细节、执笔过程、章节条目等等无从得知，就连此宪草的存在还在未知之数。

自从20世纪80年代末，北京大学王晓秋教授首次通过汪荣宝日记揭示此宪法草案以来，俞江、尚小明、迟云飞、彭剑、崔学森等学人如同接力赛跑，或互相商榷，或挖掘新史料，或比较文本异同，不断加深

---

① 时下学界对"革命"内涵的理解似有泛化的趋势，本文所指革命，是与改良对举，更多地表现武力的暴烈和改良的温和。参见彭剑：《人人皆革命党——从"新革命史"谈起》，《澳门理工学报》2020年第3期，第171—181页。

了对此宪草的认识。①然而，宪法草案的具体文本是否还留存于世，藏于何处，迄今还下落不明。其实，汪荣宝在起草宪法时，或是心有所感，曾吟咏道："谁叩空山访壁经？"②他把宪草比喻成藏在孔子宅壁中的儒家经典，似有悲观、失望、缓不济急、青史留名等多重意味。汪荣宝一语成谶，留给后人一道似乎难解的谜题。

华中师范大学彭剑教授是一位有心人，在解谜的同时，留心的却是清廷制宪这一重大命题。他自从读博以来，以辛亥革命前后史事为专攻，尤其关注清末十年中国从"秦政"转轨到"宪政"的内在理路。通过多年积累，终成《钦定、协定与民定：清季制宪研究》（后简称《清季制宪》）一书。③此书是彭剑追寻《大清帝国宪法草案》旅程中看到的风景，也是他献给读者的一部雅俗共赏的游记。虽然彭剑最终没有找到这部宪草，但他抓住了清廷制宪权这根主线，饱览沿途美景，给读者呈现

---

① 王晓秋：《清末政坛变化的写照——宣统年间〈汪荣宝日记〉剖析》，《历史研究》1989年第1期；俞江：《两种清末宪法草案稿本的发现及初步研究》，《历史研究》1999年第6期；俞江：《第一历史档案馆藏清末宪法草案稿本的后续说明》，韩延龙主编：《法律史论集》第4卷，法律出版社2002年版，第437—440页；尚小明：《"两种清末宪法草案稿本"质疑》，《历史研究》2007年第2期；俞江：《关于第一历史档案馆藏清末宪法草案稿本再说明》，《近代中国的法律与学术》，北京大学出版社2008年版，第149—151页；彭剑：《也谈"两种清末宪法草案稿本"中的"甲残本"》，《历史档案》2011年第3期；迟云飞：《清末预备立宪研究》，中国社会科学出版社2013年版，第297—306页；彭剑：《"乙全本"不是"李汪宪草"》，《史学集刊》2015年第3期；崔学森：《再论清末〈大清宪法案〉稿本问题》，《历史档案》2017年第2期；崔学森：《清廷制宪与明治日本》，中国社会科学出版社2020年版，第177—215页。按，上述各研究依出版时间为序，实际写作时间稍有变化。又，俞江整理了《清末宪法草案甲残本》、《清末宪法草案乙全本》全文，可参见韩延龙主编：《法律史论集》第4卷，法律出版社2002年版，第441—487页。又，李景铭分期节译日本法学士北鬼三郎所著大清宪法草案条文，可参见中国第一历史档案馆、海峡两岸出版交流中心编：《清宫辛亥革命档案汇编》（影印本），第80册，九州出版社2011年版，第29—89页。又，王晓秋一文后经修改后，作为《汪荣宝日记》（韩策、崔学森整理，王晓秋审订，中华书局2013年版）一书的前言，亦可参看。又，根据行文习惯，径称师友名字，不用尊称。

② 汪荣宝原稿为"谁向岩居问壁经？"一般而言，诗句用修改稿更能体现诗人歌咏旨趣，但初稿也保存了诗人"一刹那"的心意。不过，从此诗句看，两者主旨未变，用词稍有区别。参见韩策、崔学森整理，王晓秋审订：《汪荣宝日记》，宣统三年七月二十七日，中华书局2013年版，第297页。

③ 彭剑：《钦定、协定与民定：清季制宪研究》，北京师范大学出版社2021年版。

出一幅别有风致的清廷立宪图景。在这幅图景中，有满族亲贵、立宪派、革命派等各种势力之间的博弈，有在朝与在野的分歧，有亲贵大臣与留学小臣的合作，也有文武关系的翻转。总之，在尽量饱满的立宪运动的时代底色下，彭剑力图向读者展现更多的历史细节。毕竟，历史的真相往往隐藏在细节里。然而，历史的细节虽能体现历史的深度，但往往又陷入枯燥和琐碎之中，忽略了历史的温度。为此，彭剑似刻意改变了文风，让之前正襟危坐的洗练文风变得生动活泼起来，又言必有据，不失学术性；与此同时，刻意增多篇章和小节，以适应碎片化时代的阅读习惯。① 不知他的这些努力，能为读者接受否？下面，让我们一一欣赏这些美景吧。

"执迷不悟，至死方休"

清季官方制宪，坚持钦定，"执迷不悟，至死方休"②。清朝同意预备立宪，本来是为了巩固君权，结果连君位也未能保住。缘故何在？对此，彭剑探索多年。博士论文《清季宪政大辩论》告诉我们，革命派在与立宪派的"论战"中，并没有导致天下归心革命的局面③；博士后出站报告

---

① 彭剑：《〈大清帝国宪法〉的吉光片羽》，吴世平整理，澎湃新闻·私家历史，2021年12月2日，https://www.thepaper.cn/newsDetail_forward_15615703。《钦定、协定与民定：清季制宪研究》一书多达二十一章，加上楔子、结语和附录，共32.5万字。若是归纳讨论主题，该书正文可分为五部分：第一部分（第一、二章），讨论清廷坚持钦定制宪的知识来源。第二部分（第三、四、五、六章），讨论清廷制宪的第一种成果——《宪法大纲》。第三部分（第七、八、九章），讨论《宪法大纲》颁布前民间的制宪主张。第四部分（第十至十八章），深入讨论《大清帝国宪法草案》的来龙去脉。第五部分（第十九、二十、二十一章），主要讨论《宪法重大信条十九条》的出台过程及困境。
② "执迷不悟，至死方休"，是华中师范大学历史学院对"清季制宪"的总结，彭剑颇为赞同。本文则借用之。参见彭剑：《〈大清帝国宪法〉的吉光片羽》，吴世平整理，澎湃新闻·私家历史，2021年12月2日，https://www.thepaper.cn/newsDetail_forward_15615703。
③ 彭剑：《清季宪政大辩论——〈中兴日报〉与〈南洋总汇日新报〉论战研究》，华中师范大学出版社2011年版。

《清季宪政编查馆研究》提示我们，清廷在预备立宪伊始甚至之前，就面临改革的各种困境。这种困境的形成原因，不仅仅与皇室的倒行逆施有关，也与皇室集团、政府集团、督抚集团、绅士集团等各种政治势力在改革中的争锋和内耗有关。[①]若说彭剑以号称"宪政总汇之区"的宪政编查馆为研究对象，目的是在鸟瞰清末预备立宪的整体图景；那么，这次他以清季制宪研究为题，则将目光聚焦在清季各方尤其是清廷如何理解并抓住制宪权上，以解释清朝何以覆亡。其学术进路，厘然可见。

　　在对清季制宪的研究过程中，彭剑发现，清廷尤其是皇室为了巩固君权，牢牢抓住制宪权，试图以钦定的方式秘密制宪，防止在朝在野各种势力的干扰。直至1911年10月革命风暴降临，在滦州军人"荷戈"威胁下，才最终放弃钦定，同意协定。但很快，清廷连协定都无法保住。11月3日，《宪法重大信条十九条》（后简称《十九信条》）的出台，则标志着清季制宪方式由钦定突变为民定。彭剑以制宪权的不同方式——钦定、协定、民定为线索，总结清季官方制宪的活动，可谓提纲挈领。若是以时间为尺度，从1905年7月16日清廷决定派五大臣出洋考察政治，到1912年2月12日清帝宣布逊位，在清季最后六年半多的时间里，清廷坚持钦定的时间长达6年又3个多月，而协定、民定的时间则短短3个月有余。时间的流逝，虽悄无声息，但总能以时光凝聚起一道道观念的谱系；又以时光长短，自作区分。清季宪法钦定的观念和实践，由此积累了许多可供评说的地方。

　　彭剑首先从知识来源的角度，探讨清朝统治者宪法钦定观念的接受史：通过载泽的考察，清廷认识到宪法可以巩固君权；通过达寿的考察，清廷认定用钦定的办法制宪是确保宪法巩固君权的不二法门。[②]在此，彭剑并没有长篇大论，而是以人带事，以关键人物和关键文本为探讨对象，

[①] 彭剑：《清季宪政编查馆研究》，北京大学出版社2011年版。
[②] 彭剑：《钦定、协定与民定：清季制宪研究》，第35页。按，亦可见该书封面的推介辞。

分析考察者和统治者选择、被说服，以及有意无意被诱导的过程。当日本以明治维新、甲午战争、日俄战争为实例，树立一个个成功的样本时，自认为"同文同种"的中国人，自上而下，全面接受染有日本色彩的观念，以及承载观念的词汇，顺理成章。[①]清朝统治者接受宪法钦定的观念，并在宪法实践中亦步亦趋，毫不意外。1908年，清朝颁布《宪法大纲》，以日本明治宪法为蓝本，早已是学界共识。不过，彭剑通过文献比勘，多方考证，修正己见，并提出新见：明治宪法也好，《宪法大纲》也好，并没有所谓的"外记"。《宪法大纲》与明治宪法在体例上有一点不同：明治宪法没有在正条之后加注释，而《宪法大纲》则有。加注释乃是《宪法大纲》的原创！进而评论道："正条和注文，犹如一枚硬币的两面，一面规定君上有此大权，另一面规定臣民不得侵害此大权，正反两面都说透，堪称滴水不漏。"[②]

更为精彩的是，彭剑从学术史的梳理出发，在第四章以"三个'附'字，两种心思"为题，分析《宪法大纲》的构成。本来，《宪法大纲》只有两部分，首列君上大权，次列臣民权利义务。但后人对《宪法大纲》的构成却多有误解。原因何在？主要是因为官方在编排文件时，在一份清单中，用了三个"附"字：第一个"附"字隔开《宪法大纲》的君上大权和臣民权利义务，之后又用两个"附"字隔开《宪法大纲》、《议院法要领》、《选举法要领》。如此编排，实际上包含了两种心思。《议院法要领》和《选举法要领》前面所加的"附"字，是为了将它们与《宪法大纲》区分开来。而"臣民权利义务"前面所加的"附"字，则是为了暗示臣民权利在大清宪法中无法与君上大权平起平坐，处于从属地位。[③]清廷如此深心，有意耶？无意耶？无论如何，此章是《清末制宪》一书颇为出彩的文字。

---

① 彭剑：《钦定、协定与民定：清季制宪研究》，第136—137页。
② 彭剑：《钦定、协定与民定：清季制宪研究》，第50页。
③ 彭剑：《钦定、协定与民定：清季制宪研究》，第59—60页。

《宪法大纲》的内容和体例，无论如何"创新"，目的还在巩固君权。其实，相比于具体实践，实践背后的观念更长久地支配人们的行动。清廷通过颁布《宪法大纲》，既践行了宪法钦定的观念，也"钦定"了清朝未来宪法的制定原则——大清的宪法要用钦定的方法制定。① 彭剑并未就事论事，而是追根溯源，既搜罗比较"钦定"言说，更细细分析《宪法大纲》颁布前民间各方的制宪主张。于是，在制宪议论的"众声喧哗"中，在朝在野的各色人等、各方势力，左右牵扯，上下活动，试图以自己的言说和行动去说服、诱导甚至逼迫清朝统治者采纳自己的主张。② 本是留学小臣，却因与亲贵大臣关系紧密的汪荣宝，逐渐在清季制宪活动中大为凸显出来。③ 更因汪荣宝留存独家日记，在以史料为尊的历史叙事中，更是进而占据《清季制宪研究》一书后半的主要篇幅。

汪荣宝的日记

研究中国近代史的学人，对于史料的观感，颇为复杂：一方面，面对各类史料的极大丰富，时有力不从心之感；另一方面，却因核心史料的缺乏，常有无米之炊之叹。彭剑在研究清季官方起草宪法的过程中，就面临这种窘境——除了《汪荣宝日记》外，竟没有其他史料能够证明《大清帝国宪法草案》的存在及其细节。对于一本研究清廷制宪活动及宪法文本的学术专著而言，是颇为遗憾的。不过，罕见史料可遇而不可求，也非治学常态；如何深入挖掘核心史料的价值，更为重要。以此而言，彭剑追寻《大清帝国宪法草案》的旅程，也是他深入挖掘《汪荣宝日记》

---

① 彭剑：《钦定、协定与民定：清季制宪研究》，第74页。
② 彭剑：《钦定、协定与民定：清季制宪研究》，第六章第三小节、第七章、第八章，第84—126页。
③ 彭剑：《钦定、协定与民定：清季制宪研究》，"第十章 肃王府的谋划"，第138—153页。亦可参看韩策：《宣统二年汪荣宝与亲贵大臣的立宪筹谋及运作》，《广东社会科学》2016年第5期。

史料价值的历程。①

汪荣宝宣统年间的日记,涉及人物繁多;所记事项,要言不烦。又因汪荣宝是清末立宪运动中的一个要角,举凡立宪涉及的要务,台前幕后,日记都有所记载。因此,汪荣宝日记,史料价值极高。学界对此也多有揭示。②如何推陈出新?彭剑另寻蹊径,细心推敲日记的每处文字,化作娓娓道来的叙事,并深入历史人物的心灵世界。除此之外,彭剑并不止步于文字的描述,还试图打通古今时空之隔,进行实地考察,发思古之幽情,叹家国之兴衰。③这在正文"旅行与制宪"(上、中、下)、"汪与李"等章节中,有着鲜明的体现。

为了践行"秘密制宪"的理念,1911年7、8、9月,李家驹、汪荣宝两人三次外出旅行制宪(岣崂崖之行、上方山之行、泰山之行),徜徉于山水之间,心有所感,则以诗歌唱和。彭剑"嚼碎"日记,逐日将李家驹、汪荣宝旅行与制宪的细节完整呈现出来,一定程度上回归了制宪现场。④尤为重要的是,彭剑以日记中的文字(尤其是诗歌)揭示汪荣宝、李家驹两人在制宪过程中的心境及差异,颇见功力。比如,面对保路运动的风起云涌,清朝的统治气象似日薄西山,汪荣宝"会看大陆起龙蛇",心境不免有所起伏,一方面寄希望于宪法文字,平息民变和革命风潮;另一方面,却担心因世事变迁,丘陵成深谷,沧海变桑田,自己起草的宪法将因之藏之深山,无人问津。李家驹见此情形,以原韵赋诗一

---

① 《汪荣宝日记》现有原始稿本、影印本、整理本。原始稿本藏北京大学图书馆。影印本作为"北京大学图书馆馆藏稿本丛书"的一种,由天津古籍出版社1987年影印出版。整理本现有两种:一种由韩策、崔学森整理,王晓秋审订,中华书局2013年版;另一种由赵阳阳、马梅玉合作整理,列入"中国近现代稀见史料丛刊"第1辑,凤凰出版社2014年版。

② 对于汪荣宝日记的利用,除了前揭诸文外,尚有以下论著:赵林凤:《汪荣宝评传》,南京大学出版社,2012年;韩策:《〈汪荣宝日记〉对辛亥革命的记录与涂改》,《读书》2014年第8期;等等。

③ 彭剑:《钦定、协定与民定:清季制宪研究》,"跋:沟崖访古",北京师范大学出版社2021年版,第316—319页。

④ 彭剑:《钦定、协定与民定:清季制宪研究》,第233页。

首，中有"此行不为林泉癖，磐石基安待勒铭"之句，以安抚汪荣宝。①彭剑意识到，李家驹、汪荣宝在制宪期间的心境存在差异，进而评论道，"在一意孤行的表象之下，清廷也有犹豫、摇摆的一面"②。彭剑并没有止于论事，还要知人："作为宪法条文的主要执笔人，汪荣宝却时常对宪法能否拯救王朝深表怀疑。李家驹看起来是乐观的，没有犹疑的。但是，考虑到他的那些乐观的诗句都是在安抚汪荣宝的时候说出来的，则对他所表现出来的乐观，也就不可太过轻信。因为向来不乏这种人，或因个性使然，或因地位使然，即使自己内心也在动摇、犹豫，也绝不在人前有所表露，并且，还可以劝诫、安抚他人。"③虽然李家驹的真实心境，因材料缺乏，尚无定论，但彭剑的分析依然令人信服，对人性的把握，也颇老道。读这样的文字，读者不禁会心一笑。

日记"排日记事"，不仅是培养"历史感"的最佳途径之一，也是考辨史事内情的一手史源。④彭剑熟谙常见史料，利用汪荣宝日记，对之前的误读进行必要的纠订工作。比如，对于《十九信条》的出台过程，学界一般认为资政院奉到清廷11月3日起草宪法上谕之后才开始起草。但汪荣宝1911年11月2日日记却显示，资政院已经主动起草了信条。在彭剑看来，先后不同，却揭示了不同的历史内涵：面对革命的狂风骤雨，代表部分绅士集团的资政院并不是完全被动的，而是主动提出"弭乱策"，力图通过改变清廷制宪方式——由仿日改为仿英，放弃钦定，以

---

① 彭剑：《钦定、协定与民定：清季制宪研究》，第224—227页。日记原文，参见韩策、崔学森整理，王晓秋审订：《汪荣宝日记》，宣统三年七月二十六日、七月二十七日、七月二十八日，第297页。
② 彭剑：《钦定、协定与民定：清季制宪研究》，第241页。
③ 彭剑：《钦定、协定与民定：清季制宪研究》，第241页。
④ 桑兵：《日记内外的历史——作为史料的日记解读》，吕芳上主编：《蒋中正日记与民国史研究》上册，世界大同出版有限公司2011年版，第67—80页。马忠文：《阅读日记是培养"历史感"的最好途径》，《晚清日记书信考释》，凤凰出版社2021年版，第258—272页。

挽救清朝的危局。[1]然而，清朝大势已去，到最后关头，还在试图"裁夺"宪法，主导制宪，真可谓"至死方休"。

彭剑面对汪荣宝日记，心情或许是复杂的。日记本身带有某种私密性，钦定宪法只有奉行"秘密主义"才能巩固君权。或许是"秘密"性质作祟，随着清朝的覆亡，汪荣宝、李家驹起草的《大清帝国宪法草案》湮没在历史的洪流中。虽然彭剑曾在清宫档案"苦苦寻找它的下落"，却没有找到一丝线索。[2]相对于汪荣宝日记的遭遇，能够留存、影印、整理，宪法草案依然难觅其踪。史料能够流传后世，并被学人得见利用，其中似有定数。如同彭剑读禅，不刻意追求，禅意自来。[3]或许这就是刻意、无意的区别吧。

"好读一些"

严谨的学术论著如何呈现？历史的叙述方式，要在多大程度上考虑读者的感受？彭剑在思考，很多学人也在探索。时下流行较为灵活的学术随笔，未尝不是这种思考之后付诸实践的果实。《清季制宪》一书，在成果呈现方式上，则走得更远一些。形式上，该书正文多达二十一章计八十三小节，每小节平均两三千字；内容上，彭剑更是将思考过程呈现出来，掺杂了不少主观感受；文字上，该书力求晓畅明白，没有堆砌过多的"宪政"术语。作为一部精心打磨的学术论著，在当下的学术界，不能不说是特立独行之举。而这一切的初衷，则只是想让《清末制宪》一书，"好读一些"[4]。

然而，"好读"并没有一定之规，不同层次的读者对"好读"有不同

---

[1] 彭剑：《钦定、协定与民定：清季制宪研究》，第259页。
[2] 彭剑：《清季宪政编查馆研究》，第86页。
[3] 彭剑：《超越顿渐 禅宗史说》，香港开源书局2018年版。
[4] 彭剑：《〈大清帝国宪法〉的吉光片羽》，吴世平整理，澎湃新闻·私家历史，2021年12月2日，https://www.thepaper.cn/newsDetail_forward_15615703。

的感受。彭剑的努力势必会得到褒贬不一的回应。其实，当作者心中常有读者在时，笔下的文字自然不会故弄玄虚。浅显不一定能吸引读者的追捧，佶屈聱牙说不定会得到读者的赞赏。"好读一些"，本质在于：在与前人对话过程中，所体现的真知灼见，即"文章不写一字空"。彭剑对清季宪政的思考，已十数年，高明见解，自是不少；与别人（包括以前的自己）的对话，比比皆是。其中一例，则是推翻自己以前对"外记"的理解，并详细解释原因所在[①]；另外一例，则是将自己的考博经历，折射学人对《宪政大纲》构成的认知程度。这些处理，是颇为奇特的。[②] 一般而言，学人在学术论著中，并不多呈现自己的思考过程，尤其是主观感受，而多讲究缜密的论证过程，以自圆其说。孰优孰劣，自无定论。彭剑对读者的"心意"，是要感念的。

当然，《清季制宪》一书只是彭剑学术生涯的最新作品而已。生也有涯，知却无涯，中国从"帝国"到"民国"，中国人从"臣民"到"国民"，中国的政治体制从"秦政"转轨到"宪政"，个中原因，实值得学人不懈的探索。如同"空山"的"壁经"，若是不"叩"，是永远无法触摸到的。

[①] 彭剑：《钦定、协定与民定：清季制宪研究》，第36—51页。
[②] 彭剑：《钦定、协定与民定：清季制宪研究》，第57—58页。

重构近代中国历史叙事的尝试

——评李怀印著《现代中国的形成（1600—1949）》

泰山学院　唐论

前言：著述背景

美国得克萨斯大学奥斯汀校区历史系教授李怀印是受过大洋两岸不同学术训练的学者，变动的时代与中西求学经历带给他宽广的学术视野和深刻的反思意识。20 世纪 80 年代在中国社会科学院近代史研究所求学的李怀印无意中读到柯文的《在中国发现历史：中国中心观在美国的兴起》[1]和罗兹曼主编的《中国的现代化》[2]，一扫对当时正统马克思主义史学不满的阴霾，迅速转向了现代化理论与比较史研究领域，后参与罗荣渠教授主持的现代化比较研究课题。这一时期他探究的主要问题是如何在传统与现代化的架构下重新解释中国近现代史，他也成为国内早期研究中国现代化的重要成员。

1993 年，李怀印赴美国加州大学洛杉矶分校求学，师从著名社会经济史学者黄宗智教授，在其影响之下，学术兴趣集中到近现代中国乡村社会研究。2005 年出版《华北村治：晚清和民国时期的国家与乡村》，探讨了 19 世纪晚期以及 20 世纪早期中国的乡村治理，细致描述了村民

---

[1] Paul A. Cohen, *Discovering History in China: American Historical Writing on Recent Chinese Past*, New York: Columbia University Press, 1984.
[2] Gilbert Rozman, *The Modernization of China*, New York: The Free Press, 1981.

们在治理村社及与国家打交道时的日常实践。[①] 2009年出版《乡村中国记事：集体化和改革的微观历程》，从微观史的角度探究在集体化和改革时期中国乡村的社会经济变化，从一个新的视角解读乡村中国的一系列基本问题。[②] 上述研究无论是内容还是学术理路都较多地承袭自黄宗智，探讨中国乡村的实践历史、现实与理论。不过，即便在乡村社会研究中，李怀印也十分重视长期历史趋势和全国性或区域性制度的宏观影响。

2006年以后李怀印的研究再度回归到对中国近现代史的解释问题上。是时，现代化范式已成为继革命史范式之后大陆近现代史研究中的主流阐释架构，且现代化理论在中国历史研究中的内在问题业已显现，因而李怀印对中国近现代历史叙事进行了反思，跳出了现代化理论。正如柯文在《在中国发现历史》一书中对五六十年代在美国学界最具影响力的"冲击—回应"论、"传统—现代"和"帝国主义"论三个概念架构进行批判一样，李怀印在2013年出版的《重构近代中国：中国历史写作中的想象与真实》一书中系统地梳理了20世纪初以来中国史家对近代以来中国历史的认知过程，即各个时期的中国近现代史历史书写存在的问题，检视了长期主导中国史学界的革命史范式和现代化范式主叙事的缺陷。[③] 这种梳理解构了过去一个世纪的历史叙事，探讨了以往史家在历史叙述的建构上存在的根本问题。如柯文批评美国1970年前诸类论点，指向西方中心观一样，李怀印解构中国历史主叙事，检讨的是其背后的"目的论"和"线性历史观"；柯文由此提出中国历史研究的"内部取向"，即中国中心观，李怀印则提出一种"抛却形塑现存叙事的结果驱动之视角，而将近代中国不同时期的各种暂时'结果'解释为一系列发展迹象，代表着引

---

① Huaiyin Li, *Village Governance in North China: 1875-1936*, California: Stanford University Press, 2005.
② Huaiyin Li, *Village China under Socialism and Reform: A Micro-History, 1948-2008*, California: Stanford University Press, 2009.
③ Huaiyin Li, *Reinventing Modern China: Imagination and Authenticity in Chinese Historical Writing*, Honolulu: University of Hawaii Press, 2013.

导中国迈向其'近现代史'（modern history）之终极目标的多种可能性"①的方法，即"在时和开放"的历史。然新诠释架构的创建必然会招致异议，如同柯文在提出中国中心观后招致的许多响应与批评一样，李怀印提出的重构近代中国叙事的理念与方法也引来反响②，甚至是诘难③。面对质疑，李怀印选择用实例来进行具体回应，《现代中国的形成：1600—1949》④一书就是重构近代中国历史叙事的努力，作者尝试超越"革命"与"现代化"叙事的框架，从新的角度对清代以来中国国家的现代改造和社会转型作比较研究，形成对现代中国形成过程的重新认识。

理论架构与内容概要

建构中国近现代历史叙事在美国中国史研究领域有其传统，就讨论现代中国形成而言，史景迁早在1989年即出版《追寻现代中国：1600—1949》⑤一书，以图从了解中国过去入手，来认识今日之中国。从叙事的长时段（1600—1949）来看，李怀印显然受到了史景迁的影响。至于叙事为何起自1600年，史景迁解释说："唯有从这个时间点起始，才能认清中国当前问题的缘由，以及中国人该凭恃何种知识、经济、情感来解决这些问题。"⑥与史景迁关注当前中国一样，李怀印强调重建叙事也有强烈的现实关怀，"使之不仅更能接近中国过去的客观实际，更为重要的是

---

① 李怀印：《重构近代中国：中国历史写作中的想象与真实》，岁有生、王传奇译，中华书局2013年版，第278—279页。
② 赵庆云：《近代中国主叙事的源起、流变与重构——评李怀印〈重构近代中国〉》，《近代史研究》2015年第2期。
③ 汪荣祖：《现代中国："重新发明"还是"重新发现"？》，《东方早报》2013年12月9日。
④ Huaiyin Li, *The Making of Modern Chinese State: 1600—1950*, New York: Routledge Press, 2019.（中文版《现代中国的形成：1600—1949》，广西师范大学出版社2022年版。）
⑤ 此书1989年出版英文第一版，1997年出版英文第二版，2005年译成中文出版。
⑥ 〔美〕史景迁：《追寻现代中国：1600—1949》，温洽溢译，四川人民出版社2019年版，第2页。

能够产生意义,有助理解今天的中国及其未来发展轨迹"①。李著是对现代中国形成过程的重新认识,即一种新的认知路径,超越"革命"与"现代化"叙事模式,从中国自身的历史、社会、经济与政治情境出发,从实践历史与现实出发,进行一种新的叙事建构,以阐释现代中国从何而来。

在研究路径上,与时下盛行的窄而深的具体实证研究迥异,作者采用了"宏观历史"的路径。在时间跨度上,放眼中长时段,打破历史分期的藩篱,把清代以来三个多世纪的中国国家转型历史作为一个既有不同环节又前后贯通的完整过程。在空间维度上,将中国的国家转型置于全球史的视角之下,以西方和其他非西方的历史经验为参照,观察外部的冲击和中国内部的聚合变化,从而识别国家形成的中国道路。在分析架构上,作者采用大历史路径,有选择地聚焦于地缘战略、财政构造和政治认同三个关键变项,从三者之间的互动,探寻不同时期国家建构的轨迹,从而理解国家重建之过程。

在研究内容上,可以从建造现代中国的三个关键环节来理解,也可以从三个多世纪里中国国家转型的三重"均衡"与"非均衡"交替演变来分析。三个关键环节其一是早期近代疆域国家的形成,作者认为现代化国家在中国的形成过程,肇始于清朝前期边疆的开拓和疆域的整合,到1750年前后,中国从明朝所代表的以汉人为主体的原初型族群国家,转变为一个多族群的疆域国家。其二是迈向近代主权国家,晚清以降,在列强环视和侵逼下,中国通过变法自强,融入世界国家体系,将中国从自居于周边各国之上的疆域国家,重构为一个近代主权国家。其三是统一集权的现代国家之肇建,将清末民初的中国由一个军事上和行政上非集中化的国家,经过重建与整合,改造为一个高度集权、统一的现代国家。

所谓三重"均衡"与"非均衡"交替演变是指地缘政治、财政构造

---

① 李怀印:《重构近代中国:中国历史写作中的想象与真实》,第276页。

与政治认同三个关键变量在不同时期形成的均衡与非均衡态。"均衡"是指不同的要素、力量相互作用,相互抵消,形成一种均态,有助于维持国内外局势的稳定,支撑国家的财政军事能力;"非均衡"则相反,往往带来颠覆性的变化,造成动乱,但有助于国家治理能力的提升,加速向现代国家转型的进度。1600年以来的中国历史进程就是均衡态与非均衡态反复交替,不断演进的动态过程,现代中国是在这一过程中不断形成。第一次形成三重均衡是在18世纪,在地缘政治上,通过对边陲用兵,拓展了中国的有效治理范围,疆域囊括内地十八省、东北、内外蒙古、新疆和西藏地区,疆域辽阔的盛清出现;在财政构造上,18世纪的清朝处在传统的财政体制之下,田赋构成国家的主要岁入,纳税地亩数额巨大,财政收入巨大且稳定;在政治认同上,18世纪的清朝通过不断调适,使满汉关系大为缓和,皇朝的正统性和合法性得以建立起来,有效的中央集权亦加强了对地方的控制。到19世纪中叶,清朝面对内外局势的剧变,均衡被打破,列强的入侵使边疆危机不断加剧,地缘格局失衡;接连不断的内忧外患使军费剧增,财政失衡;太平天国的反满宣传撕裂了满汉族群关系,同时汉人督抚势力崛起,地方离心力增长。均衡打破的同时,也是新的均衡建立的过程,在19世纪中后期,清朝内忧渐弭,外患渐轻,第二次形成了短暂的三重均衡,出现了所谓的同光中兴,但同光时期重新建立的均衡态,相较于18世纪是脆弱而短暂的。甲午战后,三重均衡再度被打破,直至清朝灭亡。

民国肇建后,中央权力式微,国家层面的非均衡态依旧延续,在地方势力中,地缘、财政、认同方面高度均衡的国民党政权得以崛起。在地缘格局上,南方国民党政权得到苏俄的支持;在财政构造上,广东国民政府的财政部长宋子文实施一整套财政集中化措施,从经济上支撑了国民政府的北伐;在政治认同上,国共合作及反帝爱国宣传凝聚全国力量,使北伐战争得以顺利推进,进而统一全国。但统一之后的国民政府未能进行高效的整合,形成了国家"半集中主义"。同样,中国共产党革命的成功，很大程度上也得益于1946年以后在地缘、财政、认同方面发生的形势变化。在地缘格局上，因苏联之故，战后共产党军队进入东北，控制了战略位置十分重要的东北大部分地区，有了充足的人力、物力、财力和强大的军火工业，改变了共产党革命的地缘政治，也使财政构造发生根本转变；在政治认同上，通过延安整风运动，解决了党内的宗派主义、山头主义等问题，形成了对毛泽东领导地位的高度认同，党内思想空前统一，形成了"全面集中主义"。由此，共产党可以在三年之内打败国民党，夺取全国政权。就国家集权建构而言，20世纪20年代以后，通过国民党的国民革命和共产党的革命将中国从一个军事和行政上非集中化的国家，整合、改造为一个高度集权、统一的现代国家。

评估与反省

（一）"现代"与"现代中国"

"现代"一词为近世日本所创造的汉字语词，为英文"modern"一词之翻译，在1900年代初进入中文世界，1920年代之后广为运用，与"现代"一词汇连带产生的有"现代化"（modernization）与"现代性"（modernity）两词。后者或普遍地指生存于现代情境之中的特质，或特定地指"近代西方文明的特性"；前者则是指朝向此一特质的变化过程。[①]现代化理论则将启蒙运动以来西方的"现代性"当作唯一的、普遍的模式，认为现代化就是现代性与传统的交替过程，进而以此来探究中国在社会、经济、文化各个方面的现代化进程。美国学界在1980年代之后就开始批判以西方为中心的"现代化理论"（大陆史学界对"现代化理论"进行反思大约在2000年以后），取而代之的是一种多元现代性，认为现

[①] 参见黄克武：《反思现代：近代中国历史书写的重构》，四川人民出版社2021年版，第3—4页。

代性有着多种形式的存在，不同的国家是可以通过不同的方式走向现代。

在美国学界较早对中国国家的现代性进行讨论的是孔飞力在1999年出版的《中国现代国家的起源》①，此书讨论了现代国家在中国的建构，以及与之相关的"根本性问题"和"根本性议程"，② 不过，其论述重点并非是现代中国如何形成的，而是现代国家是如何在中国形成。从内容上看，孔飞力在历史叙述和论证中，将中国认为是一个具有延续性的、不言自明地存在的一种"政治实体"，直接作为"现代国家"形成的讨论前提，而几乎没有讨论"中国"作为多民族现代国家的形成、塑造及再塑造的相关问题，也没有涉及论及现代中国形成时一般会讨论的清代对"中国"的改造及领土、边疆等问题。③ 孔氏出于自身的知识关怀和学术兴趣未能围绕"中国"及其认同从前现代到现代的演变进行展开性论述，而这种缺失很大程度由李怀印的《现代中国的形成》来补救。

此书主旨就是讨论"现代中国"及其形成演变的过程，如作者所言现代中国的形成，由四个各具特色的层次所组成：最近的表层为一个党治国家，即共产党领导下的权力高度集中的政治体制；第二个层次为一个主权国家，在国际法下与所有其他国家一律平等且享有独立主权；第三个层面为一个统一的多民族国家，源自清朝前期的军事征服和疆域整合；最底层的是华夏族群所形成的原初"中国"及其孕育的延绵不断的文明。从原初中国到统一多民族国家，再到近代主权国家，这种与欧洲及世界上其他地区"民族国家"形成很不一样的路径，正是李著所着力阐释的。那何为"现代中国"？简单的回答就是指现时存在的中国，诸如国际法下的主权国家，共产党领导下的党治国家。若进一步探讨的话，"现代中国"显然不是单纯事实层面的问题，涉及的内容要广得多，至少

---

① Philip A. Kuhn, *Origins of the Modern Chinese State*, California: Stanford University Press, 2002.（此书于1999年出版法文版，2002年出版英文版，2013年译成中文出版。）
② 参见〔美〕孔飞力：《中国现代国家的起源》，陈兼、陈之宏译，生活·读书·新知三联书店2013年版，"译者导言"，第9页。
③ 参见〔美〕孔飞力：《中国现代国家的起源》，"译者导言"，第10页。

要包含现代性多种形式的问题，虽然中国的现代化是由帝国主义强权入侵而发生，但最终的结果更多的是与中国的民族文化和历史经验相契合，因此"现代中国"应是一条具备现代性要素的中国道路，并且其仍在转型与调适之中，充满了各种不确定性。

（二）"宏观叙事"的新理念与"陷阱"

中国近现代史学界存在两种宏大主叙事，即"革命史"范式和"现代化"范式，这也是在很长时期内曾占据主导地位的"典范历史"，然典范历史知识不一定是真实的过去，它之所以能够成为典范乃因其最符合当时的社会需求，或最能反映人们对未来社会现实的期盼，因而随着时代变化，典范历史的叙事方式必然会显露问题，出现典范转移。美国学者杜赞奇早在 1995 年出版的《从民族国家拯救历史：民族主义话语与中国现代史研究》一书中就对中国近代史学叙事中的线性历史叙事进行了反思，这是在 20 世纪初受进化论影响而确立的思维观念，杜赞奇为了克服线性叙事的问题，提出了一种复线历史观，倡导"分岔历史"方法，呼吁关注与线性叙事格格不入而被隐藏的历史。李怀印认为无论是柯文提出的中国中心观还是杜赞奇提出的复线历史观"有助于丰富我们对过去的知识，甚至颠覆现存的主叙事，但对主叙事重构贡献甚少"[①]。在中国近现代史学界巨大的主叙事危机面前，李怀印为重构主叙事，提出"在时和开放"的史观。"在时"强调"从事件正在发生的彼时彼刻观察问题"，注意事件发展的各种可能性同时存在，意在避免以果推因的后见之明；"开放"强调不能将中国近现代史加以"闭关"，不能"基于各种不同的目的论遐想，而明确界定历史的'结局'"意在避免革命或现代化叙事的目的论。[②]

---

① 李怀印：《重构近代中国：中国历史写作中的想象与真实》，第 278 页。
② 参见李怀印：《重构近代中国：中国历史写作中的想象与真实》，第 279 页。

不难看出，李怀印虽致力于建构一种重新解释中国近现代史的叙事架构，但或出于对理论框架的戒心，其并无意建构一种新的解释范式，因而只是提出了一种主叙事的新理念，采用开放式的模式来研究，至于用何种分析工具、概念架构和解释方法可能因题而异。在解释现代中国的形成这个具体论题中，比之传统的主叙事，作者提出了自己的研究路径，即三个新视角：长时段，全球史和地缘、财政、认同分析架构。长时段自布罗代尔提出后已广为流行，革命史叙事和现代化叙事也是长时段，但李怀印划定的时间要更长得多，贯穿清代以来三个多世纪的中国国家转型历程。全球史是李怀印运用的重要视角，这种跨国史、比较史的视角在西方史学界有许多经典研究，从全球视角着眼，有助于更好地识别中国道路。在分析架构上，作者聚焦于地缘、财政和认同三个方面，之所以强调财政显然是受到查尔斯·蒂利以及其他学者运用历史社会学视角提出的"财政—军事国家"理论影响，蒂利认为近代欧洲国家的形成与地缘竞争和各国的财政、军事能力密切相关，而"财政—军事"也是李著中一直强调的，这种分析确实给人耳目一新之感，且十分具有说服力。至于将地缘、财政和认同整合为一个整体架构，是出于何种原因，作者并没有讲明，从全书的行文来看，似乎与"集中主义"密切相关，"地方化集中主义"、"集中化地方主义"、"半集中主义"及"全面集中主义"是前后贯穿的一条重要主线。若追寻其背后的内在逻辑，似乎可以从孔飞力这里找到一些线索，其在讨论中国现代国家建制的"根本性问题"时，提出了政治参与、政治竞争以及政治控制三个方面。[1] 不难看出在近代以来的中国国家转型过程中确实存在这三个方面的问题，不过，从晚清开始的政治参与，在革命话语下异化为被政治动员，而民初的政治竞争也异化为你死我活的内战，真正贯穿其中的就是政治控制，尤其是进入20世纪后，政治控制以"革命"的名义成为政治及社会生活的主

---

[1] 〔美〕孔飞力：《中国现代国家的起源》，第2页。

旋律，先后产生"集中化地方主义"下的各路割据势力、"半集中主义"的南京政府和"全面集中主义"的共产党政府，现代中国正是在这一过程之中诞生，一个统一、强大且有效率的现代国家。因此，李怀印的地缘、财政和认同分析架构主要也是从政治控制的角度来分析现代中国的形成机制。

从总体的宏观叙事来看，此书环环相扣，有着很强的说服力，作者也在实力践行中国中心观，但其学理脉络似乎又是从西方延续而来，这种"域外"的视角是否能真实地阐释现代中国的形成，还有商榷的空间，举清朝国家的独特性一例来说明。作者在解释现代国家的形成过程中似乎对清朝情有独钟，认为其无论在中国历史上还是在世界历史上都有其独特性。就横向比较而言，作者认为清代不同于征服帝国，也不同于近代的主权国家，而是在两者之间；就纵向比较而言，认为清朝也不同于传统的中原王朝，最好被视为一个二元国家，国家机构有鲜明的复合性。由此作者提出一个"疆域国家"的概念来指代清朝的独特性，不过这个概念仍是延续西方汉学家对中国疆域之观念，尤其是就清朝而言，疆域一直是他们关注的重点。一则满汉二元之特性为欧立德等新清史家所提出，意在开启内亚视角的清史观，但这种二元的结合是否为清朝所独有？正如罗新教授所指出"中国历史中所有时期都有内亚因素的参与"，不同的是"强弱轻重的差别"[①]，因而就清朝的内亚性而言，更多体现为程度的差异，以此为基础的独特性也应审慎考量。二则用疆域特性是否可以概括清朝不同于帝国和主权国家的特点，或者说看待清朝的疆域是否一定要比照西方的疆域变动标准。葛兆光在论及中国传统疆域时认为是一种"在无边'帝国'的意识中有有限'国家'的观念"，到近代以后转变为"在有限的'国家'认知中保存了无边'帝国'的想象"[②]，若抛开

---

① 罗新：《黑毡上的北魏皇帝》，上海三联书店 2022 年版，第 134 页。
② 参见葛兆光：《宅兹中国：重建有关"中国"的历史论述》，中华书局 2011 年版，第 28 页。

"帝国"含义的纠结,此种描述可能更符合中国域内之实情,是一条不同于"帝国—民族国家"路径的中国道路。

此外,宏观叙事能在多大程度上客观反映历史之真实也值得怀疑,因而新一代学者普遍对主叙事缺乏兴趣,往往以具体问题为中心,避免做宏观议论。李怀印在重构现代中国的形成这一主叙事时固然是基于扎实的史料和严谨的实证研究,但正如柯文所言"选择什么事实,赋予这些事实什么意义,在很大程度上取决于我们提出的是什么问题和我们进行研究的前提假设是什么"[1],因而笔者虽不赞同后现代主义所认为的历史真相不可得,但正如克罗齐所言"一切历史都是当代史",真正能反映客观历史的宏观叙事实属难得,稍不留意,可能就会陷入各种不自觉的预设"陷阱"之中。

总而言之,在中国史学界强调"多谈问题","少谈主义"的今天,李怀印这种重构近现代中国历史叙事的气魄和努力尤为可贵,也许他的诠释架构和主叙事难以使醉心于实证研究的同行完全信服,然而对于历史学科抱有温情和敬意的从业者而言,李怀印这种以综合视角努力挣脱宏大历史叙事窠臼和日常历史叙事碎片化之泥潭的尝试,无疑为中国近现代史的研究做出了一个优秀的示范。将诸多微观研究升华为宏观考量,独立自主地建构中国近现代史全新的诠释体系,进而思考现代中国国家发展和转型等深层问题正是中国的史学工作者义不容辞的责任,由此而言,此书确可称为一本里程碑式的佳作。

---

[1] 〔美〕柯文:《在中国发现历史:中国中心观在美国的兴起》,林同奇译,社会科学文献出版社2017年版,第96页。

·学人访谈·

学术创新之道

——虞和平先生治学访谈录

唐论（以下简称唐）：虞老师，您在中国近代资产阶级、商会和中国现代化等领域的研究蜚声学界，请谈谈您在这三个领域研究的学术脉络？

虞和平（以下简称虞）：好的。中国近代资产阶级是我最早的研究领域，大约开始于1980年代初期，主要是对晚清上海著名商人经元善的个案研究。1977年，也就是我从北大毕业分配到近代史研究所工作的第二年，指导我研究工作的樊百川先生正在参加刘大年先生主编的《中国近代史稿》撰写工作，他让我参加资料收集和整理工作，主要是有关洋务运动时期的官督商办企业和洋务绅商的资料，由此洋务运动时期经济史和商人经元善、唐廷枢、郑观应等开始进入我的视野。当时，唐廷枢有汪敬虞先生在研究，我也看不到多少资料；郑观应有夏东元先生和他的弟子正在全力研究，而经元善虽已引起一些学者的注意，但没有什么研究可言，我正好在为刘大年先生收集洋务运动资料时，在本所图书馆和中国科学院图书馆发现了经元善的文集——《居易初集》《趋庭记述》，于是我就开始留意收集经元善的资料。后来随着洋务运动史研究热潮的兴起，我也开始着手研究经元善，又在报刊杂志上收集了不少经元善的资料，并在1985年和1986年发表了《从经元善看洋务企业中的官商关系》《略论戊戌前后的经元善》两篇文章，后来在华中师范大学读博士研究生期间又整理编辑了《经元善集》。

在研究经元善的同时，我也开始关注商会。樊百川先生在布置我为刘大年先生搜集整理洋务企业和洋务绅商资料的同时，还布置我查阅辛亥革命后 10 年的报纸，包括《申报》《时报》《民国日报》等七八种报纸。我在查阅这些报纸时，看到有不少关于商会的资料，特别是关于全国商会联合会的资料，很感兴趣，随手做了许多卡片。接着又查阅了近代史所和其他地方图书馆收藏的《华商联合报》《华商联合会报》《中华全国商会联合会报》，掌握了比较多的全国商会联合会资料。1983 年发表第一篇资料介绍性的文章《华商联合报和华商联合会报》，1986 年发表《中华全国商会联合会的成立与中国资产阶级完整形态的形成》一文。这时候我虽已涉足商会史研究，但究竟怎么研究，思路尚不清楚。幸运的是这一年我考上了章开沅先生的博士研究生，在读期间适逢现代化研究开始兴起，便读了一些有关现代化问题的书，觉得商会与近代中国的现代化有重要关系。因此我在向章先生汇报博士论文选题时，提出了两个题目，一个是"经元善与晚清江浙资产阶级研究"，另一个是"商会与中国早期现代化"。我的这两个选题均在章先生当时的研究范围之内，他不久前已发表过有关江浙资产阶级与辛亥革命的文章，又正在提倡商会史研究，因此觉得我这两个题目都很好，但是商会这一选题更好些，于是我的博士论文就选定为"商会与中国早期现代化"，这也是我正式研究商会的开始。这一选题，一方面是将我的资产阶级研究从人物研究进展到团体研究，另一方面也为我后来的现代化专题研究做了准备。

我的博士论文虽说是以商会为研究的主体对象，但也以现代化为全景视角，因此也标志着我对中国现代化史研究的开始。我的博士论文只完成了后来出版的《商会与中国早期现代化》的上编，该书的主体内容，由上下两编组成，上编讲的是"商会与资产阶级自身现代化"，下编讲的是"商会在早期现代化中的作用"。当然，在写博士论文时，我对近代中国的现代化已形成一些基本想法和构架，也做了不少资料准备，所以毕业后很快就完成了下编的研究和写作。

这本书虽是我的习作，但对我来说可谓是出师大吉，为后续研究开了一个很好的头。由于这一选题包含了当时最前沿的两大领域，商会研究和现代化研究在当时刚刚兴起,加之我把此两者结合起来进行研究,既对商会研究开创了现代化这一新视角,又对现代化研究对接了商会(资产阶级)这一主干载体,在当时显得比较新颖,比较具体,因此颇受学界的重视。当我于1989年以该书申请国家社科基金课题时即获得通过,1993年出版以后又得到国内外同行和一些研究生的赞许和青睐,有些大学的近代史专业把它列为研究生的阅读书;也得到了较好的社会反响,全国工商联购买了百余册作为干部培训班的参考书;还受到了日本学术界的关注,当时担任东京大学东洋文化研究所所长的滨下武志教授,一直在关注着中国学界的商会史研究,曾几次参加中国的商会与近代经济史学术讨论会,我与他已结识数年,因此该书出版后,他要我代购数十册,发给他们研究所的博士研究生参考;台湾方面,"中央研究院近代史研究所"的著名学者张玉法先生,以研究社团、工业化、现代化著称,看到该书后立即收纳于他刚刚开始主编的"中国现代史丛书",列为第3号,于1995年由台湾东大图书公司出版;1999年中宣部国家社会科学规划办公室组织评选"国家社会科学基金优秀成果奖",我的这本书获得三等奖,同时我的两位老师也获得了这一奖项,罗荣渠老师的《现代化新论》获二等奖,章开沅老师主编的《比较中的审视:中国早期现代化研究》获三等奖。后来,该书的缩写本《商会史话》,被美国的一家出版商看准,购买了英文版权在美国出版。

在完成了《商会与中国早期现代化》的写作之后不久,我便开始了对中国现代化史的专题研究,定名为《中国现代化历程》。这是一个难度很大的课题,当时虽已有几种有关近代中国现代化的著作出版,但都是限于某一方面的或概略性的论著,没有全面系统性的著作,要对整个中国现代化进程谋篇布局确实很难,曾经一度想放弃不做了,但仔细想想觉得这一课题很有意思,也很有兴趣,于是咬紧牙关坚持下来,经过近4年的学习思索逐渐形成思路和构架,写了约4万字的写作大纲和章节设计,于1998年获得中国社会科学院的认可和支持,被列为院基础研究课题。由于前期准备比较充分，编写大纲比较明确，写作过程比较顺利，到 2000 年完成编写工作，全书 3 卷 123 万字。该书于 2001 年由江苏人民出版社出版，其学术和社会影响要大于《商会与中国早期现代化》，一共 5 次印刷发行约 1.5 万套，先后获得"江苏省迎接党的十六大优秀出版物奖"一等奖，"第六届国家图书奖"、"郭沫若中国历史学奖"二等奖，还被中国社会科学院因已获国家图书奖而追认为"优秀成果奖"。2007 年又被列入"中国文库"，这个"中国文库"规格是很高的，要求入选者均应是"名著"，规划从 20 世纪以来 100 多年的全国出版物中共选取 1000 种图书构成，分为 8 个门类，历史学为其中一个门类。

在完成了《中国现代化历程》课题之后，2004 年国家社科规划办采纳我的提议，设立《资产阶级与中国近代社会》这一历史学科的第一个重大课题，并委托我主持，于是我又开始做中国近代资产阶级的整体性研究。我所以提出和接受这一课题，是觉得以前所做的商会和资本家人物等研究虽然是资产阶级研究的一个重要方面，但它毕竟不能反映资产阶级的全貌，因此很有必要对近代资产阶级做一个比较全面系统的研究。我接受这一课题以后，因课题组成员变动而从集体项目变成了我个人项目，又由于接着承担国家清史工程两个大项目和一个中国社会科学院重大课题，至今尚未全部完成，十分惭愧。不过已有中期成果在 2015 年由中华工商联合出版社出版，名为《资产阶级与中国近代社会转型》，3 卷近 100 万字。该书也获得了较好的学术评价，出版时被入选"国家出版基金项目"，出版后于 2019 年先后获"中国社会科学院离退休人员优秀科研成果奖"一等奖、"中国社会科学院优秀科研成果奖"三等奖。

总的来说，我的资产阶级、商会、现代化三个方面的研究，在总体内容上是互相交叉的，在专题研究上是前后相继的，也是一个逐渐递进的过程。

唐：您在中国现代化研究中提出了"早期现代化"概念，而学界一直存在"近代化"和"现代化"两个概念，请谈谈这两个概念有何区别以及您为何选用"早期现代化"这个概念？

虞：在上一世纪80年代后期，当我开始研究"商会与中国早期现代化"的时候，中国研究现代化的学者，几乎全部将"现代化"和"近代化"两个概念并用。如国家社科基金于1986年立项的，也是我国最早的两个关于现代化研究的课题，一个由罗荣渠先生主持，名称是"世界现代化进程研究"，采用的是"现代化"概念；另一个由章开沅先生主持，名称是"中外近代化比较研究"，采用的是"近代化"概念，到1993年该书出版时改为《中外早期现代化比较研究》，采用了"早期现代化"这一概念。这两个概念当然是既有联系又有区别的。"现代化"是一个世界通用的概念，包含着全人类及某一国家和地区实现现代化的整个过程，将它用于中国也应是同一含义，所以国内外的一些学者在研究中国自晚清到新中国直至当今的整个现代化过程时皆采用"现代化"概念，如罗荣渠先生的课题，美国学者罗兹曼的著作《中国的现代化》等；此外，在新中国的现代化研究上都采用"现代化"概念，这当然是毋庸置疑的。但是当研究对象只是中国近代的现代化时，亦称之为"现代化"，就不能凸显其时代性，因此有学者便创造了"近代化"这一概念。"近代化"是中国学者提出的一个特定概念，专指近代中国的现代化过程，以区别于中华人民共和国成立以后的现代化。这两个概念的内涵，应该都是指一个国家或地区从农业社会向工业社会转变的过程，就此而言它们的内涵是同一的。又因为"近代化"只见及中国学者和某些外国学者在研究近代中国的现代化中所采用，因此它是一种特定的概念，只是指近代中国的现代化；在时间上只限于1949年之前，是一种时期性的现代化而不是全程性的现代化；在道路上主要是资本主义现代化，在社会形态上是半封建半殖民地的现代化。由于中国的近代社会和现代社会性质截然不同这一特殊性，创造"近代化"这一独特概念来指称中国近代的现代化自然有其道理所在，也有其必要之处。

我在研究现代化时首先感到疑惑的也是这一概念问题，我当时的思考是：从整个过程来说应该用"现代化"这一概念和名称，但就近代中国这一时段的现代化来说，用"近代化"当然也不是绝对不可以，只是觉得这一概念只是用于近代中国，在理论上没有普世适用性，在文字表达上也缺乏一体连贯性，更不太有利于国际交流，如果将"近代化"译成英语，与"现代化"是同一个词。于是我想到，近代中国的现代化虽是中国现代化整个过程中的前一个时期，但与新中国的现代化有一定的承接关系和同一性，主要是在时代属性和发展程度上有差别，不妨称之为"早期现代化"，较之"近代化"既能保持近代特有之内涵，又能融入普世之体系，还能方便准确之外译，于是就用了这个概念。当时，近代史研究所翻译室有一位前辈问我："'近代化'英语应如何翻译？"我说可译成"早期现代化"，他的疑惑一下就解开了，觉得用"早期现代化"比用"近代化"好。后来，学界使用"早期现代化"这一概念者逐渐增多，可见大家所见略同。当然，在本质上中国的"早期现代化"与"近代化"的内涵是同一的，因此这两个概念至今仍在中国学者中各有采用。对这种现象，我觉得也无需统一，以研究者依据自己的研究对象和内容，自成体系、书写方便和读者理解而自我选用为好。

唐：您在《商会与中国早期现代化》和《中国现代化历程》等著作中，指出中国的现代化，尤其是早期现代化，除了公认的工业化、民主化之外，还有民族化，即反对列强侵略压迫、争取民族独立，这与一般的认知有所不同，请您谈谈这个民族化为何是早期现代化的内容？工业化、民主化和民族化三者之间是否存在主次问题？

虞：我的现代化研究不是狭义的现代化研究，而是广义的现代化研究。所谓狭义的研究，就是只研究现代化的指标体系和社会现象，即社会各方面的现代化发展水平、状况和过程；所谓广义的研究，就是除了现代化的指标体系之外，还包括影响这一体系水平及其发展状态背后的各种制约因素，如国际环境、国内条件、发展道路、队伍结构、动力系统等。我所提出的民族化就是国际环境的因素，即为寻求平等互利的国际关系和独立自主的发展模式而进行的反对列强的侵略和压迫。这一主张的提出，主要有两个源头。一是马克思主义的理论原理，马克思在有关印度在英国殖民统治时期产生某些现代化现象的论述中，明确地指出：英国殖民者虽在印度建立了一些资本主义性的经济元素和政治制度，但他们的目的只是为了自己的经济掠夺和政治统治，印度人民只有在取得独立之后，才能收到殖民主义者播下的现代化因素的果实。二是中国现代化的实际国情，近代中国是一个半殖民地社会，她的现代化也像印度沦为英国殖民地时期一样，是列强掠夺和统治中国的产物，造成中国早期现代化的依附、畸形、缓慢和曲折发展的状态，中国要想有自主、全面、快速、稳健发展的现代化，就必须要先行实现民族独立。在实际上，中国早期现代化的历史进程中，自始至终都以民族化为一个重要的动力和内容。即使在新中国成立以后乃至今日，民族化虽然已经实现，但是民族独立、国家主权、爱国主义仍然是中国进行社会主义现代化建设的一个基本保障和重要动力。这些都是我在《商会与中国早期现代化》和《中国现代化历程》的序言和导论中说过的话。我认为，只要世界上还有民族和国家存在，民族主义、国家利益和国际竞争就会继续存在，只不过其竞争方式和缓激程度在不同的时期有所不同而已。

至于作为现代化研究核心内容的工业化、民主化和民族化三者之间的关系，我在以往现代化研究中的观点是：从现代化内容构成来说工业化最重要；从现代化环境条件来说民族化最重要，这主要是指后现代化国家。就工业化的首要性来说，首先，工业化是实现现代化最终目的的首要途径。从最终目的来说，现代化是为了不断提高人类的生活水平，而工业化通过利用持续创新的科学技术不断提高工业生产能力，而且将新技术广泛运用于农业和其他一切生产领域，实现全面工业化，使人类获得日益丰富和高级的生活资料，也使人类日益从繁重的体力劳动中解放出来享受生活。其次，工业化是现代化的核心和标杆。众所周知，现代化的时代使命是实现农业社会向工业社会的转变，虽然工业社会有众多标志，但既以"工业"为定语，那么它就是这个社会最主要的标志，是核心所在，它的水平决定着现代化的水平。所以我在本世纪初为了回应有些学者所质疑的现代化研究缺少明确对象的问题，发表了《关于中国现代化史研究的新思考》一文，提出现代化研究的总体和具体对象就是工业社会，最主要的就是工业化，直至今日以制造业为主体的工业生产状况仍然是世界各国衡量经济景气的最主要指标。再次，工业化是其他方面现代化的先行者和先决者。在社会一切因素中经济是最活跃的因素，它始终处于不断发展的动态之中，可以说是现代化的引擎，驱动社会各方面发生相应的现代性变化，或者说社会各方面的现代化都是应工业化的需要或受工业化的影响而派生出来的，如市场化、城市化、法治化、社团化、世俗化等等。

从民族化的首要性来说，它主要存在于后现代化的国家和地区，其理由主要有两个：一是他们大多曾经是欧美先现代化国家的殖民地或半殖民地，想要实现自己的现代化就必须先要取得民族独立，否则只能是一种依附性的现代化，这在上面已经讲过。二是他们的后现代化处境既有外部先现代化者的各种资源可以利用，又会受到先现代化者的不公平待遇乃至阻挠、欺压，因此能否独立自主地发展自己的现代化，能否平等互利地利用外部资源，对后现代化者来说是关乎能否顺利高效实现现代化的关键因素。自近代以来直至今日的中国现代化历程中，既突出存在着受这一环境制约的问题，也大量存在着为改善这一环境而持续奋斗的事情。

唐：您创见性地指出传统和现代并不截然对立，尤其在中国这样一个后发型的国家，传统和现代并存的局面十分明显，请谈谈两者之间的相通性是如何体现出来的？

虞：首先需要说明的是，这个问题不是说后发现代化过程中普遍和始终存在传统与现代的"相通性"，传统和现代既不是一概对立，也不是一概相通，也就是说传统因素既有阻碍现代化的一面，也有适应现代化的一面,总的来说对于传统因素应持批判继承的态度。所谓的"相通性"只是在某些方面、某种时段中,或多或少、或强或弱、或长或短的存在;其内涵主要有三项,一是在现代化的初期某些传统中已存在对现代的潜在适应性;二是在现代化的一定时段中传统与现代并存;三是在现代化不同时段中传统与现代融合,重构为具有本国特性的现代元素和模式。我最早提出这一说法是在我的博士论文《商会与中国早期现代化》一书中,提出过几个与这个问题相关的概念,如中国早期现代化存在"复合性"、"边际性"、"传统对现代的潜在适应性"的特点,都讲到了一些传统与现代的共存和相通的现象,后来在《中国现代化历程》中又强调和补充了这三个特点。

所谓复合性是指传统社会元素与现代社会元素同时共存,也可以说是二元性。如现代工业与传统农牧业共存、大规模的现代工厂与分散的家庭手工业并存、大型的新式商场与传统的小商小贩共存、资本主义的经营管理与封建主义的官僚衙门作风并存、新式的利益集团与旧式的宗派组织并存、新式家庭与旧式家庭并存等等。这些与现代共存的传统社会元素,虽然会随着中国现代化的进程而逐渐蜕变乃至消失,但其存在时间是相当长的,因为它们有长期适应社会生产和生活的发展过程和实际需要之处。

所谓边际性是指由这种复合性而造成的兼具传统性和现代性的社会事物和单元。这种处于传统与现代之间的边际状态,是近代中国的基本状态,大到社会制度、阶级阶层,小到企业、家族都有存在。如半殖民地半封建的边际社会、买办和绅商之类的边际阶层、"官督商办"和"官商合办"的边际企业、新旧兼有的资本家族、成分复杂的边际团体等等。

所谓潜在适应性是指传统因素中某些内在的或新生的对现代化的适应性或可融性。如明清以后重商意识、商品生产和市场交换的存在和缓慢扩大,商人和商人行帮组织的发展和变异,手工业生产中的工场手工业等,成为近代以后与外来资本主义文明对接和中国资本主义产生的基础。再具体一些，如商会与行会的关系，从它们原本的社会属性来说，商会是现代组织，而行会是传统组织，但是行会本身原有的内在基本性质和功能，加之其在鸦片战争后逐渐发生现代性变异，使它在商会诞生之时已具有一定的社会性、民主性、独立性、开放性和自主性，从而对现代社会有较多的潜在适应性，并成为其与商会结合的同质因素和依存关系。又如宋明以来从理学中分离出来的实学思想、经世思想到近代的洋务思想、维新思想、立宪思想的变迁过程，体现出从传统到现代的孵化过程。再如新式企业在相当长时期中，在管理上往往采用家族制、工头制、联号制、分号制等传统因素和模式。

唐：在中国早期现代化的动力问题上，您修正了罗荣渠先生"传导性"现代化的观点，提出了"传动性"现代化的概念，这是不是与柯文的"中国中心观"相契合，请您具体谈谈。

虞：我的"传动"之说，是从外因与内因关系的角度来考虑的。由于中国的现代化是一种后发现代化，必然会受外国的影响，特别是在1949年之前的早期现代化，是在外国资本主义的侵略下而开始和展开的，使得现代化的外因与内因关系变得特别复杂，仿效西方资本主义文明和抵制西方资本主义侵略压迫共同构成一个主要动力。如作为工业化开端的洋务运动，以"师夷长技以制夷"为最初的动力和模式，以后又从救亡图存出发，逐步发展到仿效和引进西方的资本主义生产方式、思想文化和民主制度。我认为近代中国现代化的这一逐渐展开过程，主要反映了外国对中国的最初促动作用，因而觉得称之为"传动性"可能更为合适。我的理由是："传导"所包含的主要是外国现代社会因素的注入及其所引起的中国人的学习和仿效，而"传动"所指的除了"传导"所包含的这一层意义之外，还指中国人因外国的民族压迫而激起的谋求自强自立的动机；二是因为，"传导"含有长期的意思，而"传动"突出初期的促动意义，当中国自己产生了现代化的意识和行动之后，外国的促动作用逐渐减少而日益转变为可资中国利用的外部资源，两者的关系也相应地从注入与仿效、压迫与应对的不正常关系,逐渐朝着引进与应用、互动与互利的正常关系转变。这就更能够突出中国现代化进程中的外因通过内因起作用和由被动向主动转变的特点。

柯文的"中国中心观"是在反思以往研究中国历史的美国学者所普遍运用的"冲击—回应论"、"传统—现代论"时提出的,认为这两种理论过分夸大了西方对中国现代化的推动作用,也过分绝对、机械地看待中国传统与现代的对立关系,主张从中国内部寻找中国现代化的原动力,即中国传统元素内在的自我现代化演变的趋势和动力,以及可能与现代一起存在的某些传统。但是,他也认为仅有中国传统的自我演变和对现代的某些共存性很难自发而较快地走上真正的现代化之路,因此又强调西方的冲击对中国现代化有很大的推动作用。由此可见,柯文没有明确说明西方冲击和中国传统自我演变究竟是一种什么关系,究竟谁是中国现代化的最初促动力。

在西方冲击对中国影响问题上,柯文还提出了"层带"之说,即把中国晚清社会划分为"最外层带"、"中间层带"和"最内层带"。所谓"最外层带",是指西方入侵所导致的中国直接回应和所产生的直接后果,如通商口岸、兵工厂、造船厂、新式报人、基督教徒、总理衙门、海关、外派留学生和使节等;所谓"中间层带",是指非直接出于西方入侵,而是经由西方催化或赋予某种形式与方向的事物,如太平天国、洋务运动、排外主义、城乡之间的社会和经济矛盾等;所谓"最内层带",是指最少受到西方入侵影响的文化与社会生活。如果我们对柯文这"三个层带"的说法可以作这样的理解:西方对晚清现代化举措的影响是由外及里、或由先及后、由直接到间接而逐步减少或先后触及的;同时西方对晚清现代化又具有逐层带动的作用,而且只有当第二和第三层带都被广泛带动起来,都有了现代化的取向和意愿的时候,中国的现代化才真正有了自己的动力。如此则柯文的这一说法与我的"传动"说法是基本相契合的。此外,柯文所提出的中国传统中有某些能与现代共存之处,如科学意识、商品经济、专业商人、工场手工业等。这与我上面所说的中国现代化的"复合性"、"传统对现代的潜在适应性"也是相契合的。

当然，传统与现代的关系是一个非常复杂的问题，特别是中国传统中所存在的某些自我演变动力，是否能够成为中国自发走向现代化的原动力？是否有一个从传统性演变转向现代性演变的过程？有哪些传统元素中存在这种现代性演变的原动力？这种现代性原动力何时能够爆发？等等问题，都有待做进一步的具体研究。柯文以及其他一些中外学者都提出过中国传统自发地向现代转变的可能性，但似乎未见有具体的实证研究，即在受到西方冲击之前究竟有多少中国的传统元素开始了实际上的现代性转变。这种中国传统能够自发向现代转变的观点，在理论逻辑上应该说是可以成立的，但在历史事实上是否存在则尚难定论，犹如毛泽东所说的"若没有西方资本主义影响，中国也将缓慢地发展到资本主义"，但不知要等待多久才能发展起来。

唐：目前学界区域社会史研究如火如荼，请您谈谈区域社会史研究如何能做到立足区域与关注整体相统一。具体到泰安而言，在区域研究中如何对待泰山这一特色？

虞：一般而言，区域作为一个特定的空间范围，它当然是一个独立的地域，对它的研究首先是研究本区域历史发展过程中独有的环境、状况和特点。但是任何一个区域都不是孤立存在的，它必然与其他区域有多少不等的联系，并发生互动；毗邻的地区来往多一点，隔空的地区来往少一点，远距离地区更少来往。但是这种互联、互动关系会随着交通条件的改善而增加，原先隔山隔水的区域之间，原先因交通不便来往很少，后来有了桥梁、有了船舶、有了电讯、有了火车、飞机，互相来往、交流逐渐增加，甚至互为依存，使得本区域的发展日益增多地受到外区域的影响，也对外区域发生影响。到了近代以后，这种区域间的互联、互动关系日益增多和重要。这种区域关系的发生发展不是笼统而言的，而是有一定载体的，具体而言主要有人员流、货物流、金钱流、文化流等，其中反映着区域间关系的变迁过程、疏密程度、主从地位等。因此，研究区域史就必须关注区域间的互联、互动关系及其载体。

除了这种区域间的关系之外，还需要注意区域与整个大区域乃至国家的关系，特别是以行政区域为单位的区域研究更要有这种整体观。如不同层级行政区域之间的关系，中央与地方的关系；江河流域所涉区域的关系，沿海区域之间的关系；边疆与内地的关系，不同民族区域的关系。这种整体关系也有具体的纽带和载体，如国家的政策法令、意识形态、国家认同、治理体系、生态系统、地理环境等。

至于具体到泰安和泰山区域，我没有做过什么具体研究，只能谈一点大略的看法。总的来说，其研究范畴也应包括本区域状况、与外区域互动、与国家和大区域联结这三个层次。其中的泰山，除了泰山的地理、自然、物产、人居等山区特色之外，更要从它在中国和山东历史上所产生的文化影响方面进行研究。例如：从名山文化的角度研究它的精神影响；从政治文化的角度研究它的国家影响；从宗教文化的角度研究它的社会影响；从名人文化的角度研究它的文化影响；从旅游文化的角度研究它的民生影响。

唐：您的博士论文《商会与中国早期现代化》，把当时刚兴起的商会研究和处于萌芽状态的现代化研究相结合，具有前瞻性和重大意义。请您谈谈，青年学子应如何找寻有价值的研究题目？

虞：一般来说，一个好的课题与四大创新要素相关，即新方向、新问题、新视角、新资料，如果四新俱全当然就是顶级好课题了，具有三新、二新、一新的其级别虽会逐次降低，但也属于不同层次的好课题。就我的个人经验而言，要选到一个好的研究课题总的来说最重要的是需要有前沿意识，即要着力寻找前沿领域或前沿问题。大家常说学术研究要有前沿性，也就是所研究的课题处于学术发展的前沿。那么如何进入这一前沿阵地呢？学术发展或创新的路径主要有三条，一是学术逻辑，二是时代影响，三是国际互动。

所谓学术逻辑，就是循着学术研究自身发展的内在理路寻找前沿问题。这类课题基本属于继承性和拓展性研究，即继承和拓展前人已有研究的领域和问题，或对没有研究到位的问题作补充研究；或对没有涉及的问题作拓展研究；或对解读有误的问题作纠错研究；或对理解片面的问题作重新研究。这既需要对前人研究成果进行大量的阅读，了解和掌握相关研究方向和领域的学术成就和发展动态，又要有准确的鉴别，发现已有研究的缺陷或错误，进而找出自己可以研究的新问题。我近几年发表的有关官僚资本、招商局改归商办、招商局并购旗昌轮船公司、宁波商帮产生缘由等论文，均属此类。

所谓时代影响，就是随着时代的发展而开创新的研究领域和问题。时代发展包含两重意思：一是社会的发展，即为社会新发展中出现的新战略、新现象、新问题，探求有益于应对的历史智慧和借鉴。如改革开放以来我党我国所提出和实施的中国特色社会主义现代化、混合经济、生态保护、"一带一路"、命运共同体、区域联动发展、国家治理等新战略和新问题，都是历史学研究课题设计中相关度最高的领域和来源。当然，这也是史学与生俱来的时代性和服务性的表现。二是知识运用的发展，即以新时代所增进的新知识开发新问题和新视角的研究。历史研究的要义就是对历史的认知和解释，这当然与研究者的认知和解释能力直接相关，而这种能力的大小则取决于研究者知识结构的宽窄。随着社会的不断发展，历史研究不断地从传统的人事叙述方式和僵化的反帝反封建主线，向着更为广泛的领域和更为多元线索转变，使跨学科研究逐渐兴起，经济学、社会学、人类学、政治学等社会科学，乃至某些自然科学知识被日益增多地运用于历史研究，从而开辟了历史研究的许多新领域、新问题和新视角。这当然需要史学研究者学习和掌握跨学科知识。我的商会史研究、现代化研究、资产阶级研究都程度不同地受益于这两种时代影响。

所谓国际互动，就是对外国的史学理论和研究视野的引用和借鉴。对此虽然不能教条、机械地简单搬用，但其中的合理内核还是值得引用和借鉴的。其中最为重要和显著的是马克思历史唯物主义理论，对中国史学的发展起到了划时代的推进作用，这是众所周知的。其他如法国年鉴学派理论、欧美的现代化理论和全球史理论，以及上面说到的柯文的"中国中心论"等，都对中国历史研究的发展产生过程度不同的影响和推动作用。

此外，对于博士论文的选题来说，除了要重视上述的前沿性之外，最好还要顾及可发展性，即为自己以后的学术发展打下一个延伸拓展的基础。我的博士论文的选题和后来的学术发展是有较大关系的，先是将商会和现代化相结合的研究，然后是商会和现代化的分别研究，再进而从商会研究延伸出商人外交研究、资产阶级整体研究；从现代化的综合性研究延伸出经济现代化、社团现代化的专题研究。当然，这一点是对毕业后要继续做本学科研究的人来说有一定的意义，对毕业后不再做本学科研究的人，那就不必考虑这一点了。

我对选题的这些经验和体会，不一定有效，供研究生和青年学者参考吧。